THiNKr
新思

新一代人的思想

NATURALIST

博物学家

爱德华·威尔逊自传

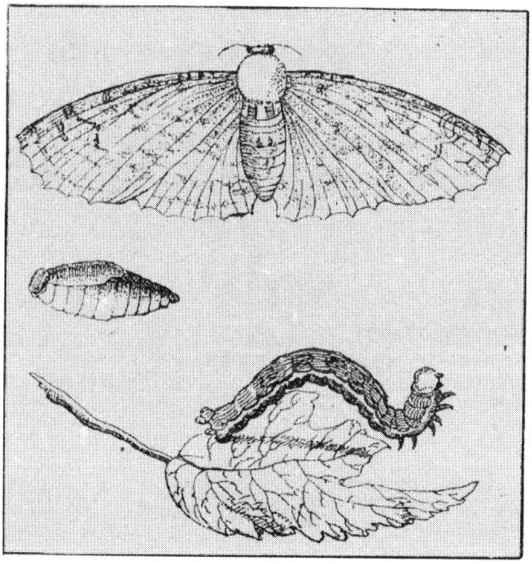

[美] 爱德华·威尔逊 著 杨玉龄 译
EDWARD O. WILSON

中信出版集团 | 北京

图书在版编目（CIP）数据

博物学家：爱德华・威尔逊自传 /（美）爱德华・威尔逊著；杨玉龄译. -- 北京：中信出版社，2021.11
书名原文：Naturalist
ISBN 978-7-5217-3623-6

Ⅰ. ①博… Ⅱ. ①爱… ②杨… Ⅲ. ①威尔逊（Wilson, Edward Osborne 1929- ）—自传 Ⅳ. ①K837.126.15

中国版本图书馆CIP数据核字(2021)第202789号

博物学家——爱德华・威尔逊自传

著　　者：[美] 爱德华・威尔逊
译　　者：杨玉龄
出版发行：中信出版集团股份有限公司
（北京市朝阳区惠新东街甲4号富盛大厦2座　邮编　100029）
承 印 者：北京楠萍印刷有限公司

开　　本：880mm × 1230mm　1/32
印　　张：14.75
字　　数：287千字
版　　次：2021年11月第1版
印　　次：2021年11月第1次印刷
京权图字：01-2016-9926
书　　号：ISBN 978-7-5217-3623-6
定　　价：78.00元

目 录

第二部 讲故事的人

作者序

大自然，她不断变化着

物理学家维克托·魏斯科普夫（Victor Weisskopf）曾经说自己是身处乱世的快乐之人，我也一样，只不过，令我心醉神迷的并非核武器或耸动的高科技，而是完全不同的东西：长久以来，我一直在密切观察自然界里细微而基本的变化。

“大自然”这个词对我来说，具有两层含义。

在20世纪初，人类还理所当然地把自己想象成不凡的物种，是困在地球上等待灵魂或心智救赎的黑天使。如今，几乎所有相关的科学证据都指向相反的方向。也就是说，既然已经生在这个世界上，而且还一步步参与了数百万年的生物进化，我们人类的生态环境、生理状况，乃至心灵状态，都和地球上其他生物密不可分。从这一层含义来观察自然界，大自然发生着根本的变化。

20世纪刚开始的时候，人们依然相信地球资源丰饶得取之不尽，用之不竭。世界上最高的山还没有人攀爬过，最深的海也没有人探测过，更别提分布在赤道大陆上的大片原始丛林了。现在，我们早已绘制完真实的世界地图，而且也估算出日渐减少的地球资源：才经过一个世代的开发，人类就已经将野外世界破坏到足以威胁自然资源的程度，生态系统和物种目前正以 6 500 万年以来最快的速度消失！

由于对自己闯下的祸事感到良心不安，我们已经开始调整自己的角色——从地域的征服者转变为地球的管理者。在这样的第二层含义中，也就是在我们认识到人类的存在和自然界是两码事的时候，大自然也一样发生着根本的变化。

由于性情和专长的关系，我才得以一直密切观察这些变化。在我还是资历尚浅的小科学家和小博物学家的时候，我个人的世界观随同下列两个趋势而转变：进化生物学的发展以及“这门科学的从业人员能够自然养成”这个想法的没落。从童年到中年，我的个体发生（ontogeny）一再重复更巨大的种系发生（phylogeny）。与此同时，大自然也不断变化出新的风貌。

我的童年很走运，生长在保守的美国南方，在一个如诗如画的环境中长大，却一点儿也没沾染上南方不好的社会风气。我在小小年纪就打定主意，将来要做名科学家，以便我能多多接近大自然。

迷人的童年记忆未曾泯灭，但是它留存在希腊先哲赫拉克利特（Heraclitus）式的思想之流中。在我的头脑中，各种观念都不断变化，包括原先想象中的世界运作方式，以及我心目中人类在世界上的地位。通过把这些封存的记忆都提取出来，我能更完整地了解自己目前的思考方式，我也更能厘清自己信念中的核心因素。这样的厘清，不只是为了我自己，也为了你们，同时，或许也是为了增强说服力。

当我成为作曲家之后，
我将为自己谱上一曲
描述亚拉巴马之晨的音乐；
同时，我还将为它附上一首最纯净的歌，
这歌曲将
犹如沼泽上的雾气升自大地，
犹如柔和的甘露降自苍穹

——美国诗人兼剧作家休斯（Langston Hughes）

第一部

南方之晨

Daybreak In Alabama

第1章

天堂海滩

在久远的记忆中究竟发生了什么事，或我们认为发生了什么事，完全是围绕着一组强烈印象建立起来的。

一只大水母“赛弗柔安”

就我个人来说，我7岁时留下的一个鲜明印象是：我站在天堂海滩（Paradise Beach）的浅滩上，低头凝视水中的一只大水母。海水如此平静、澄清，水母身上每一处细节都展现在我眼前，仿佛它是被装在玻璃瓶中似的。这种生物真是令人惊叹，完全不同于我原先对它的印象。于是，我尽可能地从水面上、从各个不同的角度去端详它。它那带有淡淡光彩的粉红钟罩上，分布着许多细细的红线，这些红线由中央向钟罩形身体的边缘辐射。钟罩形身体的边缘垂下一圈触手，环绕并稍微遮盖住里面的一条摄食管，以及其他的器官。这些器官翻来翻去的，就好像湿漉漉的窗帘似的。对于这些位置较低的组织，我只能看到一点点。我想要看得更清楚些，但是又不敢涉得更深，只好把头凑得更近些。

如今，我知道这只水母是生活在大西洋沿岸的刺水母（sea nettle，学名为 *Chrysaora quinquecirrha*），属于钵水母纲（scyphozoan），而且还知道它是从遥远的墨西哥湾漂游到天堂海滩的海洋生物。但是在当时，我完全不知道这些动物学方面的专有名词，只知道它叫作水母（jellyfish）。然而，这只动物是那么神妙，而“果冻般的鱼”这个讨人厌的名字是多么地不恰当，多么地贬损它。我早就应该轻轻呼唤它真正的芳名：赛弗柔安（scyph-o-zo-an）！想想看，我发现了一只赛弗柔安！对这次值得纪念的发现来说，这个名字合适多了。

只见它停在那儿好几个小时都不游开。当暮色低垂，我必须离去时，它身体下方那堆纠缠不清的东西，看起来似乎更深地伸入了黑暗的海水中。我不禁好奇：这到底是一只动物还是一群动物？现在我能肯定它是一只动物。而就在同样一片水域，还有另一种外形类似的生物，俗称“葡萄牙战舰”（Portuguese man-of-war）的僧帽水母，则是由一群动物紧密结合而成，各司其职，形成功能完整且和谐的生命共同体。

像这类事物，我现在能轻易列举出一大串，但是它们都不能和这只水母相提并论。它突然间硬闯进我的世界，来自我不知道的地方，产生了无法用言语形容的气氛，我只能想到下列字眼：“在深海王国里，一场诡异、神秘的即兴演出。”直到现在，只要我凝神回想，这只水母依旧能体现蕴藏于大海中的神秘与邪恶。

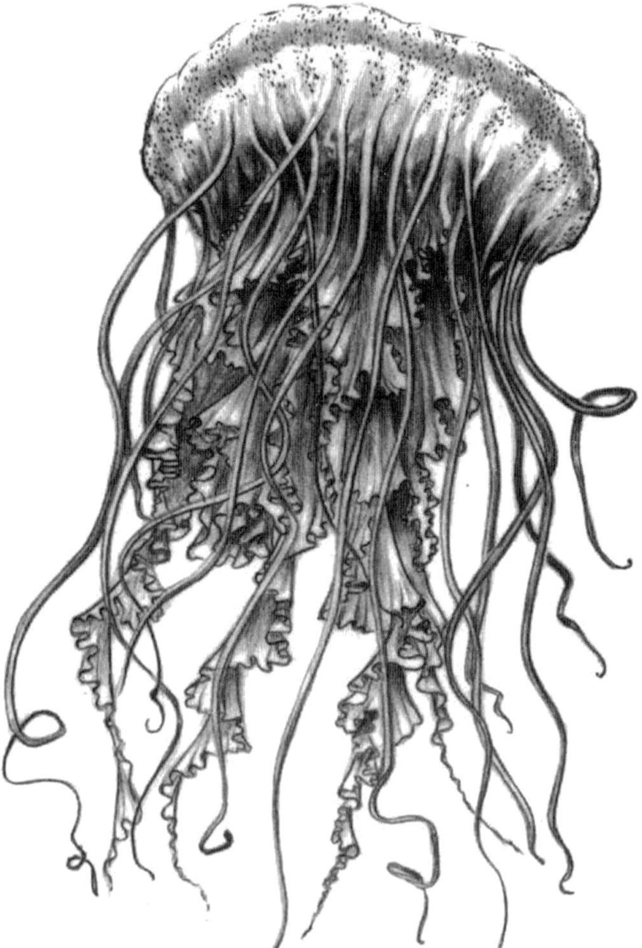

第二天早晨，那只大西洋刺水母不见了。1936 年的整个夏天，我再也没见到同样的生物。至于天堂海滩这个地方（近年来，我经常重游旧地），则是位于佛罗里达珀迪多湾（Perdido Bay）东岸的一处小村庄，距离彭萨科拉（Pensacola）不远，与亚拉巴马州隔水遥遥相望。

在天堂海滩过暑假

就在这个美妙的季节里，我家遇上了麻烦事。我的父母在那一年离婚了。那段日子对他们来说很难挨，但是对我这个独生子来说，一点儿也不难过，至少在那时还不觉得难过。当时我寄住在一户人家中，他们每逢暑期都会收容一两名男孩在那儿度假。对于小男孩而言，天堂海滩果真是个名副其实的天堂。每天早晨用过早餐后，我就离开这栋面对海滩的小屋，独自沿着海滨闲荡，搜寻宝藏。我在温暖的浪头里涉进涉出，尽情搜寻在海水中漂浮的一切东西。有时候，我就只是坐在小山坡上瞭望开阔的洋面，然后准时回家吃午餐，吃完饭再出去晃荡，然后再回家吃晚餐，然后再出去，直到最后才不得不上床睡觉。然而入睡前，我在心里依旧要重温一下白天的探险历程。

我已忘记那户照顾我的人家究竟姓什么，长什么样，年纪有多大，甚至连他们一家有几口人都不记得了。他们很可能是一对夫妇，而且我也很愿意相信他们是慈祥和蔼的好心人，但他们早已淡出我的记忆。倒是那个地方的动物，对我施加了难以磨灭的魔法。

那年我只有 7 岁大，每种生物不论大小，只要观察它们，想到它们，或可能的话，把它们逮住细细地看一次，对我来说都是件赏心悦目的乐事。

水面下有颌针鱼（needlefish）来回穿梭，身体细长，有如绿色的鱼雷，上下颌也延长如喙。它们天性敏感，远远盯着看是可以的，但它们永远不会让你有机会进入触手可及的距离。颌针鱼晚上到底住在哪里？这一点让我很好奇，但始终未曾知道。蓝蟹长着一对能刺破皮肤的利爪，在傍晚时分向岸边群集。用长柄网很容易就可以捉到它们，把它们煮熟后，敲开来就可以直接送进肚子里，也可以倒进秋葵浓汤中，这可是湾岸特有的热辣海鲜大锅菜！

鳟鱼以及其他一些鱼儿则在比较深的地方活动，比如靠近大叶藻（eelgrass）生长的地方或更深处；你若有只小艇，就能驾着它将鱼饵撒向鱼群。尾巴上长着吓人尖刺的黄貂鱼（stingray），白天把自己埋藏在水深及腰的水下沙堆中，等天色渐渐暗下来之后，才靠近有海浪的地方。

期盼“大”动物

一天傍晚在海滩边，有个年轻人从我身边经过，手上把玩着一把左轮手枪，而我则尾随了他一阵子，他说他是来猎黄貂鱼的。在那个年代，很多年轻人（包括我父亲在内）都经常这样带着枪（通常是点二二口径的手枪或是来复枪，但偶尔也会出现更大型的手枪或猎枪）在乡间随意乱逛，除了人和家畜之外，想射什么就射什么。

尾随他的当儿，我把这名黄貂鱼猎人当成我的同事，一起探险的同伴，满心企盼他能找到一些我没见过的动物，也许还是较大型的动物。他绕过了海滨的转角之后，随即消失在我的视线之外，接着我听到了两声连续击发的枪声。小口径手枪的子弹能够射中水底下的黄貂鱼吗？我猜大概可以，但自己从来没试过。而我再也没见到这位神枪手，没能亲口问问他。

我多么渴望每次都能逮到比前一次更大的动物。好不容易，我终于开了一次眼界，见识到何谓真正的“大”！

我知道，外海深处会有一些大型的动物。偶尔，一群宽吻海豚（bottlenose porpoise）会从岸边经过，离我站的地方很近，近到若是丢颗石子都有可能砸到它们。只见它们三三两两用背鳍划破海面，做出优美的弧形跳跃，然后落水消失，又在十几二十米远处，再度凌空腾起。它们这项反复的动作极富节奏感，因此我都能算准它们下一次冒出水面的地点。

遇到晴朗的日子，有时候我会连续好几个小时扫视着珀迪多湾水平如镜的海面，看看能不能碰巧望到什么巨型怪兽冒出水面。我希望至少能看到鲨鱼，亲眼见识一下那传说中的背鳍如何冲出海面；我知道它虽然远远看起来很像海豚，但是发出的声音和冒出水面的间隔时间则是不规则的。此外，我还希望能找到比鲨鱼更精彩的东西，但究竟是什么，我也说不上来。反正就是某些能令我终生难忘的东西。

我能看到的几乎全是海豚，但我并不失望。在跟你分享那唯一一次例外之前，且容我先谈一谈追猎怪兽的心理学。界定这些怪兽的尺寸并不是以实际大小为准，而是以相对比例为准。据我估算，在我 7 岁大时，我眼中动物的大小约为我现在看到的两倍大。例如前面叙述的那只大西洋刺水母钟罩状的身体，现在我知道它们平均直径约为 25 厘米；但是我看到的那一只，似乎宽达 60 厘米。因此，可能真有所谓的巨型怪兽，即使它们在成人眼中算不上庞大。

最后，我终于见到了这样的动物。

得偿夙愿

它的登场并没有在万顷洋面上激起涡流。它在黄昏时分突然出现在我旁边。当时我正坐在由海滩通往船库的码头上，而支撑码头的柱子则竖立在浅水滩上。就着昏暗的光线，我几乎没法看清水底，但我依然不停地从码头朝下搜索，寻找任何大大小小会移动的生物。毫无预警地，有只超大的鳐（ray）——比一般常见的黄貂鱼大上好几倍——无声无息地从阴影中滑出，潜到我晃动的双脚下，接着又滑向另一边的深水处。这个圆形的影子看起来仿佛遮住了整个水底似的，不过几秒钟就消失无踪了。我惊呆了，心里立刻涌起一股欲望，渴望再看到这只怪兽一次；如果可能的话，最好还能捉住它，好靠近看个仔细。我心想，很可能它就生活在附近，而且每天晚上都会从码头边游过。

第二天黄昏，我从码头垂下一根钓线，钓线末端系着一个我能找到的最大鱼钩，鱼钩上穿了一只小活鱼。我让鱼饵整晚垂挂在约两米深的水中。次日一大早，我冲到码头去检查钓线。鱼饵不见了，

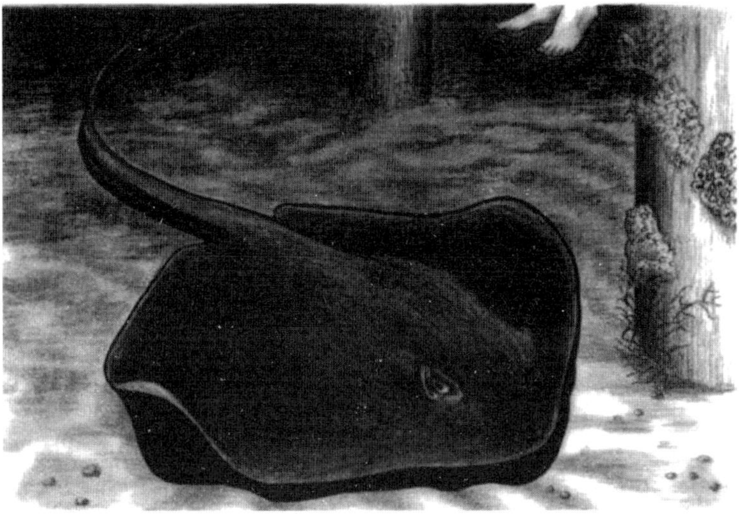

但鱼钩还在。这样的步骤，我重复了整整一个星期，但毫无所获，白白浪费了鱼饵。如果我当时用的鱼饵是小虾或螃蟹，逮住这只大鳐的机会恐怕会大得多，可惜没有人给我这个生手一点建议。

一天早晨，我钓到一只海湾豹蟾鱼（gulf toadfish），它是生活在水底的杂食性鱼类，天生有张大嘴巴，突出的眼睛，以及一身黏糊糊的皮肤。当地人都认为它毫无价值，而且还是长得最丑的海洋动物。但我认为它很棒。我把我的豹蟾鱼放在瓶子里养了一天，然后就把它放回海里去了。不久之后，我终于放弃垂钓那只大鳐了，而且，再也没见过它从码头下经过。

先做贪婪的野人

为什么我要在事过境迁近60年后对诸位讲述我这个小男孩与怪水母、大鳐以及海中怪兽的故事？我想，这是因为它勾勒出一幅轮廓，通过它隐约可以看出一位博物学家是如何造就出来的。

一个小孩来到深水边缘，满心期待地准备迎接新奇事物。他就像是我们远古时代的祖先，带着好奇心，来到马拉维湖（Lake

Malawi）湖滨或莫桑比克海峡（Mozambique Channel）边。

同样的经验一定在上千个世代中重复了无数次，换来的报酬也相当可观。海洋、湖泊以及辽阔的大河，都能作为食物的来源和抗敌的屏障。地理疆界无法阻止我们的祖先向外播迁，他们可不会困坐在不毛的山沟里等死，他们看起来简直能应付任何形式的变局。水域一直在那儿，亘古不变，大部分可望而不可即，同时又富饶得取之不竭。

这个小孩已经准备好要探索上述的生物原型（archetype），向未知世界启程，并从中学得知识，但他还无法用语言来描述心中引导他的那股激情。然而，脑海中却已烙下了鲜明的印象，这个印象成为他往后一生的护身符，而且转化为强大的能量，引导他在经验以及知识领域中不断地成长。年纪渐长之后，他会从自己的文化源头中多了解一些复杂的细节。但是，核心的印象是不会改变的。任何成年人只要肯认真省思，一定会觉得好奇：为什么自己竟会长途跋涉一整天，只为了钓钓鱼，或观看海上日落呢？

在关键时刻获取丰富的实践经验，而非系统知识，才是造就博物学家的重要因素。所以说，最好能先当个野人，什么学名、解剖学知识，都不知道也不要紧，最好能先花上大量时间去随意探索和做梦。卡森（Rachel Carson）非常清楚个中道理，她在 1965 年出版的《万物皆奇迹》（*The Sense of Wonder*）中用不同的说法表达了同样的意思："如果实际经历是日后能产生知识及智慧的种子，那么感情和感觉就是这些种子生长所必需的沃土。童年时光正是培育沃土的时机。"她很明智地把孩童领到了海边。

伤了右眼

对我来说，天堂海滩度假并非大人刻意为我安排的教育课程，只是随兴人生里的一段意外插曲。我被送到那儿，纯粹是因为我的父母相信那是个安全的、无忧的快乐环境。不过，就在那段短暂的时光中，又发生了第二段意外插曲，这段插曲决定了我最终会成为哪一类型的博物学家。

这天，我坐在码头上，拿着挂有小鱼饵的钓竿垂钓，只要鱼儿一咬上饵，我就立刻把它拖出水面。有一种小鱼长得很像鲈鱼，而且贪吃得不得了。它的背鳍上长有10根尖刺，一受惊，这些尖刺便直直竖立起来。当时，一只这样的鱼上钩了。我一时大意，扯得太猛，结果，它竟飞出水面，撞到我脸上，其中一根尖刺恰巧刺中了我右眼的瞳孔。

连续好几个小时，我都感到痛彻心扉。但是由于太想要待在户外，我不敢多吭声。我继续钓鱼。事后，我寄宿的那家人并没有带我去疗伤。（事实上，我也完全不记得他们到底知不知道我受伤了。）到了第二天，痛楚消了大半，只剩下轻微的不舒服。再后来，痛楚就渐渐消失了。

几个月后，我返回彭萨科拉老家，右眼瞳孔开始起雾，出现外伤性的白内障。我父母发现后立刻带我去看医生，而医生则马上把我转送到古老的彭萨科拉医院，去切除水晶体。这场手术简直就是恐怖的19世纪酷刑。某人把我按倒，好让一位名叫墨菲（Pearl Murphy）的女麻醉师用纱布罩住我的口鼻，然后滴进乙醚来麻醉我。好多年之后，我才知道当时她这种工作的标准收费为5美元。

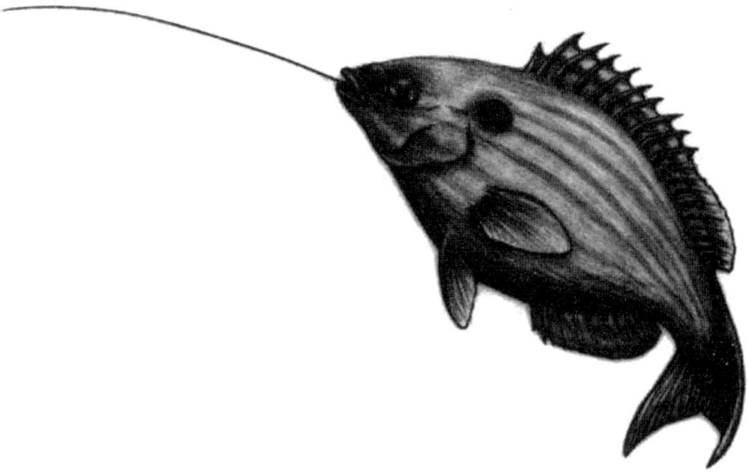

等我的意识渐渐模糊之后，我梦见自己独自待在一间大会堂中。我被绑在椅子上，动弹不得，而且尖叫个不停。或许在我被麻醉之前，真的在尖叫。

总而言之，这次手术令人难受的程度几乎和白内障本身不相上下。因为手术后好几年内，我一闻到乙醚的味道就想吐。如今，一旦我受困在密闭空间里，双手受制不能动，脸上又盖着东西，这种情况肯定会让我恐惧症发作。

发生在我身上的这种强烈反感，并不同于一般的幽闭恐惧症，因为我能够神态自若地钻进壁柜，或搭乘电梯，或在屋子下面及车底下爬行。在十几岁的时候，我还曾经探测过洞穴以及码头附近的水底幽僻处，一点儿都不害怕。总之，只要我的双手能自由活动，而且脸上别盖着东西，一切都好说。

意外造就昆虫学家

从那以后，我只剩下左眼有健全的视力。很幸运的是，我左眼在近距离的视力，比一般人的平均视力更为敏锐，在眼科视力表上为 2.0，而且终生如此。我虽然丧失了立体视觉，但是能清楚辨识小昆虫身上细小的图案和绒毛。稍长大后，或许是因为遗传缺陷的关系，我又丧失了大部分高频率音域的听力。如果不戴助听器，许多鸟类和蛙类的叫声，我都无法分辨。

因此，当我十几岁的时候，就像美国所有的博物学家或多或少都曾经做过的一样，我带着彼得森（Roger Tory Peterson）的《野外赏鸟手册》（*Field Guide to the Birds*）以及双筒望远镜外出，结果证明我是相当差劲的赏鸟者。除非鸟儿很清楚地在我眼前奋力拍翅，否则我根本找不到它们；即使有一只鸟就在近旁的树上高歌，但除非有人直接指给我看，否则我还是找不到它。

类似的状况也发生在对蛙类的观察上。多雨的春天的夜晚，我和大学同学靠着高亢的雄蛙叫声的指引，前往青蛙的交配地。我的确找到了一些，比如叫声低沉的犬吠树蛙（barking tree frog），它们的叫声仿佛有人在用力敲打一只大木桶；另外还有东方锄足蟾蜍（eastern spadefoot toad），它们的叫声很像幽魂前往冥府报到时的呜咽声。然而，大部分蛙类的鸣叫声，在我听来，都只不过是一阵含含糊糊的嗡嗡声。

决定终身大事的人生转折点，竟然出现在我还这么小的时候。我之所以注定要当昆虫学家，一辈子研究或飞或爬的微小昆虫，完全不是因为拥有什么怪癖的天才，也不是因为有什么先见之明，完全就只是因为单纯的意外事件，限制了我的生理能力。

不管怎样，我一定得找出某一类型的动物来研究，因为心中的火种早已点燃，所以我能找到什么就研究什么。于是，我剩下的那只眼睛转向了地面。从此以后，我开始赞美地球上的这些小东西，这些可以用食指和拇指捏起来仔细观察的小动物。

第 2 章

把小男孩托付给我们

有谁能肯定地说，自己的性格是由哪些事件塑造成的？有太多、太多事情是发生在童年早期的懵懂中。我们的心灵沉浮于依稀忆起的不确定的经历里，随着时光荏苒，我们心中的“自我欺骗”会逐年使记忆扭曲，慢慢偏离事实真相。但是，有一件事我倒是能够百分之百地确定。

这件事发生于 1937 年冬天，也就是我的父母爱德华（Edward）和英妮兹（Inez Freeman Wilson）分居并开始办理离婚手续的时候。在当年，而且还是在美国南方地区，离婚极不寻常。可以想见，当时亲戚朋友之间一定是谣言满天，而且许多人一定还很不以为然。就在我父母忙着将生活理出头绪之时，他们开始寻找一处能保障 7 岁男童安全生活的地方。他们选中了湾岸军校（Gulf Coast Military Academy），这是一所私立学校，位于密西西比州海湾港（Gulfport）东边 6 千米处的滨海公路旁。

另一个天堂海滩？

于是，在1月的某个早晨，我和母亲搭上西行巴士离开彭萨科拉，一路经过莫比尔（Mobile）以及帕斯卡古拉（Pascagoula），来到海湾港。我们在下午抵达湾岸军校。我环顾四周，品评它的景观，发现那儿正是典型的悠闲墨西哥湾景致，于是立刻觉得它非常有吸引力。一栋栋附有游廊、周围围了一圈灌木丛的砖房，散布在修剪得整整齐齐的草坪上。老橡树（我认为所有活着的橡树“看起来”都很苍老）以及高耸的松树提供了大片树荫。校园南边是90号国道，然后是一条安静的双车道公路。数米外的海堤底下，则是来自墨西哥湾的平静波涛。看到这幅海景，我不觉精神一振。这里会不会是另一个天堂海滩？

结果它不是。

我们来到低年级学生的宿舍，会见女舍监以及其他初级部的军校生。我看着那张属于我的行军床（这种床如果弄整齐的话，可以在上头弹硬币），聆听着每日作息规章的简介，检查着自己那套比照西点军校款式的制服。然后，我和室友握手。就一名7岁的孩童而言，我的室友实在是太过拘谨，也太过礼貌了。

孩童时的慵懒以及与童年冒险有关的梦，至此全都消失无踪。

湾岸军校是精心设计出来的大噩梦，专门用来改造没教养或缺乏纪律的孩子。它属于那种最原始的军校，学生一律穿着灰色毛料制服，站姿僵硬得就像枪杆子似的。校方的简介中，“保证”会让学生接受扎实的传统教育；它不是用“提供”或是“尽可能”这些字眼，而是“保证”这两个字眼。

毕业于湾岸军校的学生中，虽然有一部分会进入全国其他的大专院校就读，但是基本上，湾岸军校可以说是西点军校的预科学校，在私立学校中，就相当于办校宗旨是训练美国军官人才的弗吉尼亚军校（Virginia Military Academy）。

南方英雄梦

这一切都非常符合 1937 年美国南方白人中产阶级的文化。没有什么事情比得上在军队里节节高升更令年轻人热血沸腾的了。南方依旧沉浸在南北战争前的梦想中，梦想以军官、绅士、荣誉、勇气、坚贞不屈来效忠上帝和国家。我们心中常浮现这么一个身影：新近毕业的少尉军官，身着一身白色军服，手里挽着美貌可人的新娘，步出教堂。在家人备感骄傲的目光下，穿过军校同学们高举的军刀。他的所作所为将会日益加强众人对历史真相的了解：我们南方人之所以会在南北战争中败北，完全是因为缺乏武器，以及战力耗损殆尽。我们南方人，尤其是军官，个个都是当时全世界最棒的军人，都是不容轻视的美国南方人。

现在你总该明白，电视台采访越南战地指挥官时老是出现南方口音的缘故了。他们多半生着一副薄薄的唇，眼神犀利，绝不四处打诨开玩笑。对美国南方人来说，医生、律师以及工程师都是值得敬重的职业，当然，商人或牧师也很不错。来自亚拉巴马州的高尔夫球冠军或橄榄球四分卫，算得上是英雄人物，而且要是我们有某位亲戚［他的小名也许叫大蚊子（Skeeter）之类的，可以把他想成你的三堂哥汉克（Hank）的大儿子］选上国会议员，整个家族都会高兴得不得了。然而，如果要说谁才是代表力量与荣誉的权贵，那一定还是非军队统帅莫属。

军校生活

湾岸军校年年都被美国国防部评鉴列入荣誉学校，换句话说，这里简直就是新兵训练营。它的生活规章就是专门设计用来磨损青少年男孩身上具备的一切坏品质，同时培养出炮弹落于前也毫无惧色的性格。“把小男孩托付给我们，我们还你个男子汉。”这就是湾岸军校的格言。1937 年的湾岸军校毕业班年刊（里面有我目光僵冷的稚气面庞）清清楚楚地解释了该校准则，明明白白，不带一丝情感：

> 日常作息都有定规，每天每件事都得按规章行事，否则绝不宽贷。
>
> 与同学相处时，每人都得自视为团体的一分子，并依据这个观点正确对待其他同学。
>
> 激发每个人的潜能，使小男孩变得积极独立，蜕去备受娇宠的男孩的无助及依赖习性。

年刊作者［我怀疑，他是不是那位四方脸、担任军事科学和战术课程的乔克（Major Charles W. Chalker）上校？他的四方脸正从年刊上瞪着我]心目中所谓的作息定规，比起成人军校的规矩有过之而无不及。这套规矩如果放松一些的话，大可用在今日帕里斯岛（Parris Island）上的海军训练营之类的地方。

一周七天的军号声是由一群非常看重这项任务且引以为傲的军校生吹奏的，把我们的日常作息步调催赶得十分紧凑。早上6:00，第一声号角；6:05，起床；6:10，集合；6:30，病号集合；6:40，巡逻检查；6:45，服务生预告；7:00，集合行军至餐厅用餐；7:40，上课。之后，号角暂停，改由铃声通知上下课。然后是10:20，礼拜堂集合，中间休息4分钟；然后是预备铃，回教室上课。我们就这样被催赶着度过一天，终于到了晚餐时间。18:50，号角再度响起，召集大伙儿回寝室；19:00，晚自习（不准听收音机）；21:15，归营号；21:30，熄灯号。之后，不准再发出任何声音，否则就只有登上违纪报告一途了。

星期六的作息与之相仿，只不过略微轻松一些，有一些空闲时间可以用来休闲、运动，或者接受违纪处罚。到了星期天，我们又得迅速回到死板而又紧张的生活状态：把皮鞋、徽章、皮带环擦亮（制服得随时保持整洁，星期天则要穿正式的灰白制服），还有就是上教堂做礼拜。接下来，我们要准备参加15:30开始的阅兵典礼。我们整齐列队出操，接受分队及个人检阅考核，队伍行进在军官、来访家长以及部分好奇且充满敬意的镇民面前。年纪最小的男生（我就是其中之一）则排在队伍的最后面。

我们学生拿到的课程表上，净是些响亮简洁的名词：算术、代数、几何、物理、化学、历史、英文、外语；完全没有艺术、室外自然教学之类的课程，当然更不会出现“化学入门”或“美国经典”之类文绉绉的标题。学生拥有部分的选课自由，但是仍然只是一些无聊的科目，例如拉丁文、商业地理以及商业伦理等。这样的课程安排隐隐暗示着，假使你实在不是当军人的料，至少还可以去经商。

年龄稍大的军校生除了要接受步枪、迫击炮以及机枪射击训练外，还要学习测绘和军事战略。另外，校方也很鼓励学生练习骑马。至于我们这些初级部的小毛头，就只有眼巴巴地期待着将来哪天也能参与这些充满男子汉气概的活动。

湾岸军校的校徽图案如下：一只展翅的老鹰，爪子里握着两把交叉的军刀、上了刺刀的步枪以及长矛。左右两根矛柄上，各悬挂着一面带有48颗星星的美国国旗。海军以一面三角形盾牌作为代表，盾牌上绘有一艘三桅帆船。

湾岸军校所有的学生，从一年级生到十二年级生，全部按照同样的作息表埋头于堆积如山的课程中。我们这些六年级以下的初级生稍稍拥有一些特权。我们有位女舍监林菲尔德太太（Mrs. R. P. Linfield，我只知其姓不知其名），年刊上她那张表情僵硬的脸看起来真是传神，正是标准军校女舍监的嘴脸。阅兵时，我们初级生不必肩背步枪，也不必接受武器和骑马训练。附近海湾公园学院（Gulf Park College）偶尔有女生举办的舞会，这些自然也和我们毫不相干。为了严守纪律，校方要求学生的父母不要送些不合适的礼物到学校里来，以免宠坏孩子：“不要送食品来弄坏他的肠胃。要送的话，送水果好了。”

玩耍还是踢正步？

军校生之间一旦发生冲突，要是没法用协商方式和解的话，就只有通过富有男子汉气概的方式来解决：在成人的监督之下，于旁观学生围成的场地中，双方公开较量一下。不过，偶尔也会有打架事件，在没有教官或学生干部到场的情况下，就悄悄地在某建筑物角落里进行。但是就整体而言，这类冲突还是都能够在不背离校规的情况下有效地得到纾解的。

犯规的学生必须到斗牛场报到，这倒是学校简介册子里没有提到的活动。通常，犯规学生得扛着步枪绕着圆形跑道踢正步，一踢就是个把钟头，时间长短视犯规严重程度而定。若是处罚的时间太长，还得连续几天分段执行。初级生也得以免背步枪“踢正步”——其实，多半时候我们都只是在漫步而已。

受罚倒是一段能够避开他人并且做做白日梦的好时光。我当时经常犯规，因此在湾岸军校期间，也花了大把的时间在踢正步绕圈子上。回想起来，我最常违反的规定是在课堂上和同学说话。如果真是这样，那么我显然不曾记取教训。因为到了现在，身为大学教授，我几乎把所有的时间都用于“在课堂上说话”。

在我心里，我一直明白自己是个讲理的好孩子。我既不迟钝，也不叛逆，因此受罚踢正步绕圈子总是意外降临的横祸。校方很少甚或不曾直接告诉我们这群初级生有关纪律或责罚的问题。于是，我们多半只有通过案例和口耳相传来学习守规矩。

每星期六下午 1 点 50 分，邮件窗口旁边标有“违纪”的布告栏上，会准时张贴出犯规学生的名单以及所受的责罚。每一次，我们都会奔过去围观，看看这个星期有谁可以去玩，又有谁得去踢正步。在执行完所有的责罚之前，犯规学生不得从事任何娱乐活动。我们还听到一些谣传，是关于高年级生犯下不可名状的恶行后所受的著名责罚。

就湾岸军校的思考方式而言，星期三下午称得上是享乐时光。从 1 : 30 到 5 : 30，凡是没有列在违纪名单之内的学生，都可以自由外出。有巴士接送我们到西边 6 千米处的湾岸港，大伙儿可以去那儿吃奶昔，看电影，或者就只是闲逛也好。

这些嬉闹玩耍都挺有意思的，但是，我最渴望的还是我心爱的墨西哥湾，每次我望向学校草地正前方，它都在那里等我，然而我却没法靠近它。校方三令五申，不准学生跨越横亘在学校操场和海堤之间的双车道公路。学期结束前，我和一小群同学在女舍监的带领下，到海边玩了好几趟。年刊上登了一张我们的照片，大伙儿排成一列，身穿当时流行的带有肩带的泳装。图注是这样写的："孩子们在周全的监护下畅游海滩。这儿风和日丽，他们可以在清爽的白沙上嬉戏，也可以沐浴在波光粼粼的岩湾海浪之中。"然而，在这里却不能钓鱼，没有时间容许你沿着海边漫步遐想，也没有机会撞见黄貂鱼或其他的海底怪兽。

迎接小罗斯福

在我就读湾岸军校期间，最轰动的大事要算小罗斯福总统（President Franklin Delano Roosevelt）的大驾光临。刚刚开始第二个总统任期不久，小罗斯福总统就来到密西西比州以及路易斯安那州，亲自露面向选民致谢。这儿是全美国最坚定支持民主党的地区。靠海岸边的学校都临时放假一天，商场也暂时休业。店面的门窗都粉刷一新，马路也清理得特别干净。当地的《比洛克西海湾港先驱日报》(*Biloxi-Gulfport Daily Herald*)甚至不自觉地登出“连黑人小孩都换上了最体面的服饰”这样的字句。

大约有10万居民群聚在道路两旁，等候小罗斯福总统及其随从大驾光临。在那个时代，最高统帅是很少公开露面的。再说，小罗斯福所推行的新政更使得他在南方各州拥有神一般的地位。新政让许多穷如第三世界的乡村地区如释重负。

4月29日早晨，总统和随行人员从首都华盛顿乘火车南下，抵达比洛克西。车站前早已有24辆由当地政要、军警以及新闻记者组成的车队等候在那里，准备随行护驾。大队人马拜访了比洛克西的各个重要地点，包括一座在林肯（Lincoln）遇刺后漆成黑色的灯塔、退伍军人总医院（Veterans Administration Hospital），以及戴维斯（Jefferson Davis，美国南北战争期间南方邦联的总统）在密西西比的故居。在那儿，乐队奏起《迪克西》(Dixie，美国南部诸州从南北战争流行至今的战歌)，同时该城仅余的8名美国南方邦联老兵高声呐喊，欢迎总统。

小罗斯福总统不时地举起软呢帽，并露出他那著名的笑容。最后，车队驶上90号国道，往西开向海湾港，并于上午10点的时候经过湾岸军校。全校师生均穿上灰白制服，肩并肩排成单行队伍，立在道路边等待着。小罗斯福总统原本以为要进行校阅，因此还特别指示手下的军官，披上总统随行人员所披挂的金黄色穗带。后来得知行程太过紧凑，无法停留这么久，总统便指示车队在行经湾岸军校时，特意放慢速度。当车队浩浩荡荡从面前通过时，我们全都举手敬礼。

不知怎么的，我没能从大队行经的众多面孔中找出谁是总统。但是，我总愿意自认为他看到我了，我是站在行伍尾端、个子最矮小的两名军校生之一。

埋下军事文化的种子

对于这一切截然不同的新生活，我适应得相当快。初到的头几天，我觉得既困惑又孤独，熄灯后只能哭着入睡——但是又不敢哭出声来，以免被人听见。然而，过了一阵子之后，我开始有了归属感，觉得湾岸军校也像某种形式的大家庭，一切都是出于善意的关怀。我原本十分痛恨这个地方，但是后来爱上了它。多年以后回忆起来，甚至觉得更有味道，反而是那些让人痛苦的回忆已经渐渐淡去。我在那儿所待的时间，刚好足够令我转换某些心态。直到现在，我依然能轻易地在心中唤起那些有条不紊、承担重任的影像。

其中最鲜明的影像是：星期天上午，大家集合准备阅兵时，一名军校生缓缓出列。他只是个十来岁的大男孩，骑在马背上，足蹬闪亮的军靴，身上佩挂着武装带和带鞘的军刀，头上是洁白无瑕的白布帽。他神情自若地操演一整套繁复的程序。他一边对着正在步行的军校生讲话，一边驱策坐骑缓缓绕圈，转弯，再转弯。他的面容已经从我心头消失，但是他的形象依然闪耀着光荣、正直、雄心

以及巨大成就的光芒。我自问，到底是什么巨大成就？我自己也说不上来，但是无所谓，反正他那朦朦胧胧的身影之中蕴藏着力量。

我于春季班结束后离开湾岸军校，然而个性里却已埋下军事文化的种子。即使到了念大学的年龄，我依然带着南方佬对年长者惯有的敬意。另外，面对成年男性时一律称呼为“先生”，女性则称呼为“女士”，不论他们究竟是什么身份；这类尊称令我觉得很愉快。我本能地尊重权威，并且很感性（若不是理性的话）地相信，如果没有什么特别的原因，我们不该露出忧烦之色。骨子里我是社会保守主义者，而且是主张拥护现状的人。我看重传统风俗习惯，越是庄严崇高、仪典繁复，越合我心。

为英雄落泪

我这辈子在待人接物方面是绝对重视礼数的。但是我发觉，我日常相处的那群棱角分明、社会化不足的科学家中，少有人重视这一套。与人辩论时，我会非常注意音调是否拉得过高；每逢反驳他人时，我也都会尽量记住要说“从各种方面而言”之类的话，而且我也是从心底里这样认为。我最瞧不起的就是傲慢以及目中无人的态度，这种恶劣的态度经常出现在许多聪慧的知名人士身上。

我特别看重利他以及服务献身的精神，并且深信这是真正的美德，而不是为了博得旁人赞赏或肯定才存在的。每当想到为了完成任务而捐躯的士兵、警察或救火队员，我心中就激动不已。在悼念这些英雄的庄严典礼上，我感动得落泪的速度甚至快得令自己都不好意思。因为在这些烈士身上，我看到了一群勉力付出却不求报偿的人。而且，正是因为这群平凡人的坚忍，人类文明才得以安然渡过一次又一次的危机。

我一直担心自己缺乏像他们那样的勇气。烈士们勇往直前，甘冒风险，不屈不挠。在我心底里，我承认自己从来就不想要那样；我非常畏惧这个能磨碎年轻人的社会机器，然而不知什么原因，我始终没来由地认为，自己是半途而废的人。我曾尝试过刻意去做些补偿，好让自己去除掉这种奇怪的感觉。

年轻时，我故意养成一种习惯，在田野调查时测试自己的体能，逼迫自己勇敢面对所能忍受的最大困难或最大险境，借此肯定自己。年龄稍长之后，每当我想出一些刺激的点子，就到处炫耀，那举动就好比一名少尉军官在一列敌军面前，挥舞着军团旗向前冲锋一般。我一次又一次焦虑地自问：如果碰上了“真正的”考验，比如蒂耶里堡（Château-Thierry）战役或硫黄岛（Iwo Jima）战役，我是否也能顺利过关？是否也敢以性命相搏？这类胡思乱想都是自我中心思想和罪恶感引起的。

硬汉的钢铁般意志

在我的科学研究生涯中，我曾投入相当多的时间去研究自我牺牲精神以及英雄情操的起源。但是我到现在还是不敢肯定，自己是否能从人类的观点充分了解这些情操。我深深觉得，国会荣誉勋章要比诺贝尔奖更为神秘动人，也更值得人们颂扬。我常利用闲暇时间读些闲书，浏览各位国会荣誉勋章获得者的生平。令人高兴的是，我竟然有机会能结识其中一位受奖者，同时也是美国著名的战争英雄——斯托克代尔（James Stockdale）。在一张他担任海军将官时的官方照片里，他的臂弯里抱着一本我的著作《论人性》（*On Human Nature*），这本书主要是讨论利他行为和领导行为的生物学基础，以及探讨荣誉勋章可能具有的含义。

斯托克代尔曾在越南战俘营里苦熬了 8 年，其间大部分时间他都饱受酷刑折磨，对方一直想要套出他在北部湾事件里的飞行任务

究竟是什么，但他始终坚持不吐露实情。有一次，他实在是担心自己的意志力挺不住，竟用自己的手腕击碎了窗玻璃，试着使审问中断。这一招果然奏效，从此他受到较好的待遇。同时，身为高阶美军军官，他始终努力团结狱中的美军战俘，利用秘密的“拍打暗号”，把信息传遍一间间牢房，以类似战时小组的方式，把大家团结起来。

其实在那种情况下，找借口很容易：反正我已经尽责了，我不过是枚小小的螺丝钉、遭遗忘的小棋子，为何要去冒生命危险？

我相信，斯托克代尔钢铁般的意志一定有部分是由自律和荣誉感造就的，而这正是军校最卖力灌输给学生的两大品行。当然，部队英雄主义可能很容易僵化，形成盲目服从，这一点也是事实。但是这些在我眼中则是由人类文明必需的美德编纂而成的法典。衷心接纳它们，会让飘扬的旗帜、密密麻麻的军阶，以及荣誉勋章彩带，全都变得神圣起来。

因此你应该能够了解，我最敬佩的莫过于那些集中所有勇气和自律全身心地投入到单一重大目标上的人，比如探险家、登山家、马拉松选手、战斗英雄，以及非常少数的科学家。

科学称得上是近代文明的最高成就，但是在这个领域里则少有英雄。大部分的科学研究只是聪慧的心灵在"科学游戏"中得到令人满意的结果。科学家就像神秘的魔术师，心血来潮时在实验室里设计一些聪明讨巧的实验，又像有精妙洞见的编年史专家，或像穿梭在欧美等地各大研讨会之间的旅人。

如果你天生够聪敏的话，玩这些游戏真是人间至乐。当然这一切也没什么不好，但是就我那些听起来可能很别扭的理由来看，我比较敬重那些明明知道眼前的目标令人畏惧但仍勇于挑战的科学家。他们拥有钢铁般的意志来对抗失败，随时准备接受失败的痛苦；他们考验自己性格的意志，并不亚于投身于科学文化的热忱。

会见昆虫大师

达林顿（Philip J. Darlington）就是这么一号人物，他担任哈佛大学比较动物学博物馆（Museum of Comparative Zoology）昆虫馆馆长多年。1953年春天，当时我年仅23岁，准备出发前往古巴和墨西哥采集标本。这是我第一次前往热带地区，临行前我专程拜访了达林顿，请他给我一些建议。我们就在博物馆鞘翅目室角落乱糟糟的实验桌前谈起来了。

达林顿是昆虫学界极受后辈敬重的人物。他非常注重隐私，而且很单纯，就像他的妻子莉比（Libbie）曾经说过的，他选择要过“完整的人生”。他把他的一生完全奉献给研究甲虫以及动物的地理分布。早在出国旅行还非常艰难、昂贵的年代，他就已经把研究触角伸向了世界各地。

达林顿集勇气与技能于一身，在昆虫学界无人能及。他会先看准适当的昆虫栖息地，然后日复一日地长途跋涉，有时工作到天黑才停止；他搜集了数百种昆虫标本，其中许多都极为稀有罕见，甚至有些是全新物种。如果你觉得他这种学术兴趣很难理解，那么不妨回忆一下达尔文（Charles Darwin），他同样也是狂热的甲虫采集者，而且也同样对动物的地理分布怀有极大的兴趣。

达林顿很乐意会见我，但是他并不打算多费口舌。他的举止专业而保守，偶尔露出嘲讽般的笑容或抿抿嘴（典型的学者表情）。他长了一对粗黑的浓眉，盖在双目上方，把人们的注意力略往上拉高了些，让旁人更容易在他说话时注意到他的脸。他很快就说到了重点。

“威尔逊，当你采集昆虫时，不要只沿着小径走。大多数人进入野地里时都太偷懒了，他们就这样沿着前人开辟的小径，只走入树林一小段距离。你如果也这样做，恐怕只能捉到几种昆虫而已。

你应该直线切入森林，尽量排除途中遇到的障碍。这样做很累，但这就是最好的采集方法。”

然后，他告诉我一些自己曾去过的良好采集地点，然后描述了一下如何冲泡古巴咖啡，谈话就结束了。

这些正是我想要听的。这是正确的做法，也是艰苦的做法。大师对于入门弟子的指示：勇气、苦干、决心、忍耐痛苦，最后成功的甜美果实（发现新物种）将等待着心志坚忍者。他并没有告诫我要注意健康，或祝我在哈瓦那（Havana）玩得愉快，只说要沿着直线走，而且要努力做到。他要我为比较动物学博物馆带回一些好东西。

为标本跋山涉水

达林顿年轻时确实亲身践行了他给我的那些建议。他攀登哥伦比亚北部的圣马尔塔内华达山脉（Sierra Nevada de Santa Marta），一路采集到海拔 6 000 米处。他曾沿着几乎垂直的山路攀上古巴最高峰图尔基诺峰（Pico Turquino），那儿属于马埃斯特腊山脉（Sierra Maestra），是个很偏僻的乡村地区，20 世纪 50 年代因卡斯特罗（Fidel Castro）的游击战而声名大噪。接下来，达林顿在蒂伯龙半岛（Tiburon Peninsula）上的崇山峻岭中再次完成壮举，登上海地的最高峰拉荷塔（La Hotte）。

他独自越过最后 1 000 米标高的范围，沿直线横越云雾缭绕的原始森林，在杂乱的灌木丛中，弯腰扭身以穿越层层枝丫间的狭小空间。他好不容易登上山顶，却失望地发现，有一支丹麦调查队早已由另一边登顶，他们胡乱开出一块空地，还在他们横切过的路线上绑起布条作为标识。达林顿原本以为这儿会是海地最偏远的地方，能够让他自由自在地暂时远离山下的拥挤的人群。

即使如此，他还是抱着一线希望，看看能不能在山顶上找到一些数量稀少、濒临灭绝的本土哺乳类动物，也许还能发现新物种。当天晚上，他手提油灯出外搜寻，但是没有什么斩获。他看到的净是一些原产于欧洲、早年无意间随欧洲货船来到西印度群岛并大大危害到当地原有动物群（fauna）的黑鼠。

不过就整体来说，达林顿这趟旅程的收获还是相当丰富的，而且他还是有史以来第一位登上这座山顶的生物学家。他在攀爬拉荷塔山峰近顶端时，沿途采集到了许多新种昆虫以及其他的动物，包括一种新属的蛇，这个属后来被命名为达林顿属（*Darlingtonia*），以纪念他的功劳。

他的冒险活动一直继续下去。珍珠港事件后不久，达林顿被征召加入了美国陆军军医疟疾调查团（Army Sanitary Corps Malaria Survey），在军中担任中尉。他任职于第六军团，参加过新几内亚、俾斯麦群岛、菲律宾中部以及吕宋岛等地的战役，于 1944 年以少校军衔退役。

在离开新几内亚之前，他打算到该国各地大量采集步甲虫科昆虫或其他科昆虫，其中一个采集地为俾斯麦山脉的最高峰——威廉峰（Mount Wilhelm）。

就在那趟旅程中，达林顿的探险活动成为动物学界不折不扣的传奇故事。那天他独自在丛林里搜寻标本，来到一处凝滞的丛林水潭边。为了在水潭中央采样，他冒险踏上一截半沉在水中的原木。谁料到，潭底却突然冒出一条巨型鳄鱼，直冲着他游来。他小心翼翼地向岸边退去，但是树干滑溜得很，他终于失足落水。鳄鱼追了上来，张开大嘴，露出獠牙。达林顿试图抓住鳄鱼的下颚，成功了一次，但又失手了。

大难阻止不了热情

“我没法形容当时那种恐怖的感觉，”事后他告诉一位战地记者，“但我真是吓坏了，心里不停地嘀咕着：这恐怕是博物学家碰到的最糟糕的情况了！”

达林顿当时39岁，身高188厘米，体重86公斤；反观鳄鱼，有好几百公斤重，自然居于上风。它咬住达林顿甩来甩去，终于把他拖到了潭底。

“那几秒钟好像有几个小时那么长，”达林顿回忆说，“我拼命猛踢，但是那种感觉就仿佛陷在蜜糖海里踢打一般。我的腿像铅块一般重，肌肉很难活动。”不知是因为被他的脚踢中要害还是有什么其他的原因，这畜生忽然松开双颚，达林顿急忙游走。他拼命挥舞手脚，奋力攀爬上岸，尽量不要停下来，因为他知道鳄鱼有时候会一直追猎到陆地上。不料，最后关头他又滑倒在烂泥中，再度滚落水里。大鳄鱼又一次向他靠拢过来。

“简直是一场噩梦！那是我有生以来第一次大喊救命，”他说，“但是没人听得见！”他再次挣扎着爬上岸，这一次，总算成功逃到丛林的庇护之下。直到那个时候，他才意识到手臂上的剧痛，以及因为失血所造成的极度虚弱。“那趟前往附近医院的徒步之旅，是我所经历过的最长的一段路。”达林顿两只手臂的肌肉和韧带都被撕裂，而且右臂也骨折了。他的双手也被鳄鱼的牙齿咬伤，只有左臂和左手还勉强能动。

我承认，击退鳄鱼只能算是求生的举动，不能用来证明人的性格；但是，敢于前往鳄鱼盘踞之处，加上达林顿事后的所作所为，就足够用来说明他的性格。

达林顿被送到巴布亚（Papua）的多巴杜拉（Dobadura）疗伤，打了好几个月的石膏。然而，什么都挡不住这个家伙，他竟然锻炼出单用左手采集昆虫标本的绝技，同时也开始不停地四处采集起来。他先请人在手杖顶端绑上一个小瓶，然后来到树林中，把手杖插进土里，用左手打开瓶子的软木塞，把昆虫标本放进去，再把塞子盖上。几个月下来，他的双手和双臂渐渐复原。在那段疗伤期间，他的采集成果足以建立一所世界级的昆虫收藏馆。返回哈佛大学后，达林顿依旧年复一年地继续他的工作，拓展人类对于新几内亚以及世界其他地区昆虫的了解与认识。

童年的塑形

我个人品评英雄的标准，最初是被严厉的军校灌输得来的；这所军校的教官认为，教育小男孩的方式基本上和教育大男孩应该没什么两样。这场阴差阳错的意外导致了古怪的结果。当时我认为军校就是真实人生的预演，之后的少年期以及青春期，不论眼前有多少反面的证据，我还是认为：所有的成年人都必须辛勤工作，并遵守高标准的罚则；现实生活是艰苦的，毫无宽容的，所有的疏忽以及过错都无法弥补。

这股道德刺激在表面上渐渐淡去，但是它深深潜进了我的骨子里，甚至到现在都是一样，虽说我知道它并不完全合理，但我已经很难再改变了。部分童年经历会汹涌澎湃地穿越你脑部的边缘系统，抢先控制你的思考，终生左右你的价值观和情感。不论是好是坏，它们就是所谓的“个性”。

至此，我已经述说了两个塑造我的早期经验。拥抱大自然以及接下来的军事纪律，两者性质截然不同，却奇特地安置在了一起。在我童年的早期，总共有三段这样的重要插曲。现在，我要来叙述最后这段与科学家养成有关的插曲，它是三段故事中看起来最怪异的一段。

第 3 章

角落里的亮光

1944 年 1 月的某个星期天，我独自坐在彭萨科拉第一浸信会教堂后方的板凳上。主日礼拜已接近尾声。教会牧师罗杰斯博士（Dr. Wallace Roland Rogers）走下讲坛，来到中央走道上，举起双手，掌心向上，开始吟诵“邀请词”（Invitation）：

> 你们还不来吗？基督在召唤，基督是我们的朋友；
>
> 让我们一块儿与他同喜，与他同悲，一块儿领受永生。

在他以各种不同音调，重复吟诵唱诗班领诵词的当儿，一首熟悉的赞美诗曲调从他身后的风琴中响起，恰如其分地增强了它的效果。会众不需要唱出歌词，歌词已铭刻在每一位重生的浸信会信徒心中。歌词和经文一样受人喜爱，它教给我们基督福音的痛苦与救赎：

各各他山岭上，矗立古旧十架，
是羞辱与痛苦记号；
神爱子主耶稣，为我们被钉死，
这十架是我最爱最宝。
故我爱高举主十字架，愿将世上虚荣全放下，
我一生要背负十字架，到那天可换公义冠冕。

在我眼中，罗杰斯是个十分高贵、友善的40多岁的中年人，有张直率的脸，戴着金边眼镜，脸上挂着扶轮社（Rotary Club）社长轻快的笑容。他是彭萨科拉小区的领袖；同时，因为在战争最初几个月领导宗教团体，他在附近的海军航空兵基地也享有盛名。他是这里教会的创办人之一。对于年轻人来说，他是热诚但严格讲求信仰的朋友、对抗酗酒及赌博合法化的斗士；而且当年种族歧视风行各地时，他的观念却进步得令人惊讶。他代表佛罗里达西北区，积极参与南方浸信会的全国性事务。他的布道和演讲充满了睿智与机敏。

耶稣有训示

这天上午就和往常一样，布道于上午 11 点钟开始。唱诗班和浸信会会众也一如往常，起立唱诵赞美诗《赞美上帝，万福之源》（*Praise God from whom all blessings flow*）。罗杰斯念诵一段祷告，然后我们再唱另一首赞美诗。全体坐下之后，牧师宣布教区新闻和教会事务，以及请会众代祷的生病者名单。接着会众合唱第二首赞美诗，然后欢迎宾客。在风琴音乐伴奏下，执事人员沿着走廊收取信徒的捐献。接着唱诗班献唱，而后是由女高音独唱《奇异恩典》（Amazing Grace），歌声纯净动人。诗歌抓住了救赎的中心论调："初信之时即蒙恩惠，真是何等宝贵。"

最后，罗杰斯起身讲道，并且依照惯例，先朗诵一段《圣经》里的经文：

> 似乎忧愁，却是常常快乐的；
> 似乎贫穷，却是叫许多人富足的；
> 似乎一无所有，却是样样都有的。

这段话引自《圣经》中《哥林多后书》第6章第10节。朗诵完毕后，他讲了一则小故事，和往常一样，语调略带幽默。这天他讲的是两名农家青年上大城市报到当兵的故事。他们按照老习惯，天没亮就起床，结果只能狼狈地徘徊在高楼大厦间空荡荡的街道上，找不到人来问路。其中一个男孩开口说："你说，他们这么一大早全都上哪儿去了呢？"

听众都会心地笑了起来。罗杰斯的讲道很个性化，而且往往能联系世俗社会。现在，我们都放松了心情，友善地相视一笑。罗杰斯停顿了一会儿，态度转趋严肃。用上面那段《哥林多后书》的经文以及小故事作为开头，他开始正式讲道。

他缓缓地说，我们美国人就像那两个男孩一样，或许是个性单纯的人，但是我们一定会赢得胜利。因为，这个国家是建立在看重上帝和基督徒的信心上，是建立在不畏横逆的拓荒者勇气上，同时也是建立在甘为彼此牺牲的意愿之上。只要理由正当，只要心中真有基督，就没有任何人能阻挡我们。个性单纯的人放下一切，放弃所有的物欲，为了基督之名，甘愿忍受死亡的痛苦——而这就是信徒当走的路。他们不是强大的罗马帝国统治者，也不是耶路撒冷城内富有的撒都该派信徒（Sadducee，犹太教中的一个教派，不相信灵魂不灭，也不相信天使存在）。他们没有刀剑，没有权力，但他们能改变世界！他们以孩童般的赤子之心服侍上帝。

耶稣曾经说过："凡要承受神国的，若不像小孩子，断不能进去。"而且耶稣还说过："人若不重生，就不能进神的国。"此外，耶稣还一遍又一遍地训示我们："但你们已经有的，总要持守，直等到我来。"

在信仰中成长

现在又到了邀请、呼唤那些尚未得救或希望加强基督信仰的人的时候。许多人纷纷起身响应，走上走廊。他们和牧师握手，拥抱，然后转身和会众一同祈祷。他们的眼中闪动着泪光。14 岁的我也在其中，我已有所准备，并且也能够自己做出这一重大决定。唱诗班高歌《在花园中》(In the Garden)，曲调甜美悠扬：

> 他和我同行又和我谈心，
> 并对我说我属于他，
> 我们同在时情景真甘美，
> 没有别人能领会。

新教福音派从来不浪费时间讲哲理，直接诉诸心灵，把质朴的基督故事所展现的力量表现为一个神话般的过程。在世间的痛苦和屈辱中，灵魂能借由与神性相联结而获得救赎，然后就可以进入天堂，得享永生。

教条和礼仪都不重要，唯有信念最重要。耶稣永远在灵魂里与你同在，他随时准备安慰你。在命定的日子里，他将会以血肉之躯归来。这天不会让人等太久，说不定在我们有生之年就会到来。我们的主是团契关系的化身，是完美的、永恒的族长。他说，让小孩子来我这里，不要阻挡他们。他是三位一体的上帝与我们亲近的那一位。

每一位基督徒都必须自己寻求主，而这必须是出于自由意志

的，并且他们借由阅读《圣经》以及与其他早已获得上帝恩典的人相互交流，来得到指引。南方浸信会不设主教，牧师能做的只是劝告和引导。聚会信徒自己担负起神职人员的工作。他们要学习引经据典，用所谓锡安（Zion）的语言来讲道。

这样的礼拜将信徒的道德观编集在一起，使得舆论对正直和正义的评价清楚明确。然而，礼拜的功能远不只这些，凡是不能体会这层额外境界的人，总免不了低估宗教信仰。礼拜能抓住“力量”，它就像一面凸透镜，像聚集光线般把会众对宗教的信心集中在一个白热焦点上——被耶稣基督所拯救，与主合而为一，而后获得重生。

我能在这样的信仰中成长，并没有什么好奇怪的。如今，全美国有 1 500 万名浸信会信徒，人数仅次于天主教徒。事实上，就算追溯到 19 世纪中期（该教派成立于 1845 年），我的祖先也全都是南方浸信会信徒。他们全都居住在亚拉巴马州或佐治亚州，也就是基督教基要派的“圣经带”（Bible Belt）。这是当地最活跃的宗教。直到现在，我依然清楚记得 6 岁上主日学校（Sunday School）时的情形。地点就在彭萨科拉第一浸信会教堂，时间是在主日礼拜开始之前，我们学习唱诵令人振奋的副歌：

> 基督精兵前进，齐向战场走，
> 十架旌旗高举，引领在前头。

1937 年，当我离开湾岸军校后，我的宗教训练进入了崭新境界。那年我 8 岁，父母已经离婚。我的监护权归母亲，我和她的关系依然非常亲近，但是离婚使得她顿失依靠。彭萨科拉仍然笼罩在经济大萧条的阴影中，生活非常艰难。我的母亲找到一份秘书的工作，但是薪水相当低。而且，她花了好多年才获得更多的训练及经验，换到一份比较好的工作。离婚后第一年，母亲把我托付给一位令人放心的亲友照顾。

劳布妈妈的小世界

她的名字叫作劳布（Belle Raub），和丈夫（他是退休木匠）一起生活在彭萨科拉的东李街（East Lee Street）上。没多久，我开始喊她劳布妈妈。她是个大块头、大胸脯的女人，年近 60 岁。她不化妆，喜欢穿印花布长衫，戴着一条挂有美洲豹爪坠饰的项链，令我着迷不已。我对它有问不完的问题：你从哪里弄来的？哪里可以找到美洲豹？它们都在干什么？这些陆上的怪兽！

劳布妈妈真是百分百的好老太太。她总是兴高采烈地在屋里忙进忙出。从早晨我起床之前，一直忙到晚上我就寝之后，莳花拔草，清扫煮饭，再不然就是拿着钩针编织带轮辐图案的床罩，送给亲朋好友或邻居。她很关注我的每项需求，同时也非常仔细地倾听我诉说从前的每一个经历——那些我认为够漫长且很有意义的经历。我在懂礼貌和守纪律方面都不曾令她操心，湾岸军校已经关照过这些了。

劳布妈妈在门廊边造了一圈小花园，种植一些美化环境的植物。我开始尽可能学会所有她教我的东西。我发觉生物世界迷人至极：前门廊边的地上栽种着象耳芋头，叶子有小餐桌般大小；靠近

街边的柿子树结出了果实；劳布家屋后那块空地上，土耳其栎长成了一片小森林。劳布家周遭的种种以及邻近的街坊，都是我热切探索的目标，再也不必受军校全天 24 小时纪律的约束。

我养了一只黑猫，同时也在后院开垦了属于我的小花园。在一处软沙土附近，我开工挖地道，打算一路挖到中国或其他通得到的地方去。但这项计划始终没能达成。我在早餐时间学习如何炒玉米；劳布妈妈非常纵容我，不只是这件事，其他事也都一样。劳布老爹有爱喝酒的老毛病，时不时就要被老婆责备一番。劳布老爹也相当慈祥，只不过有点儿粗鲁和漫不经心。

那年秋天我进入附近的阿格尼丝·麦克雷诺兹小学（Agnes McReynolds Elementary School）就读。从劳布家屋后空地往外走，向西走一个街口，就是学校的位置。每天我都用锡盒装一份三明治和一根香蕉，带到学校当午餐。奇怪的是，每到中午我总是发觉香蕉被挤扁了，香蕉肉渗出外皮，流得满盒底都是。

刚入学没多久，老师就认定我的成绩非常好，不该留在三年级，于是安排我接受笔试，然后让我跳级上四年级。对我而言，这项决策真是一项天大的错误。我的身材在同龄孩童当中，原本已经算小的了，如此一来，我就变得更加害羞和内向。在此后的学校生涯里，我都注定要当班上的小矮个儿。四年后，当我升上墨菲高中（Murphy High School）时，我竟然是全校唯一还穿短裤的男生。我赶紧换上当时正流行的褐色灯芯绒七分裤——一种当你走路时裤管会互相摩擦，吱吱作响的裤子。

期待“异光”

劳布妈妈是卫理公会的信徒，而非浸信会信徒。这一点意味着她和劳布老爹每星期天得先把我送到第一浸信会教堂之后，才能去参加礼拜——属于比较安静、传播福音较少的那一种。然而，置身于严苛的卫理公会里，劳布妈妈实在是不折不扣的狂热道德主义者。抽烟、喝酒、赌博在她眼中都是天大的罪孽。

无疑，她非常了解我父亲十分热衷于这些恶习。她要求我立誓今生绝不向这些诱惑低头，我很开心地同意了，做到这点没什么困难。8 岁大的男生除了偶尔用弹珠来赌一赌掷刀游戏的胜负之外，不大容易犯下什么罪行。从那以后近 60 年，除了用餐时偶尔来杯佐餐酒或啤酒外，我一直谨守诺言。这倒不是因为虔诚的关系，主要是因为我对这些玩意儿根本没多大兴趣。此外，可能还有另一个比较中肯且贴近内心的因素，那就是我父亲由于酗酒的关系，后来生活每况愈下，我看在眼里，只有无助的绝望感。

劳布妈妈是位内心坚定、怀有神秘思想的女人，热衷于追求神圣的境界。她告诉我一则故事，是关于一名信仰虔诚的友人期望能通过祷告与耶稣结合的过程。有一天，这名友人虔敬地抬头仰望，结果看到房间内有一束异光，据说是上帝显灵的迹象。

> "出现在房间里什么地方？"我插嘴问。
>
> "这个嘛，角落里。"
>
> "角落的哪里？"
>
> "嗯……角落的上方，靠近天花板的地方。"

我的思绪奔腾了起来。劳布妈妈的朋友看到上帝了！又或者，起码她看到了上帝显灵。所以说，她必定是受神拣选的人物。这束异光也许就是所有事物的答案，不论是哪一方面的事物。这就是圣杯啊！

于是，从那之后的无数个黄昏，我祈祷得又长又卖力，眼角还不时地四处乱瞄，想确定一下房子里是否已经出现那种异光，或是其他的变化。但是，什么事都不曾发生。我自忖不够格让上帝进入我的生命，至少眼前是这样。我必须等待，也许要等到再长大一点儿的时候。

那一年学期结束后，我搬离了劳布家，这一次是搬去和爸爸同住。我对异光的兴致不再那么高了，也许是（我实在记不大清楚）

因为我根本不再相信有那种异光。但是，我从未失去对上帝的信心，我相信很快他就会降临到世上。

我真的相信

1943 年秋天，我年满 14 岁，又要搬回劳布家寄住一年。我的年龄已经大到足以自己做决定，究竟是否要受浸信礼以获得重生。没有人来劝我这样做，我也可能还要等上好几年，才会因每周圣坛的召唤而感动。然而，某天傍晚，事情就这样发生了。劳布妈妈和我一起步行到我当初念书的小学参加福音音乐会，演出者是巡回公演的男高音歌手。我已经忘了当天到底有哪些曲目，但是其中有一首曲子，节奏庄重，曲调沉郁，深深撼动了我的心。这首并不悦耳的曲子使听众沉浸在圣灵降临节的气氛中：

当我主受难，你是否在场？
当我主受难，你是否在场？
啊！有时想起就不禁战栗，战栗，战栗。
当我主被钉，你是否在场？

虽说我还是个躁动不安、精力十足的青少年，但是我被这首悲剧性的召唤感动得热泪盈眶。我渴望做些重大决定。在情感上，我觉得仿佛失去了一位父亲，然而眼前却有另一个可以挽回的救赎机会，那就是与基督的神秘结合——只要你相信，只要你真的打心底里相信。而我那时非常确信，我已经到了接受浸信礼的时候。

穿上星期天的礼拜服，在劳布妈妈的陪伴下，我前往第一浸信会教堂拜访罗杰斯，告诉他我的决定，并选择受洗的日期。一个十来岁的毛头小子拜访大教堂的牧师，并不是常有的事情。踏进罗杰斯办公室的那一刻，我的心情相当紧张。他从办公桌后面站起身来欢迎我们。

他穿着一身运动服，而且"还正在抽雪茄"。抽雪茄！他以非常友善、轻松的方式，恭贺我下定了决心，然后我们一同挑选了受洗的日期。我填写申请表的时候，他在一旁观看，同时继续抽他的雪茄。劳布妈妈对于罗杰斯逾矩的行为只字未提，无论当时还是日后，但是我很清楚她心里会怎么想。

转向尘世求恩典

1944 年 2 月，在某个主日黄昏，我站在讲坛后的小房间里，和其他信徒排在一起。在会众的注视之下，我们一个个鱼贯出列，走到会堂前方唱诗班阁楼里一个水深及胸的大水池处，与负责浸信礼的牧师会合。我在内衣裤外罩上一件袍子。轮到我时，罗杰斯念诵浸信词，然后将我的身体往后扳，让我往后仰躺，直到全身（包括头部）完全浸在水面以下为止。

事毕，等我擦干身体，重新回到会众之中后，我开始想到，这整个受浸仪式的过程多么物质化，多么平凡，就和 1943 年我们在彭萨科拉海水浴场所做的没两样。穿上泳装，跳进水里，先让脚趾在水底踩一会儿烂泥，之后再开始朝水面踢水。

在受洗时，我觉得有点儿发窘和不自在。难道这整个世界全都如此物质化吗？我忧虑地想起罗杰斯那身随便的穿着，以及那根雪茄。

在某处有某样小小的东西开始碎裂了。原来我手里握了一颗精巧、完美的圆形宝石，如今，在某种特定的光线下翻开来一看，我发觉上面竟有一条致命的裂纹。

信心坚定的人或许会说，这是因为我从未真正认识圣恩，从未拥有过它；但是他们错了。事实上，我曾经找到它又放弃了。接下来的岁月，我逐渐远离教堂。但是大体上而言，在我心底越来越相信那束异光以及那条道路，只是我转向其他事物寻求圣恩。等到我17岁进大学那年，我已全神贯注在博物学上面，其他的事情几乎一概不想。我对科学深深着迷，因为它可以作为解释物质世界的途径，而物质世界在我看来则越来越像是整个世界。简单地说，我仍然企望圣恩，但是我的根牢牢扎在了尘世中。

来自新科学的诱惑

在青春期末期，《阿罗史密斯》(*Arrowsmith*)、《海狼》(*The Sea Wolf*)以及《马丁·伊登》(*Martin Eden*)中的主角，个个都成了我心目中的英雄人物。我读了苏联农业学家李森科（Trofim D. Lysenko）所著的《遗传及其变异》(*Heredity and It's Variability*)。读完之后，我在高中科学课堂上很兴奋地写了一篇短文。“想想看，”我胡扯道，“假如李森科说得没错，生物学家将可以随心所欲地改变遗传性质！他当然一定是对的，否则为什么会有那么多传统的遗传学家忙着挺身反对他？”当然，李森科的理论已被证明是不折不扣的伪科学，但在当时我并不知道这一点。而我也并不真的在意，反正我已尝到了知识分子反叛的甜美果实。

对于核能的威力和神秘，我也感到很震惊。奥本海默（Robert Oppenheimer，原子弹之父）是我心目中另一位远去的科学英雄人物。我特别记得《生活》（*Life*）杂志上曾刊登过他的照片，当时他戴着平顶卷边圆帽，正在和格罗夫斯（Leslie Groves）将军说话，时间是第一次原子弹试爆之前，地点就在试爆区里。这简直就是普罗米修斯式的伟大胜利。

奥本海默是个身材瘦削的男人，而我则是个身材瘦削的男孩。他的外表就像我一样瘦弱，但是你瞧，他站在将军身边笑得多么轻松自在，而且两人之所以会比肩而立，也是因为这位物理学家掌握了“能将大自然最具威力的能源转化成为人所用”的神秘知识。

不久之后，也就是我念大学一年级期间，有人借给我一本在生物学者当中引起轰动的书，薛定谔（Erwin Schrödinger）写的《生命是什么？》（*What Is Life?*）。这位著名的大科学家指出，生命完全是物理过程，生物学也完全可以用物理及化学上的理论来解析。想想看，解析原子的脑力劳动同样也能使生物学转型！我开始幻想成为薛定谔的学生，加入他那伟大的志业。

然后到了 18 岁读大二时，我读到恩斯特·迈尔（Ernst Mayr）写的《分类学和物种起源》（*Systematics and the Origin of Species*）。它称得上是现代进化理论的基石，是把遗传学和达尔文自然选择理论结合起来的重要著作。迈尔的这本著作使薛定谔的观点在我心中更加强化。迈尔说明了自然界各种动植物的变异是循序渐进的，这一点可以由研究我们身边触手可及的大自然获得印证。

迈尔的书还告诉我，我可以通过早已熟知并热爱的生物，直接接触到高层次的科学研究。我不需要因为想进入科学殿堂，就千里迢迢投奔到薛定谔或迈尔的门下。

宗教深藏于内心

科学又成了一道新的亮光和研究方法。但是宗教究竟是怎么回事？圣杯以及那道能为生命增添圣洁意义、最纯洁祥和的异光，又是怎么一回事？关于宗教、道德箴言、仪典以及对永生的渴望等，一定也有合理而科学的解释。

根据我自己的经验，宗教是人类情感永恒的源泉，不能把它当成迷信来废除，也不能用它来区分不同的世界。从一开始，我就不能接受科学和宗教是两个截然不同的领域的说法，这种说法认为，这两个领域里的问题和答案在本质上有差异。我接受的想法是：必须把宗教当成物质程序来加以解析，自下而上，从原子到基因，再到人类的心灵。宗教必须被容纳在那唯一宏伟的人类自然意象之中。

我始终放不下这样的信念，坦白说，我甚至被连自己都不完全了解的情感所驱使和困扰。直到有一天，这份潜伏的情感在完全没有预警的情况下浮现了出来。那是在 1984 年 1 月老马丁·路德·金（Martin Luther King Sr.，黑人人权牧师马丁·路德·金的父亲）拜访哈佛大学的时候。

邀请他的是致力于改进大学内种族关系的基金会。负责人康特（Allen Counter）是我的老朋友，也是南方浸信会信徒，背景和我类似。他邀请我参加由这位民权领袖殉道者之父主持的礼拜，之后又加入了接待会里的一个小组。

这是我40年来头一回参加新教徒礼拜，地点在哈佛大学纪念教堂（Harvard's Memorial Church）。金牧师发表了平静但十分激励人心的讲演，内容穿插了《圣经》经文以及道德准则。他省略掉圣坛召唤这一节——毕竟这里是哈佛大学。然而，当礼拜接近尾声，由哈佛大学黑人学生组成的唱诗班开唱时，我很惊讶地听到他们唱出一首古老的混声合唱福音曲，专业程度远胜过我年少时在教堂听过的任何一次演出。更令我惊讶的是，聆听的当儿，我竟然悄悄地落下了眼泪。他们是我的同胞，我心中这样想，是我的同胞！

在我灵魂深处，究竟还蕴藏着什么？

第 4 章

神奇的小天地

读者且随我返回到 1935 年 10 月的彭萨科拉，到派拉福斯大街（Palafox Street）上逛逛。我们先来看一下最靠近大街南端的海堤吧。海水长年轻柔地拍击着堤防外岩石，让它们身上总是粘着一层湿漉漉的海藻，上边聚集了大量的方蟹科螃蟹（grapsid crab）。它们看起来就像穿上甲壳的黑色大蜘蛛，甲壳的大小跟银币差不多，爪子般的步足自体侧伸出。它们长着针尖般的细足，机警地随时准备逃窜，一有风吹草动就立刻往前或往后冲，或往侧边奔窜。投块小石子过去，邻近的螃蟹群就立即四散奔逃，各自躲藏起来。

逛条不一样的街

我们沿着派拉福斯大街往北走，随处看看。右手边有一家蔡尔

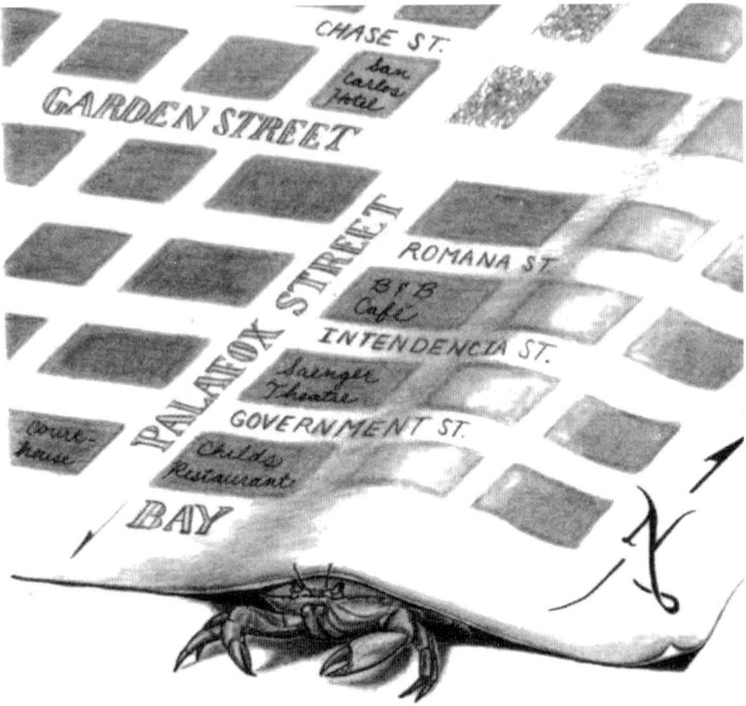

兹餐厅（Childs Restaurant），郡政府的员工常常到这儿来用餐。来到门前时，只要稍站一会儿，举手挥过入口处那束光线，门便自动转开了，真是时髦的科技。我还会重新来一次，这回且让背后那对情侣稍等一下再通过。大人似乎并不在乎小孩子玩这种开开关关的把戏。

不远处是彭萨科拉最重要的娱乐胜地——森格尔电影院（Saenger Theater），是可以在夏天大吹冷气的地方。这个星期六下午场放映的是《飞侠哥顿》（*Flash Gordon*）系列中的一部，内容是哥顿逃出喷火龙的洞穴。接下来则放映澳大利亚男星弗林（Errol Flynn）主演的《铁血船长》（*Captain Blood*）。我已经看过片商对该片的简介，影片结尾时会出现很吓人的场景：弗林在金银岛上和英国演员拉思伯恩（Basil Rathbone）饰演的海盗决斗，弗林将拉思伯恩一剑刺穿，于是这位阴险的法国海盗就翻落海中，被滚滚浪涛吞没。

这个街区位于派拉福斯大街的尾端，位于鲁斯区（Reus）以西、亚当斯区（Adams）以东，是镇上最热闹的地区。福特A型车在街上来来往往，人行道上也有许多逛街的人。继续往前走，穿越罗曼那街（Romana Street）的街口时，最好当心点儿：大人告诉我，去年有个骑单车的小孩就在那里被大车碾死了。

天气老是热烘烘的。虽然已经到了早秋时分，北佛罗里达仍然像是热带地区。午后雷雨前的大块积云飘过海湾，向南方和西方集结。一点儿微风都没有，沉沉的空气中弥漫着湿气以及引擎散发出的浓烟。

且让我们越过派拉福斯街，来到左手边的郡政府所在地。紧挨着人行道的草坪上，一窝火蚁正在群集。只见它们倾巢而出——在这里所谓的“巢”，只不过是一堆上次被割草机铲得半平的小土堆而已。生有翅膀的蚁后和雄蚁正在翩翩起舞，进行它们的婚礼飞行；在一旁护驾的工蚁一副怒气冲冲的模样，它们在草坪以及滚烫的水泥人行道四周奔来奔去。现在我能够告诉你，它们的名字准是热带火蚁（*Solenopsis geminata*）。没错，是当地原生的火蚁。15年之后，恶名昭著的入侵红火蚁（*Solenopsis invicta*）将从南美洲传入亚拉巴马州的莫比尔，然后再向东一路扩散到这儿来。而那时，我将以大学生的身份目睹这一场景。

再往北走过几个街口，经过不久后将要拆掉的、古旧的圣卡洛斯旅馆（San Carlos Hotel），在西格雷戈里街（West Gregory Street）左转。我父母住的公寓就在几个街口外，位于一栋灰泥粉刷的西班牙式公寓二楼。楼边的庭院里栽了一棵巨大的橡树，冠蓝鸦（bluejay）经常停在上面叽叽喳喳地相互对叫。它们的叫声好像消防车的笛音，听起来总像是有什么紧急大事发生似的。

请你不时地把眼光往下移，跟着我一道探寻地面上的昆虫。人行道边锥臭蚁属（*Dorymyrmex*）的狮蚁（lion ant）活像是在热锅上似的，团团转个不停。如果捏死一只，冲进你鼻孔的特殊气味，绝对让你一闻难忘。现在，我也可以告诉你，这种蚂蚁发出的气味是由庚酮（heptanone）和甲基庚烯酮（methylheptenone）混合成的，由工蚁的臀腺（pygidial gland）分泌出来，一方面用来退敌，保卫好蚁群，另一方面也可以用来警告巢中的伙伴，大敌当前。

40 年之后，我回到距离这个地点几米外的地方，再度跪在地上寻找狮蚁（一名年老的黑人路过时，还停下来问我需不需要帮助）。泥土和水泥板的裂缝看起来还是老样子，但是这一次，四处奔跑的狮蚁已经换成了齿突大头家蚁（*Pheidole dentata*），它们没有锥臭蚁属蚂蚁的那股刺鼻气味。15 年后，我又回到这里，看看锥臭蚁属蚂蚁有没有重新回到这个小庭院中。

到目前为止，我已经监视这里近 60 年了，如果运气不错的话，我还可以一直观察到满 80 年。现在，我敢告诉你说，1935 年出现在这儿的肯定是锥臭蚁属的狮蚁。

去芜存菁的童年景象

你也许会认为这是一趟很古怪的旅程，也是一种很古怪的痴迷，但是我不这么认为。

想想看，人是如何进行长期记忆的。每逢变动时刻，大脑就会扫描成堆的杂乱图像，寻找一两个决定性的细节资料，以备作为合理行为的依据。

这种在脑海中搜寻图像的方式，就好像金梭鱼（barracuda）一样。这类大型肉食鱼，并不会花很多时间巡视小动物聚居的岩石、洞穴等；它们反而以逸待劳，等待小鱼扭转身体时不慎反射出的一线银光，它们会锁定这类信号，冲上前去，用有力的下颚咬紧猎物。正因为金梭鱼有这种“头脑简单”的表现，所以凡是到金梭鱼出没处戏水的泳客，都会被警告：切勿戴着闪亮的项链或手表下水。

人类的心灵在信息大洋中由一股力量驱使着，就好像动物靠着少数几个决定性的轮廓来探寻方向一样，而且这类信号的范围很广。信号太少，这个人就会变成强迫症患者；信号太多，他又容易患上精神分裂症。对情感冲击力最强的记忆，会最先被贮存，在脑海中记的时间也较久；而带给我们乐趣、欢笑的记忆则次之。

在孩子身上，这种过程最强烈，而且在某种程度上影响了他们的一生。最后，当他们对自己或向他人解释昔日生活经历对他有何意义时，他们会列举出这些决定性的记忆。如同犹太法典《塔木德》（Talmud）所说的：我们并不是按照事情的本质去看事情，而是按照自己的本质去看事情。

我们心中形成的印象受到强化，就好像照片一张张重叠相加，而每一张都添加了更细微的细节进去。在叠加的过程中，印象的边缘变得清晰起来，内容也变得更加细致，情感上的色调也出现了细微的差异。通过这样的过程，1935 年秋天炎热的彭萨科拉，已经在我的记忆中幻化为一张记忆鲜活的由小动物组成的网络。背景当中还包括人群、街道、电影院遮阳篷以及房屋等；然而，这些事物在我当时的生活中，虽然也算是相当重要的部分，但时过境迁后，在我的印象中渐渐褪去，只有小动物才是最鲜明的主角。

游牧男孩

我是正常的小男孩，行为合理。我交了几个朋友，常在附近小学校园里玩翻了天，如果因行为失检而被罚放学后留校，也会觉得丢脸，甚至流泪；那年的圣诞节过得很愉快；我很听父母的话，只是非到万不得已，不肯吃芦笋；在海湾港气候温和的冬日里，当树叶落尽，小水塘上浮起一层如纸般的薄冰时，我也和其他男孩一样，满地捡拾胡桃和其他各种坚果……然而，60 年下来，这些记忆的重要性却日渐降低，其中的细节和情感上的力量大部分都消失无踪了。

虽说儿时的部分记忆日益变淡，但探索大自然的记忆则日益强化，这是因为我在很早以前就下定决心，将来要成为博物学家与科学家。关于这一点，如果非得加以解释的话，我想原因在于我是家里唯一的孩子，而且又过着有点类似吉卜赛人的流浪生活。

我母亲虽然拥有法定监护权，而且她和我的关系也非常亲近，但是她依然准许我父亲（他有比较好的工作）暂时照顾我。我父亲于1938年再婚。从此我又多了一位名叫珀尔（Pearl）的慈爱后母，而且原本安排的暂时照顾也变成长期的了。我父亲是政府机关里的会计员，基于某些原因，他喜欢不断地变换工作地点。他展开了跨越美国南方的长途冒险之旅，每隔一两年，就转调工作单位，并搬家。

从我小学四年级到高中毕业，我们在美国南方的旅居路线如下：彭萨科拉、莫比尔、奥兰多、亚特兰大、华盛顿哥伦比亚特区、亚拉巴马州的埃弗格林（Evergreen），然后再返回莫比尔，重回彭萨科拉，最后，则是亚拉巴马州的布鲁顿（Brewton）及迪凯特（Decatur）。暑假期间要么逗留在童子军营，要么就寄宿在亚拉巴马、佛罗里达、弗吉尼亚或马里兰的亲友家中。11年下来，我转了14所不同的公立学校。

在我上大学前最后一个暑假，我们终于又回到了父亲的出生地：莫比尔。早先他曾说恨死了这个地方，巴不得把它从地图上抹掉；但是如今他回心转意了，而且从此就待在故乡，直到1951年过世为止。

当自己的玩伴

这种游牧式生活让大自然成为我的良伴，因为在我的世界中，只有户外生活才是能够让我牢牢抓住的。

我能够信赖动物和植物，至于人际关系则困难得多。每搬一次家，我都得努力重新打入一个小圈子，通常都是同龄的男生。刚开始的时候，父亲还没再婚，我们住在寄宿旅馆里，我从这里小心翼翼地展开我的冒险活动。迁到我们第一次落脚的避风港奥兰多之后，我有好几个星期都刻意避开同学，那是因为心里害怕的关系。我默默和自己交谈，脑海中创造出三个人物：我、本人和自己。我从地上抢救了不少西班牙苔草（Spanish moss），把它们重新挂回校园里的橡树低枝上。我心想，它们是我的朋友；不过当时我体会到的那种感情，只不过是自怜而已。

我细心研究奥兰多街边的植物和昆虫。在1938年，奥兰多是座美丽的小城。我捉了一些收获蚁（harvester ant），把它们养在床底下的一瓶泥土中，观察它们如何挖穴打洞。学校图书馆里的童话故事书，凡是找得到的我全都看完了。童话故事里的神奇选择——选错了将惨死，或选对了将永远幸福快乐——总是很令我震惊。我在班上功课不错，还差点儿赢得全校拼词冠军。我的致命错误在于把Indian拼成Indain，这个错误至今仍烙印在我的脑海中。没有人注意到我那些怪癖。在那个年代，也没有什么天才儿童或智障儿童的辅导计划。

在1938年也没有任何教育理论认为，孤独地待在美丽环境中，或许是培育科学家，至少是培育田野生物学家的好途径（虽说这条途径也含有些许风险）。在奥兰多待了几个星期之后，我发现城里有一片湖泊，距离我并不远，步行就可以来回，这让我十分高兴。于是，我开始去那儿钓些小鲦鱼（minnow）和鳊鱼（bream）。

我对鱼钩以及钓上来的鱼的鱼鳍都十分小心，以免重演天堂海滩的意外，让我仅剩的这一只眼睛也惨遭不幸。我会花上好几个小时，凝神欣赏公园水池里养的那只鳄雀鳝（alligator gar）。我也经常独自往返湖边，只和自己做伴，顺便整理思绪。马缨丹围成的树

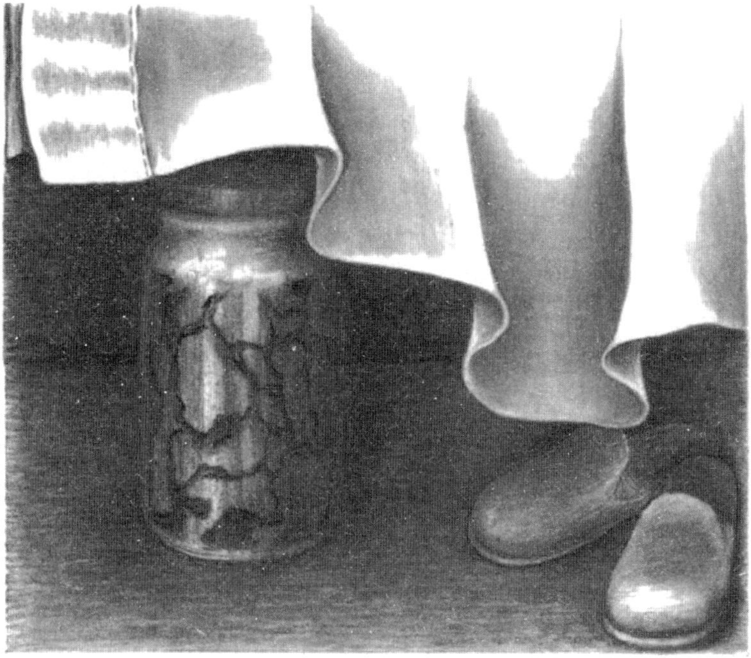

篱、果实累累的葡萄树，以及头戴巴拿马草帽的行人，到现在依然浮现在我残存的记忆之中。

永远的新面孔

后来，我渐渐学会如何在新落脚的城镇街坊里，扮演我那一成不变的“新面孔”角色。初抵莫比尔的时候，有一回我佯装既聋又哑，结果一群男孩和女孩紧追着我，想要弄清楚我的肢体语言。最后，我终于承认这一切都是恶作剧，我非常健全。他们松了口气，不过还是对我很感兴趣，于是我顺利打入了这个新团体。

通常，我会直接面对问题，例如走进足球场充当替补球员，或者在校园或餐厅里与落单的男生攀谈。

对我来说，最大的难关在于和人挥拳相斗。这些较量都非常残酷和粗暴。我心里想，大部分的成人，尤其是那些生长在中产阶级社区的成人，恐怕很难承认小男生在刚步入青春期时的天生蛮性。差不多从 9 岁到 14 岁左右，他们很自然地有一些倾向，会去划定街区势力范围，拉帮结派，为赢得同侪接纳而故意动粗，摆架子，吹牛，找碴儿，并不时地用那种如喇叭般的低沉嗓音相互吼来吼去。街坊里要是来了个怪小孩，尤其是没有兄弟或父母不在身边的小孩，最容易成为欺凌的对象。

在 20 世纪三四十年代的美国南方，有一套约定俗成的打架办法。在这一点上，我经验非常丰富，能像位社会学家般放言高论。

挑战的男孩通常是地方上的恶霸或是团体里的“老大”，被下战书的多半是新面孔的男孩。打架定在放学后，地点多半就在两人住处附近的隐秘地区。这类打架可是实实在在的拳击战，方式就像我们在新闻影片里看到拳王乔·路易斯（Joe Louis）的打法一模一样，不仅不计回合，也没有终场，除非其中一名男孩放弃，或有成人出手干涉，方才结束。消息早在打斗之前就已传遍，因此，到时会有一大帮男孩围在旁边叫嚷，等着看好戏。

“这个家伙吓得要死，另一个倒是打得很高兴！”

“嘿，那么轻，哪儿叫打呀，给他一记狠的！”

格斗经验

在我 14 岁之前，目睹过的格斗大都是由我充当主角，这样的格斗约有 12 场。过了 14 岁之后，男孩子多半都会另外寻找发泄精力的渠道，最常见的如踢足球或打猎。回想起当年参与的那些格斗，我可以像运动史专家般如数家珍。我非常担心会收到挑战书，尤其是刚搬到一个新地方时，我也尽量避开那些看起来攻击性比较强的男生，但总是无法成功。

我父亲告诉我绝不要退缩，而湾岸军校的精神也是禁止退缩，临阵脱逃可不是男子汉的行为。然而，我还是有两次退却的记录，因为那些男孩实在太壮了，我不可能打得过。而且，他们人手众多，再说他们也不和我同校，以后不会再碰见。于是，我就在他们的痛骂羞辱下开溜了，这成了我永远的耻辱。这听起来当然有点可笑，但是直到现在，只要一想起当年的怯懦，我依然会有些面红耳赤。

我从来不主动挑衅别人。但是一旦打起架来，我就不会认输，即使败北也一样。直打到对手放弃，或有哪个好心的大人把我们拉开为止。

“嘿，嘿，他已经被打够了！”

“好了，好了，咱们可以停手了，我不想再打了。”

“真是够了！没意思，我得回家了。”

我就是停不下来。我感觉有一点儿像是这样：既然我的勇气如此有限，而我也已经投入了这么多来接受这场挑战，那我绝不能白费力气，去忍受打输后加倍的耻辱。有时候，我会被揍得血流满面，直到现在，我的口唇、眉眼上依然残留着老旧疤痕，就好像在夜总会表演的过气拳击手似的。但是后来我保存了我的格斗记忆，尤其是胜利的记忆。天底下再没有比恶棍被我好好地修理一顿更美好的景象了。

话虽如此，我的童年大抵仍然相当平静。大部分时间我都只在新迁居的小区里找一个最好的朋友，通常是年龄、身材都和我相当，而且也很喜欢骑单车和到树林里探险寻找昆虫及蛇的小男孩。我喜欢接近那些一看就知道比较内向、害羞的男孩，而他们也喜欢和我做朋友。我们会避开校园和社团里的活跃分子，也避开那些放荡的帮派分子。自始至终我都非常享受全然孤独的滋味。我变得越来越专注且醉心于大自然，把它当成避难所，当成一处没有止境的冒险天地；至于里面的人物则越少越好。野外的世界对我来说，成为充满隐私、安全、掌控以及自由的梦想世界。它的拉丁文名字是 *solitudo*（荒野），我捕捉到了它的精髓。

我的神秘花园

因此，不可避免的，虽然我只能用一只健康的眼睛来观察世界，但我还是成了一位昆虫学家。用简单一点的方式来说我的情况，就是大部分的小孩都有一段对甲虫着迷的过去，但我从来就没有脱离那个阶段。

但是，就科学家的生活而言，故事不仅如此。

每一个孩子都渴望造访魔幻王国，而我则是在 10 岁的时候得以一窥我的魔幻王国。那年父亲带着我和继母，举家迁往华盛顿特区。我们在费尔蒙特街（Fairmont Street）靠近第十四大道的地方，住进一间地下室公寓，从那儿可以徒步前往史密森尼国家动物园（Smithsonian National Zoological Park），而且只要花 5 美分的车资，就可以搭巴士前往国家自然博物馆（National Museum of Natural History）。一年之后，也许是因为害怕在那儿生根，我父亲又搬家了，我们搬到了下一家公寓，位于原先住处六个街口外的门罗街（Monroe Street）。对我来说，住在市中心的位置真是天大的好运气。

我在 1939 年随父亲搬到这里时，还只是个 9 岁大的小孩。凡是与博物学沾上一点儿关系的新鲜体验，都能吸引我的注意力。我当然很高兴家的附近就有世界级的动物园和博物馆，而且两家都不用门票，也都一周开放 7 天。虽然我居住在乏味的工人阶级社区，但由于联邦政府的慷慨，我能堂而皇之地进入一个奇异但可感知的充满幻想的世界，这让我的生活一点也不无聊。

我经常在自然博物馆回廊里一逛就是好几个钟头，把展出的动植物标本身上无穷尽的变化尽收眼底，拉开一盘又一盘的蝴蝶及其他昆虫的标本，迷失在远方丛林或非洲大草原的梦境里。

一幅崭新科学专业领域的美景逐渐成形。我知道，在环形回廊上锁的门后，那些穿制服的警卫把守着的地方，许多工作人员就在其中忙碌不休。他们成为我新世界里的巫师。我从没有机会和任何一位这类重要人物会面，但在我穿过展示厅时，或许曾经和其中一两位擦肩而过。然而，光是意识到他们的存在（层次这么高的专家，在如此美丽的环境里从事政府公务！），在我心中就形成了一个固定概念，认为成为一名科学家是非常诱人的人生目标。我想不出还有什么工作会比获得那些知识、照顾那些动物与植物，并且把这类专

长用来服务于大众更高尚的了。

史密森尼国家动物园是我生命中的第二个焦点，它就相当于一座活生生的博物馆，和国家自然博物馆平分秋色。在管理上，它隶属于母机构史密森尼学会（Smithsonian Institution）。我在这儿度过许多快乐的时光，踏遍每一条小径，在每个兽栏以及玻璃围栏里仔细探索，凝视着迷人的庞大动物：西伯利亚虎、犀牛、食火鸡、眼镜王蛇、网纹蟒，以及可轻易活吞一个小男孩的大鳄鱼。

另外还有一些体型比较小的动物，后来也变得同样迷人——我渐渐喜欢上了蜥蜴、狨猴（marmoset）、鹦鹉以及菲律宾树鼠。

蝴蝶、蚂蚁、昆虫

岩溪公园（Rock Creek Park）就坐落在史密森国家动物园的旁边，是一处浓荫遮天的隐蔽地点，我冒险跑到里面去“探险”。在这块小天地中，可以听到路边经过的车声和行人的交谈声；我发现在这里既找不到大象，也看不到老虎，但是，昆虫倒是随处可见，且数量丰富。于是，岩溪公园变成迷你版的乌干达和苏门答腊，而我家累积的昆虫收藏品，也就成了国家自然博物馆的缩影。

在和新结交的好友麦克劳德（Ellis MacLeod）结伴旅游之中［他后来成为伊利诺伊大学（University of Illinois）昆虫学教授］，我培养出了对蝴蝶的热爱。我们用扫帚、衣架及薄棉布袋自制出捕蝶网，生平第一次捉到红色蛱蝶（red admiral）和闪闪发光的大豹纹蝶（great spangled fritillary），此外还有沿着阴凉的岩溪小径寻找难得一见的黄缘蛱蝶（mourning cloak）。昆虫学家卢茨（Frank Lutz）所著的《昆虫田野调查手册》（*Field Guide to the Insects*），以及动物学家霍兰（W. J. Holland）的《蝴蝶志》（*Butterfly Book*），对我们有很大的激励作用。我们也细细品读昆虫学家斯诺德格拉斯（R. E. Snodgrass）所写的《昆虫形态学精要》（*Principles of Insect Morphology*），虽然才稍微看得懂一点点，但是我们非常尊崇它，因为它是真正的科学呀！我们决定将来要献身于昆虫学。

我的人生方向从此定了下来。最近我在整理陈年旧资料时，发现一封信。发信人是我就读哈伯德小学（Hubbard School）五年级时的老师，时间是1940年2月2日，当时我10岁。这封写给家长的信上说："威尔逊颇具写作天分，而且当他把这种天分和广博的昆虫知识结合起来时，能够创造出极佳的成果。"

大约就在这个时候，我也开始迷上了蚂蚁。有一天，我和麦克劳德结伴翻过公园里的小陡坡，撕开一段朽木的树皮，发现下面竟然藏了一大团活跃的香茅蚁（citronella ant）。它们属于黄蚁属

（*Acanthomyops*），专门生活在地下，只有在土壤中或朽木碎片遮蔽的地方，才有可能找到它们的踪影。我找到的这群工蚁体型短小、肥胖，呈亮黄色，而且还会发出强烈的柠檬味。这是化学物质香茅醛的味道，作用就和彭萨科拉狮蚁的臀腺分泌物一样，也是一方面用来吓阻敌人，一方面向同伴传递警讯。

30 年后，我在哈佛大学实验室里发现，这种化学物质是由它们大颚上附着的腺体分泌出来的。那天这群小小蚂蚁部队才一转眼的工夫就缩窄、消失在残干树芯的黑洞中。然而，这幕景象却在我脑海中留下了鲜活的印象，久久不散。

我所见到的究竟是什么样的神秘地底世界？泥土下面到底有些什么怪事发生呢？

我贪婪地猛啃一篇名为《追踪蚂蚁——野蛮与文明》（Stalking Ants, Savage and Civilized）的文章，作者为昆虫学家曼恩（William M. Mann），刊登在 1934 年 8 月号的《国家地理》（*National Geographic*）杂志上。这也算是我生命中很明显的巧合，曼恩当时正担任史密森尼国家动物园的园长，和众多不知名的博物馆工作人员一样，曼恩成为我崇拜的英雄。一边经营大型动物园，一边撰写他到世界各地研究蚂蚁的冒险史——多棒的偶像人物！

1957 年，我刚刚开始担任哈佛大学的助理教授，而曼恩则是最后一年担任园长，他把庞大的蚂蚁图书收藏转赠给我，成为我日后研究工作的重要信息来源。他还亲自陪同我和妻子勒妮（Renee），进行了一次特殊的动物园巡礼。1987 年，我在蚂蚁和其他动物上的研究，获得了史密森尼国家动物园的银质奖章。领奖那天，我抱着深感欣慰的心情，故地重游。

实现潜藏的梦想

我总是喜欢重温生命里的足迹，因此经常重返国家自然博物馆。自 1940 年以来，这座殿堂里的居民完全换了一批新面孔，如今我已经知道他们的名字和形象，他们全都变成了我的朋友和同事。在那一道道紧关着的门后，存放着他们的重要收藏品，如今也成了我的常游之地。

50 年前深深影响我的这两家机构，如今更加有生气了，而且重要性和责任感也与日俱增。在我撰写本书的时候，也就是 1994 年，史密森尼国家动物园园长鲁滨逊（Michael Robinson）把他的小王国称为“生物公园”。他觉得在史密森尼国家动物园，应该将动物从一个个单个的兽槛或圈地中解放出来，直接融入它们原产地的天然环境中。因为这么一来，访客就不会把它们看成笼中珍品，而是看成生态系统的一部分，那正是生物多样性以及地球本身的健康最终的重要依靠。

离动物园不远处，国家自然博物馆的馆员仍孜孜不倦地建构这所世界上最大的动植物收集馆，他们想必也会直觉地想到未来。最新的研究指出，地球上现存的植物、动物及微生物物种介于 1 000 万到 1 亿种之间；然而，被人类研究过、拥有学名的生物只有 140 万种。其中许多物种由于生存环境缩小以及其他种种人为因素，数量正在缩减之中，甚至有的物种已经濒临灭绝的命运；热带雨林的消失造成的后果最为严重，因为那儿蕴藏了地球上大部分的物种，而雨林面积每年约减少 0.5%。

所以说，对于那些研究生物多样性的人来说，能做的事可多了，他们肩负着重责大任，也是社会上备受尊崇的新团体。但这并不是我投身于这一行的唯一原因。当年那个亲身体验过动物园及博物馆奇妙的小男孩，至今依然强烈地潜藏在我心中——他，才是眼前这个男人的主宰。

不论外在大环境有何变迁，我是一定会踏上这条路的。

第 5 章

尽我职责

1941 年春天，我的祖母玛丽心脏病发作，病逝于莫比尔老宅中。她从 1868 年出生开始，历经结婚、到她母亲经营的私立学校任职、抚养 4 个儿子成年，到最后安度晚年，一直都住在这栋老宅子里。1916 年祖父过世后，就由她的光棍儿子，我的叔叔赫伯特（Herbert），与她同住。祖母在她一生 73 年间，足迹鲜少踏出莫比尔市。

莫比尔老宅

父亲带着继母珀尔和我，住进这栋造型不规则的大房子——祖母把房产留给了父亲以及赫伯特叔叔。这栋房子的历史相当久远，至少对于年轻的亚拉巴马州而言是如此。它是由祖父的外祖父于

1838 年建成的，虽说那儿距离比恩维尔广场（Bienville Square）以及老市区的商业中心不过 12 个街口，但是房子建成之后好多年仍然都是查尔斯顿街（Charleston Street）上唯一的房子。总而言之，对四处漂泊的家庭而言，这里算得上是我们的根了。

19 世纪初，我父亲的祖先刚搬来的时候，亚拉巴马的海港只不过是个小镇，就像早期的新奥尔良（New Orleans）。泥泞的市街、格子状的露台、墨西哥湾食物以及盛行的黄热病，这些就是当时海港的典型风貌。1815 年，莫比尔只不过是夏洛特堡（Fort Charlotte）以北由 14 条街区组成的大型广场而已。那时距离麦迪逊（James Madison）总统指挥美军从西班牙手中夺得它，才过了两年的时间而已。

到了 19 世纪三四十年代，莫比尔发展得非常迅速。但是许多街道，包括查尔斯顿街在内，仍然脱不开早期地图上标注的“莫比尔湾边的低洼泥地”，也就是所谓的泥岸。我的祖先很可能得先乘坐几分钟马车之后，下车走过长长的码头，然后才能抵达渡口。无疑，他们去那儿经常只是为了钓鱼，或用熬汤的骨头来诱捕蓝蟹。

城南的野地仍然残留着旧日风貌，往南通到杉点（Cedar Point）的路上全是大片阔叶林及松树林。杉点位于莫比尔湾西岸，是亚拉巴马州最南端的尖角。再过去，隔着密西西比湾，可以看到人迹最稀疏的多芬岛（Dauphin Island）沿着海平面拉出一条细线。

我父亲告诉我说，第一次世界大战前夕，他还是青少年的时候，就能握着点二二口径的来复枪，踏出查尔斯顿街大宅的前门，走个两三千米的路，来到现在的布鲁克利机场（Brookley Airport）所在地。当时那儿是一片树林，可以猎些鹌鹑、野兔或任何他想猎的东西。而我在他那个年龄时，也就是20世纪40年代，则常骑着自行车绕过布鲁克利机场，沿着犬河（Dog River）及鸡河（Fowl River）沿岸，前往无人居住的阔叶林及松树林。有时，我会停在横跨这两条河的双车道木桥上休息，吃块三明治，喝点可乐。

正午时分，常常一个钟头或更久都没有半辆车打这里经过。我可以倚着木栏杆沉思，俯瞰清澈、和缓的流水，寻找雀鳝（gar）和鳖偶尔现身的踪影。如今这儿已经变成人口密集的地区，繁忙的街道一路延伸到连接多芬岛和杉点的桥梁上。

英雄世家

我父亲很以我们的家族史为荣。莫比尔纳入美国领土后不久，我祖母的家族就从新英格兰地区迁移到这儿来了。外玄祖母玛丽安，于 1826 年在莫比尔出生。我们的祖先从事海洋工程师、水手以及船东等工作。

外曾祖父詹姆斯（James Eli Joyner）娶了玛丽安的女儿安娜（Anna Amelia），他经营了一艘渡轮，航行于莫比尔外的鲍德温郡（Baldwin County）海岸。1870 年 11 月的某天，詹姆斯的船在莫比尔附近着火沉没，他企图游上岸，但不幸溺毙。当时，他那年轻的妻子臂弯里正抱着我的祖母玛丽，站在查尔斯顿街边宅子的门廊上，正凝望着远处水面上升起的一缕青烟，却不知道那缕青烟意味着她即将成为寡妇。

之后，为维持家计，外曾祖母安娜在自家宅子里开了家私立学校，这是莫比尔的第一所私立学校。我手上拥有外曾祖母传下来的一只坠饰，上面镶有她母亲的肖像；另外还有一条沉甸甸的、有着海豚图案的金表链，这是从她丈夫遗体上取下来的。

南北战争期间，我的父系和母系家族里所有四肢健全的男性，几乎全都挺身而出为南方邦联作战。外曾祖父詹姆斯于战争期间担任炮兵以及货车驾驶员；曾祖父则是个特例，在我所能追踪到的祖先中，他肯定是个明星人物，名叫威廉（William Christopher Wilson）。

海上男儿黑比尔

威廉的朋友都管他叫作“黑比尔”（Black Bill），我很愿意想象自己身上流淌着他的血液，虽说经过了三代之后，我其实只遗传到他八分之一的基因。

他在 1816 年出身于爱尔兰都柏林（Dublin）的印刷商家庭，本姓为奥康纳（O' Conner），听说连英格兰银行都是他们家的客户。威廉想必是非常叛逆的人，他的父母亲原本希望能培育他成为英国国教牧师，但是他渴望航海生活。于是，十来岁时他就离开家，搭上驶往美国巴尔的摩的船，担任仆童，而且还在途中改姓威尔逊，只因为有位名叫威尔逊的乘客刚好过世了。

威廉在巴尔的摩娶了犹太新娘玛丽亚。小两口结婚没多久就搬到莫比尔来谋发展。“黑比尔”这绰号来自他后来留的那把长胡子的颜色，并非由于他那黝黑的爱尔兰人面孔。后来黑比尔担任起领航员的工作。他的职位一直高升，最终拥有了自己的船，于是他驾着自己的船，引导商船出入摩根堡（Fort Morgan）以及甘尼斯堡（Fort Gaines）间的危险浅水区。

19 世纪 40 年代初期，他成为莫比尔领航协会的创始会员之一，这个行业协会至今都还在运作。后来黑比尔把家搬到摩根堡半岛上的海军湾（Navy Cove），因为从这个角度望出去，能最先看到由宽阔海湾中驶近亚拉巴马海岸的商船。

卖国贼受勋

1863 年，北方军的海军上将法拉格特（David Farragut）封锁了莫比尔湾，然而黑比尔及其手下却用最快速的船只，从哈瓦那载运补给品回来。在北方军不停地追缉下，黑比尔终于被困在港外的小岛上。但是，他并没有被扔进监狱了事，反而被带到了法拉格特面前，由法拉格特提出交换条件：如果黑比尔愿意带领北方军舰队进入莫比尔湾，帮助他们在摩根堡和甘尼斯堡的炮火下快速前进，而且避开重重暗礁的话，黑比尔将能得到一大笔酬金，而且他和全家人都会获得妥善安排，迁到北方去安居。

黑比尔拒绝了，他大喊道："在我背叛国家以前，我宁愿先看到北方佬舰队全都死到地狱去！"这话虽比不上不久之后法拉格特那句著名的历史名句："该死的水雷，冲啊！"[1]但是对于居住在这座古风市镇里的南方家族而言，也是够光彩的了。这座颇有古风的市镇，直到20世纪初，对年长者都还敬称为"船长"。

奇怪的是，威廉在被捕之时仍为爱尔兰公民，而且终身都是，而他也从未在法律上要求正式改姓威尔逊。要是我年轻时就知道这段往事的话，可能会把姓氏重新改回奥康纳，这个词的音调在分隔号前有个美妙的一转，然后又接上一个悦耳的重子音"康"，和"威尔逊"耳语般的音节恰恰相反。

战争最后那两年，黑比尔被送往纽约、马里兰等地的联邦监狱中服刑，至于法拉格特那帮人则很快就找到了他们想要的人。他们逮着了另一个莫比尔湾的领航员，当时他正在邻近帕斯卡古拉（Pascagoula）的海岸边以捕鱼为生，因为合法的领航业当时已经被完全禁止了。这位老兄姓弗里曼（Freeman）；我母亲娘家虽然也姓弗里曼，但是和他并没有半点关系，那时我母亲的家族还住在亚拉巴马州的北部。弗里曼和其他渔夫原本已经武装起来，准备抵抗北方佬入侵。然而，海岸附近齐发的火炮改变了他们的主心骨，于是

1 莫比尔湾战役时，法拉格特的船队因前方有水雷而不敢贸然前进，他立即下令船队无视水雷，全速前进。后来此句被用来形容无视风险、大胆前进的行为。——编者注

弗里曼同意为北方军舰队领航。

1864 年 8 月 5 日，当两排浅水重炮艇和木质巡防舰行进到海湾时，弗里曼就那样厚颜无耻地骑在哈特福特号（*Hartford*）旗舰的主桅楼上。当时，黑比尔的族人正从海湾的宅子上往外看，目睹了北方军发射的炮弹在邻近的摩根堡爆炸。莫比尔被攻占之后，弗里曼获得了众多奖赏，其中之一为美国国会荣誉勋章，使得他成为唯一一位获颁美国最高军事勋章的“卖国贼”（希望我在 130 年后这样说不算太过分）。

在亲戚家听故事

当我们于 1941 年回到莫比尔时，这栋老宅早已破旧不堪，而且四邻也都是一副破落相。威尔逊家族的男士大半不是死了，就是到外地去了，只留下一些寡妇或老处女散居在莫比尔老家。依照我们之间的血缘关系，我们得称呼她们姑姑或堂姐、堂妹。我父亲对这些还留在老家的妇女十分感兴趣，在这个时候，他竟然变成一位心中充满怀旧情感且渴慕昔日荣光的家族史专家。

我们在星期天下午参观了这些现存的珍贵历史遗迹，拜访了妮莉姑妈、妮莉堂妹、维芙恩姑妈以及莫莉堂姐。我谨守父亲的训示，梳洗得干干净净，穿上正式的外出服，轮流亲吻每位长辈的面颊，乖乖坐在老人家身边，一直挨到能够神不知鬼不觉地偷偷溜走为止。

老人家的追忆又臭又长，反复述说祖母玛丽、荷帕姑姑、乔琪亚姑姑、莎拉姑姑，以及她们那些离散了的坚强丈夫、兄弟及儿子。

再不就是追忆那场悲惨的南北战争，以及战争期间族人的所作所为。有时候，我们还会前往木兰公墓（Magnolia Cemetery），安葬在那儿的是我们的祖先以及他们的众多亲友。继母珀尔和我会非常有耐心地站在一旁，让我父亲可以仔细寻找坟墓的位置，核对日期，然后重修族谱。

我对这个属于“鬼魂”的世界丝毫不感兴趣。我认为爸爸非常无聊，至于那些姑婆和堂姐述说的故事，简直就是我的噩梦。对我而言，莫比尔是充满活泼生命的地方。然而，我所谓的生命并不是指灵魂，也不是指活人，当然更不是指亲戚，而是指蝴蝶。大约从12岁开始，我心中就已经燃起了搜集并研究蝴蝶的热望。我非常明白，莫比尔市位于亚热带地区的边缘，这儿有许多在华盛顿特区找不到的物种。

四处追逐小动物

只要一有机会，我就会骑上我那辆装有充气轮胎的施文牌（Schwinn）单速车，一路冲下查尔斯顿街，来到粗石遍布、杂草横生的河岸区。那是一个位于散生着松树和矮树丛的春日丘（Spring Hill）西边、杉点路以南、距离杉点路和鸡河差不多距离的地方，如果再往西的话，通过莫比尔—田索三角洲（Mobile–Tensaw delta），沿着旧90号国道，就到了鲍德温郡的西班牙堡。

每看到一种新的蝴蝶，我就满心欢喜；当我捉到第一只标本时，更是把自己想象成用网子捕捉大猎物的猎人。斑马纹蝶（zebra julia）

及金翅茱莉亚蝶（golden-winged julia）是生活在热带雨林的蝴蝶中分布在地球上最北方的代表；山羊草蛱蝶（goatweed butterfly）一身明亮的橘红色，展翅时变幻莫测，看得人眼花缭乱，很难用网子捉到；体型很小的仙女黄蝶（fairy sulfur）、一般大小的橘黄花粉蝶（dog face sulfur）、大型的黄菲粉蝶（cloudless sulfur），全都拥有缤纷亮丽的黄色翅膀，浑身充满热带风情。我亲眼看见过巨大的燕尾蝶，它和北方产的北美虎斑燕尾蝶（tiger swallowtail）差异如此之大，真是令人激动；斑马燕尾蝶（zebra swallowtail）多半出没于阴暗的林子里；我第一次看到大紫斑小灰蝶（great purple hair-streak）的芳踪是在空地的杂草上，它像散发着亮光的宝石，美得令人惊呆了。另外，还有几只好大的巴西白斑弄蝶（Brazilian skipper），在它们还是半透明的灰绿色毛毛虫时，是我在后院用美人蕉把它们喂养成蝶的——以上这一切都记在我的蝴蝶生活记录中。

接下来那两年（也就是再度搬家前，四处迁移似乎是我家的宿命），我对博物学的兴致一发不可收拾。我专程出外寻找北美黑啄木鸟（pileated woodpecker），谣传它们会在西班牙堡筑巢。途中我却在河口的沼泽地里看到我生平第一只巧遇的野生短吻鳄鱼。我也会到河边的树林中搜寻冬青树和兰花，另外还搭了一间秘密的野外小棚屋，材料部分取自毒葛（poison oak）的茎，结果学到惨痛的一课，我几乎全身都起了痛楚难耐的疹子。从此之后，我在百步之外即可辨识出这种学名叫作 *Rhus quercifolia* 的可怕植物。

我到处追捕小爬行动物，用小弹弓击晕五线石龙子（five-lined skink），然后纳入囊中。另外我还学会了用正确的巧妙手法来捕捉卡罗来纳绿变色蜥（Carolina anole lizard）：先逼近它，让它逃窜到树干另一侧，然后小心地偷瞄一眼它的所在位置，再一手抱着树干摸过去捉住它。

有天黄昏，我带了一条鞭蛇回家，它身体的长度几乎和我的身高一样，我把它挂在脖子上走进家门。珀尔把我赶出门，命令我把它送走，而且说只要能赶在天黑之前回来的话，能送多远就把它送到多远。

另外，我还拥有一把开山刀，可以在穿越纠缠的矮树林时用来开道，同时还幻想着自己正置身于南美丛林之中。有一天，我挥砍时角度没有算准，一刀砍在我的左手食指上，连骨头都露出来了；骑车回家的漫长路途中，鲜血不断地往下滴。然而，珀尔还是允许我留着那把刀，只希望我能吸取教训，以后小心点儿。

战争也扰不乱心田

自 1941 年美国加入第二次世界大战后，莫比尔市的生活节奏在转瞬间突然加快了起来。由港口进出的油料船越来越多，B-17 轰炸机以及其他战机从头顶上飞来飞去，也成了稀松平常的景象。我们嘲笑贫苦的乡下白人，把他们戏称为“摘豆工”（peapicker），他们和黑人一样，都蜂拥到城里来想谋份差事，因为城里的工作机会很多，而人手又非常短缺。

当时有一则小故事流传甚广：一名白人妇女在自家附近拦下一名当地的黑人妇女，说自己需要帮佣的人手。孰知对方却答道：“真的？我正好也需要用人呢！”你如果是那个时代的白人，听了这个故事想必会惊讶得说不出话来。真的是什么都变了。

我对这场战争的结果很乐观，既然小罗斯福已在国内做好万全的准备，而且我衷心拥护的民主党和拳王乔·路易斯，在记忆里也总是百战百胜，那么新危机一定也能安然渡过的。

有一次我捡到父亲丢弃的身份证件，搞了个无心的恶作剧，在上面加上纳粹党标志以及一些假德文字句，然后又把它随手扔在家门口前的人行道上。不料，真有人捡到它，还把它送交给当地的联邦调查局办公室。于是，我父亲被执法官传去问讯。还好，误会很快澄清了，不过，这出恶作剧竟让他出了名，我觉得这件事实在令人捧腹。说真的，他那时的确出了好一阵子的风头。

我和朋友当然都对日本偷袭珍珠港气愤不已，而且我们也知道纳粹是恶魔的化身。身为巴顿初中报刊的漫画手，我绘了一幅画，内容是一名禽兽似的日本士兵，从背后戳了山姆大叔一刀。学生集会时，我们高唱《多佛白崖》（The White Cliffs of Dover）以及其他描述与英国并肩作战的歌曲。不过，大部分时间我都心有别属。我仍然专注在自个儿的兴趣里，从来不想去追随战争的进程。

13 岁的小工作狂

1942 年，麦克劳德从华盛顿特区南下到我家度暑假。我们一块儿前往我最喜欢的捕猎地点，再次分享我们过去的狂想，重申我俩要成为昆虫学家的心愿。他回去后的那年秋天，我跑到查尔斯顿大宅旁的空地上，采集并研究所有我能抓到的蚂蚁。直到现在，我仍清楚记得我所找到的蚂蚁品种，巨细靡遗，后来由研究中习得的种种知识，使我印象更加深刻。

其中有一窝岛屿锯针蚁（*Odontomachus insularis*），当我靠近时，它们使出令人难忍的螫针，迫使我远离它们建在榕树底下的窝巢。另外还有一群小小的黄褐色的大头家蚁，很可能是佛罗里达大头家蚁（*Pheidole floridanus*），我在冬天过了一半的时候，发现它们把窝筑在一个黄褐色威士忌酒瓶底下，后来我用两片玻璃板做成一块可观察蚁窝垂直剖面的沙窝，把它们放进去养了一阵子。再后来还有从外地侵入的火蚁也在那儿，准是入侵红火蚁了。

我在这块空地上发现它们，这是这种火蚁出现在美国最早的记载，而我稍后也把它写成观察报告，发表在一本专刊上，这就是我最早的科学观察。

我的精力和信心越来越充足。到了 1942 年秋天，我 13 岁时，已经变成不折不扣的儿童工作狂。我找了一份相当吃力的工作，而且完全是出于我的自愿，没有任何人强迫或鼓励我这么做。

美国参战后不久，我们的市报《莫比尔纪事报》（*Mobile Press Register*）的送报人手便开始短缺。17 岁以上的年轻人都离家当兵去了，于是十五六岁的男孩即升格兼任起他们留下来的各种工作空缺。因此，当十五六岁的男孩“升职”后，许多层次最低、最不需要技术的工作就空了出来，例如送报纸。不知怎么回事，我已经忘了原因，一名负责送报业务的大人，竟让我负责一条很吃重的送报路线，一共要送 420 份市中心区的报纸。

报童经验

那一年，我每天清晨3点钟起床，摸黑出去挨家挨户送报纸，大约7点半才回家吃早餐。再过一个半钟头出门去上学，下午3点半放学回家，然后开始做功课。每星期一晚上7点至9点，到政府街以及博德街上的卫理公会参加男童子军团的聚会。到了星期天早晨，要到第一浸信会教堂做礼拜；晚上则打开收音机，听《费伯·麦吉与莫利》(Fibber McGee and Molly)这个节目。其余的夜晚，我一吃过晚餐就定好闹钟上床睡大觉。

每天早晨送420份报纸，现在想起来简直是不可能完成的任务。但是我绝对没弄错，这个数字已经深深刻印在我的记忆中。通过其他几个数据也能证明这一点：我每天要往返设在纪事报大楼背后的派报中心两趟，每次装盛两大帆布袋的报纸。当我把这两只袋子捆到自行车把手上，让它们垂挂在自行车挡泥板前时，它们的高度几乎到我的头部，而且体积和重量也差不多刚好是我能操控的极限。

我分派到的订户不是郊区那些散居的独门独户，而是住在两三层公寓里的城市居民。由家里往返纪事报派报中心，装盛两次报纸，再加上来回两趟的时间，费时最多一小时；而送报区域离派报中心骑车不过几分钟路程。因此，算起来，我有整整三个半小时是真正用在派送报纸上面，或者可以说平均每分钟派送两份报纸。

流程大致如下：抵达，抽出报纸，把报纸丢下或卷起来扔一小段距离，然后骑车离开。等到其中一袋报纸清空后，工作就会变得更快、更容易了。

到了星期天，监管派报业务的人员会亲自向订户收取每周的报费，每户 25 美分。因此，我的工作量在星期天并不至于特别加重，所以还是有时间去做我的野外调查。我每周可赚到 13 美元的工资，这笔钱我拿来采买童子军的随身装备、自行车配件，或糖果、饮料及想看的电影票等。

如获至宝

当时，我完全不曾意识到，自己这份严谨的作息时间表有何不寻常之处，我只是庆幸能拥有一份工作来赚钱。我从湾岸军校短暂的经历里学习到这样的生活规律是正常的。到现在我依然认为（虽然没有任何真实证据），身为成人的我也同样需要这么努力。

而我父亲和珀尔的想法又如何呢？每当我在各种天气下摸黑出门时，他们全都还安睡在床上。珀尔出身于北卡罗来纳州一乡村赤贫人家里，似乎对我表现出来的独立谋生勇气感到非常欣慰。至于我父亲，他一辈子都没有这么劳苦工作过，谁知道他会怎么想？

我可不在乎连续好几小时的苦工，那时我已发现美国童子军团（The Boy Scouts of America）这块宝。当我找到这个美妙的组织时，所有在我 12 岁前形成的个性，所有的偏见和成见，以及所有我曾珍藏的梦想，全都早已把我打磨得像是一颗刚刚好塞进那部机器里的珠子。美国童子军团简直就像是为我量身打造的。

我用 50 美分买下的 1940 年版的《童子军手册》（*Handbook for Boys*），成为我最珍贵的财产。50 年后，我读到自己写的注脚时，还是能清楚记得当年的欢愉之情。这本书的封面是由插画家洛克威

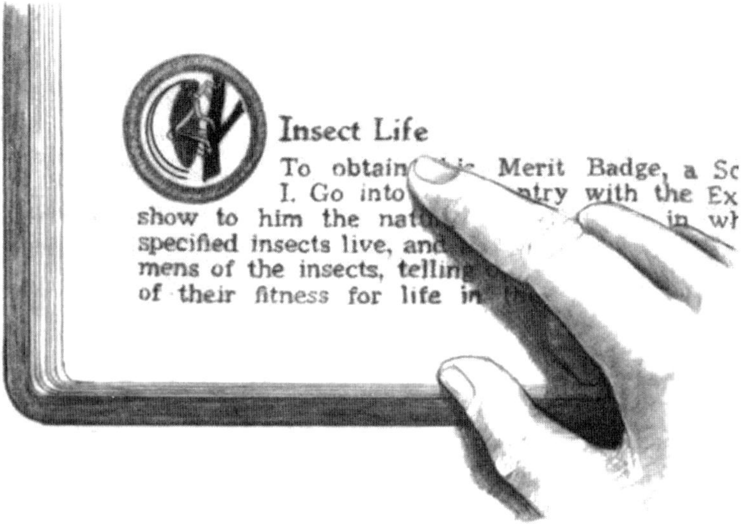

尔（Norman Rockwell）绘制的，书中附有许多插图，还有许多有用的资料，而且都是我最喜欢的主题。它注重户外生活以及大自然的知识：野营、登山、游泳、卫生保健、旗语信号、急救、绘制地图，以及最重要的动物学和植物学。一页一页精美印制的动植物图片，说明了在什么样的栖息地可以找到它们，以及如何辨识它们。学校和教堂都不曾提供这样的知识，童子军团使得大自然理所当然地成了我生活的中心。

尽我职责，做好准备

童子军团有自己的规则、制服，以及条理分明的生活道德准则。今天，当我追忆过去，举起我的右手，让大拇指和小指交叠，伸直中间三根指头，我仍然能够背诵出童子军誓言：

> 我以荣誉担保，尽力达成以下各事项：
> 对上帝和国家尽我职责，并遵守童子军法规；
> 随时帮助他人；
> 保持身体健康，头脑清醒，行为正直。

至于童子军规，其内容则为：童子军必须可靠、忠诚、能干、友善、谦恭有礼、仁慈、服从、快乐、节俭、勇敢、清洁、虔敬。最后，还有一条童子军座右铭："做好万全准备。"

我吸收、接受以上每一个字，直到现在还是如此。对于我那些知识圈的同事而言，这似乎很滑稽，然而我只能这么回答：让我瞧瞧你们如何用更少的字句来表达得更好。

书中自始至终都在颂扬工作美德。美国童子军团清楚标示出通往成功的途径：具有美德以及分外地努力。在"找出你的终身志向"这一章里，我看到："童子军总是向前看。事先做好准备，你就能够轻松应付一切。"书中还警告道：永远不要自满。光是坐着等候，期待，并逆来顺受，正是通往失败之途。要努力向上，长期艰苦地朝着荣耀的目标努力，而且心中牢记诗人朗费罗（Henry W. Longfellow）的诗歌：

> 伟人所企及并保有的高位，并不是一飞冲天得来的，
> 而是利用夜间其他人高枕无忧的时间，向上跋涉的结果。

我还发现另一样东西也是学校没能提供的：按照个人步伐快慢，接受阶梯式的教育；速度越快越好，一步比一步难。我把童子军训练里所有的挑战都视为让我享受并且稳赢的竞赛。童子军团的训练计划对我的影响，就相当于布朗克斯科学中学（Bronx High School of Science）对我的影响。

我全身心地投入新的常规强化训练，三年内我就进阶获得带棕榈叶的鹰级童子军（Eagle Scout，获得21枚功绩勋章的童子军）位阶。这是童子军的最高位阶，而且我还当选团里的初级童子军助理教练。我赢得了46项专项奖章，几乎达到童子军团中所有专项奖章的半数。我轻松愉快地通过各类主题的计划，包括鸟类研究、农栽记录、簿记、救生、新闻采访以及公共卫生等。

每天晚上，我会仔细阅读获得奖章的资格条件，看看接下来最有机会得到的是哪一个。当我第一次读到“昆虫生活”这个项目的描述时，我的心不禁欢唱起来。它是这么开头的：“要获得这枚专项奖章，童子军必须：1. 与观察员一同下乡，指出特定昆虫物种的天然生活环境，并且还要能够采集、辨识出这些鲜活的昆虫，讲解它们的习性，或是为了适应某种特殊环境所进化出的特殊天性……”

长久以来我对学校的课业一向都能完成，但没怎么按部就班地苦读。课业内容都很简单，而我也都能顺利地通过考试。但是，大部分的课程都很沉闷，而且缺乏重点。在莫比尔就读墨菲高中一年级期间，我最值得炫耀的成就，就是在一小时长的课堂上，抓住20只苍蝇，刷新了我的个人纪录。然后，我把它们排成数行，准备留给下一节要来上课的学生。结果，这些战利品却被老师发现了，并且还在第二天当着全班同学的面，夸奖我的丰功伟绩。

我自己发明了一套捕苍蝇的技术，现在就来传授给各位读者。

首先让苍蝇停下来，最好是让它落在平整的表面上，例如餐桌或书本上。张开你的手掌，小心翼翼地移动到离苍蝇头部前方约 30 厘米至 45 厘米远的地方。这时，非常缓慢地把手向苍蝇方向移动，要直线移动，注意不要左右晃动，因为苍蝇对于侧向运动的物体非常敏感。等你的手移到距离苍蝇 20 厘米近时，再快速扫向它，让你的手掌边缘大约停在苍蝇憩息地点上方 3 厘米至 5 厘米处。你的猎物将会振翅起飞，角度刚刚好，苍蝇撞进了你的手掌心。手掌迅速握起来，你就可以听到那只困在你拳头里的昆虫发出令人满意的嗡嗡声了。

接下来，要怎样杀死这只苍蝇呢？两手对拍即可。不过，如果你正坐在餐厅或课堂里，可要拍得谨慎些。

担任博物学小老师

我的经历证明，对于体格瘦小、个性内向的独生子而言，美国童子军团是个相当理想的社交环境。童子军团最小的单位是小队（规模差不多相当于军队里的一个班），然后再由多支小队合并组成较大型的团。我们只要加入童子军，就会立刻成为其中一支小队的成员，而我们究竟是会受人敬重还是受人批评，则取决于我们是否遵守童子军规则。我在童子军团里从来没遇到过任何恶霸，就连自吹自擂的人也很少。男童子军碰面时会讨论的问题是：你能不能行军30千米？你会不会包扎止血带？你能不能通过红十字救生员训练？或者只用斧头和绳索你能否搭建出结实牢固的木桥？对我来说，上述问题的答案是：我能，我能，我能！

童子军团还为我增辟了另一片天地，我成了一名老师。1943年暑假，我受邀担任普什马塔哈营（Camp Pushmataha）的自然课顾问，这个男童子军夏令营营地就位于锡特罗内尔（Citronelle）附近。年仅14岁的我，成为营中最年轻的顾问。我完全没有指导他人的经验，然而我很快就能猜出什么东西能引起其他男孩的兴趣，能使他们喜欢讨论博物学，并且令他们尊重大自然。答案就是“蛇”。

几名志愿者和我动手制作了一些笼子，然后到附近树林里尽可能地捕捉各种不同的蛇。在此过程中，我学到了如何捕捉毒蛇的技巧：先用一根木棒压住它的身体，位置尽可能地靠近头部，然后向前滚转木棒，直到蛇头被牢牢压在地面上，脖子也露出来为止。然后伸手握住靠近后颌角的地方，再将蛇整个提起来。

不管是哪种蛇，都很少有男孩愿意去触碰它们。因此，每当他们找到蛇的时候，我就会听到他们向我惊呼："有蛇！有蛇！"于是，我就赶过去，表演我的大胆行为，然后针对被捕的蛇种来一段简介。没多久，我们就拥有了一整排装满蛇的蛇笼，它们是墨西哥湾沿岸丰富动物群的一部分。我表现得好像是动物园园长，向访客解说不同蛇种间的差异。接下来，我可能转而谈起普什马塔哈地区的昆虫与植物。我非常成功地成了一名博物学指导员。

然而过了没多久，实际上经验仍嫌不足的我，因为莽撞和骄傲，终于尝到了苦头。有天下午，我去清扫装有数条侏儒响尾蛇（*Sistrurus miliarius*）的笼子时，意外发生了。这种蛇带有保护色，成年蛇体长不会超过 50 厘米。它们和栖息在同一地区的大型近亲菱背响尾蛇（diamondback rattlesnake）以及丛林响尾蛇（canebrake rattlesnake）比起来，危险性较低，但是它们仍然有毒，仍然具有危险性。我一时疏忽，左手太过靠近其中一条盘卷着的侏儒响尾蛇。只见它像刚射出的利箭般，一展身，便咬上了我的食指。两只毒牙刺入的感觉好似被蜜蜂螫刺。我知道这下麻烦大了。

队上的顾问连忙送我到邻近城里的医生那儿，医生决定尽快施行传统急救法：在每个毒牙孔的中心，用解剖刀深深划一个十字形切口，然后再用橡皮杯吸血。我很清楚这一套流程，在我赢得爬行动物奖章时，早已经读过这些。

动手术时我没有哭。手术在未麻醉的情况下进行，为了转移注意力，手术过程里，我右手握着左手，一点也不战抖，只是不停地大声骂脏话。我是在责骂自己的愚蠢，而不是骂那位无辜的医生或那条蛇。我在 14 岁的时候，已经会说一大堆下流话，当时想必让那些救我的大人吃了一惊。

第二天早上，我被送回家疗养，闷闷不乐地在沙发上躺了一个星期，尽量不去移动我那肿胀的左臂。

对于普什马塔哈的爬行动物学课堂而言，这真是时运不济。当我返回营地时，发现夏令营团长很聪明地把侏儒响尾蛇扔光了。我被命令不准再碰任何毒蛇，此外，也没有人再对我提这件事了。

保守南方的禁忌话题

以上几段回忆可能已经为美国童子军团塑造了美好的形象；但其实在 20 世纪 40 年代初期，南方亚拉巴马州的美国童子军团，在各方面都不能算是一个理想的机构。它只要一碰到“性”与“种族”这两大蛇发女妖，马上就手足无措地打退堂鼓。

性教育并未列入美国童子军的教程中，或者应该说也从未列入过任何学校或其他青少年组织的课程中。1940 年版的《童子军手册》顶多也只敢提出警告，并说男孩子长到一定年龄就会每周梦遗一两次。它还说，童子军不必担心这种小事，那是很正常的现象；但是，童子军不得主动“刺激”自己来射精，这种行为是种“坏习惯”。如果欲望强烈得无法控制，那么不妨试试冷水坐浴，水温约 13 摄氏度到 16 摄氏度。

如果在这件事上还需要更进一步的协助，“不妨请教聪明、整洁又强壮的男人”。它完全没有警告关于鸡奸者这回事，而这类人必定也潜藏在成人领导阶级当中。我曾听说过有关一名鸡奸者的谣传，但是从未亲眼见到过那个人。

说到动手术时的脏话，我是从哪儿学来这些污言秽语的呢？当然是从其他男孩那里。只要一避开大人的耳目，他们就会马上在谈话里“加料”。由于“性”是如此禁忌和怪异，男孩光是想到就觉得刺激，因此童子军年龄的男孩，几乎无时无刻不谈到它。我们用着迂回间接、粗俗幽默的方式触及这个主题。

在营火一隅或山中小径边的谈话中，沙哑的嗓音不断扯上所有能想象得到的与性变态有关的笑话：同性恋企图生儿育女、恋尸癖割取女性外阴部作为纪念品、兽交、大得出奇的男性和女性生殖器、永不餍足的性欲和长期通奸等等，一网打尽所有稀奇古怪的性变态。看起来，亚拉巴马州每个青少年仿佛都是未来的克拉夫特－艾宾（Richard von Krafft-Ebing，德国精神病专家）。

然而，我们对于异性间正常的性关系所知不多，而且也绝口不提。我们不敢越界，以免触及自己的父母亲或姐姐、姐夫每晚可能在做的事，或我们自己想要和女孩子共同经历的事。

公开谈论这些事，不仅令人惊骇，而且也侵犯隐私。于是，我们避开正常行为不谈，借由专门谈一些很明显是禁忌的性行为，来勾勒出正常性行为的模糊轮廓。至于真实的“性”，反而只像是五彩缤纷背景里的一块剪影。

当年心中只有博物学

同样令人惊讶的是，种族问题也没有被列入正式议题。《童子军手册》上所有的男孩都是白人，而所有我认识的童子军也全是白人，学校里的同学以及教堂内教友也全都如此。在成长的过程中，我一点儿都没有意识到当时存在的种族隔离政策，以及它不人道的影响，进入我脑海里的种族歧视冲击，永远只是二手数据。但也不尽如此。

1944 年，资深顾问邀请我戴上鹰级童子军徽章，访问一个在黑人乡村地区刚成立不久的童子军团，地点就在亚拉巴马州的布鲁顿附近。我站在教堂大厅的正前方发表了简短的演讲，述说参加童子军团的诸多益处。当我们离开时，我无法对自己扮演的模范榜样感到骄傲，反而觉得惋惜，而且难过了好几天。

我心里明白，那群大部分都只比我小两三岁的男孩，不论多么有天分或多么努力，他们都无法得到多少好处。向我敞开的门，对他们却是紧紧关上的。

渐渐地，我又把这件事给忘了。我还能怎样呢？我的心思全集中在别的事情上。我的内心充满野心和渴望，但没有很强烈的社会意识。20 年之后，“保守的南方”总算终结了。那些冒着生命危险破除种族隔离政策的民权分子，正是我欣赏的英雄，他们将所有心力全部投入到了忠于道德法则上，英勇而坚忍。这些已足以令我重新审视这方面的社会传统。

在那个时候，我早已离开亚拉巴马州。世界变了，我也变了。但是，我无法宣称自己在孩童时代或青年时期，就已经是自由主义者，当然更算不上是有先见之明或有勇气的人。然而，不管怎样，仍然是它把我送进了科学领域的轨道；而我现在也不会虚伪地为了当年那种骄傲而扭曲的文化，说些不相干的抱歉话，毕竟我是受那种文化的影响才决心要成为博物学家的。

第 6 章

亚拉巴马之梦

1944 年 8 月，我的体重为 50 公斤。我知道这点绝对不会弄错，因为我和最好的朋友布雷德利一同报名参加布鲁顿高中的橄榄球队，所以我们在更衣室里称了体重。

15 岁大的我，可能是最年轻的球员，而且体型一定也是最小的。布雷德利比我稍重一些，53 公斤，多出来的每一公斤都令我羡慕不已；然而队上个头最大的球员却有 73 公斤重。他们之所以准许我套着那件大得离谱的球衣，完全是因为队上需要每一个能弄进球队的男人（或者该说男孩）。因此，虽然一看就知道我不够格，我却还是能待在球队里，因为这儿是亚拉巴马州。

在本州的小城镇中，橄榄球是 15 岁到 19 岁男孩在放学后（或没有打工时）最有兴致从事的活动。那些位于体育天分统计曲线和我相反一端的肩宽背厚、手脚利落的同学，都有可能赢得大学体育奖学金。然而很不巧，那一年我们学校没出半个可以推荐给大学校队的人才。

布鲁顿始终都只是一个人口约 5 000 人的小镇，位于亚拉巴马州与佛罗里达州的交界处，距离彭萨科拉约 60 千米。从 1944 年到现在，布鲁顿几乎没什么变化。中年以后，我还回去过两次，都是趁我开车经过亚拉巴马州的时候，像幽灵似的沿着一排排住宅和行道树往下走到与铁路平行的主要商业区，然后在高中操场边停下。在那儿，我还记得一群男生拍打着破旧的运动器材袋，或咕哝抱怨，或大声说笑，尽力模仿成年人的行为方式。

有一次，我拦下一名年轻的消防队员向他问路，当我提到我在 1944 年上过这所高中时，他说："天哪，那可真是好久好久以前的事儿了！"我对他说，这对我来说似乎并没有那么久，至少当我站在这个尚未接受20世纪匆忙步调的亲切小镇上时，不觉得久。而且，当我闭上眼睛，还能清楚地想起粘着干泥巴、散发出陈旧汗味的橄榄球队队服，时间似乎也显得并没有过去太久。

代表布鲁顿出赛

那年球队里共有 23 人，分为一军和二军两小队，每队各 11 人，每位球员都要练习防守和进攻；另外再加上我，第三小队的左后卫——由于人数的关系，我一个人就是整支第三小队了。

大多数时候我根本碰不到球，我甚至没法用那只好的眼睛仔细看清楚传来的球。此外，我的体格也太瘦小了，不能负责阻挡，只能搞一些小把戏。除非我冲向地面，用双臂狠狠抱住正在冲锋的持球者脚踝，我才能绊倒他；只是希望他倒下来的时候，不要把我压得太惨。

不知怎么回事，也许是因为对手比我们还弱的关系，我们竟然打败了其他 10 所中学，除了主要对手格林维尔队（Greenville）。整个赛季里，我只上场过一次，那是决赛接近尾声时。那场球赛就在本地举行，而我那次之所以能上场，是因为球赛已经进行了四分之三，而且敌手也已经惨败到不可能收复失地的程度。我还记得那句命令是多么温暖、仁慈："威尔逊上场，接左后卫！"这真是那位教练的慈善义举。我已经忘了他的名字，但是我永远都会感激他。多亏了他，此后我才能像纽约大公司高层主管在世纪俱乐部餐厅中说起"想当年我代表耶鲁参加划船比赛"那样，在亚拉巴马州有凭有据地开口说道："想当年我代表布鲁顿出赛打橄榄球。"

大多数的球员都有个绰号，比如伯巴（Bubba），那时这名字还没有取笑的意味，是后来才变成好老弟以及雪佛兰汽车经销商的戏称；那些球员其实都是高大、健壮又好脾气的人；还有小老弟、蚊哥、滑板仔，以及鞋佬等。我的绰号是"阿蛇"，并不是因为我的体形像蛇（虽说这绰号也蛮恰当的），也不是因为我可以神奇地闪过一群抱球猛冲向我的人（只有在梦中才可以），而是因为那时我仍然对蛇很感兴趣。

在莫比尔停留了一阵子后，父亲就把我托付给彭萨科拉的劳布妈妈，自己带着珀尔又上路了，而我始终不知道他们的目的地是哪儿。1944 年春天，我们三人又在布鲁顿的小屋里团聚。那年暑假，我在彭萨科拉海湾边的夏令营担任童子军的自然课顾问。像上次一样，我借由蛇类来让自然课活泼起来。

那时爬行动物以及两栖动物已经成为我的主要兴趣，而且那个地区的动物群，足以激起任何爬行动物学家的热情，不管年龄是老是幼。从佛罗里达州西部到毗邻的亚拉巴马州乡间，共有 40 种土生蛇类，这是蛇类物种多样性非常高的地区。

我花了一年多的时间，想办法捉到大部分的土生蛇种。其中有些并不是活捉的，要么是因为我看到它们时，距离太远了，根本捉不到，例如专门生活在沼泽里的扁尾水蛇（*Natrix compressicauda*），要么则是因为其他人交给我时就已经是条死蛇了。其中最让我难忘的，是一条很大的菱背响尾蛇，它是被住在我家附近的人给杀死的。

佩利的立体生态课本

在布鲁顿西边靠近一片植物茂密的沼泽的地方，有家金鱼孵育场，场主是年约 60 岁、很慈祥的英国老先生。我始终只知道他姓佩利（Perry），不知道他的名字是什么；有礼貌的南方青年是不会直呼长者名字的，因此我敬称他为佩利先生。我从来没问过他，为什么会跑到这么偏僻的美国南方小镇来，而且还经营了这么个奇怪的行业。但是，我们变成了好朋友，经常在一起海阔天空地闲聊。每次看到我骑着自行车出现在他家附近时，佩利先生都显得很高兴。

我从没见过佩利先生有其他的访客，他们夫妻俩安静地住在一栋小屋中，平时也总是独自工作。养鱼用的水来自深水井，但后来都干涸了。佩利先生用玉米片混拌猪血来饲养金鱼，所以每周要固定向当地的屠宰场收集猪血。他把金鱼卖出去给人家当鱼饵，本地人和外地人都是他的顾客。每隔一段时间，他会把小金鱼打包（体色纯金色，或金色夹杂白纹），送到布鲁顿车站，由火车运到外地。

佩利先生自己动手，沿着沼泽边缘挖了两排不规则的池塘，每个池塘面积 6 米到 9 米见方。池塘岸边长满了杂草，沼泽边上的大树则形成围墙，隔开池塘和沼泽。另外，有大约 2 米宽的水沟，让孵育池的水能流向沼泽。

这整幅景象就好似生态学课本上的图解全都变成了实景：养分不断注入，使得藻类、水生植物以及鱼类生长旺盛；净产出的生物量（biomass）喂养了沼泽里的昆虫，然后是青蛙、蛇类、苍鹭或其他的大型肉食动物。而过剩的食物或废弃物又随着水流，向东扩散到某处，滋养了一大片深沼泽区的动植物。

沼泽流浪者

在这片乐园里，我高兴做什么就做什么。消磨在池塘和沼泽边的时间，是我一生中最快乐的时光。只要一有机会，我就往孵育池跑，和佩利先生小谈一番，话题总是他的养鱼经和我的探险经。然后我会到鱼池旁放置杂物的小屋里，套上及膝的橡胶雨鞋，踏进我专属的小天地。

平时在家里，继母珀尔老是对我唠唠叨叨，但其实我有点无视她的叨念（但注意了基本礼数）。她对我没能在课余找时间打工，总是忧心得不得了。而我呢？对于她一心只希望我充分做好准备，以面对她经历过的冷酷无情的大萧条时代，我也越来越觉得无奈和厌恶。我早有过工作得比她辛苦的经历，已经证明过自己了，现在我需要多点空闲时间做别的事情。珀尔总觉得我那些沼泽探险活动没多大用处，而现在回过头来看看，其实也不能怪她。

人在成年之后，往往忘了青少年的情绪是多么容易堕入郁闷的深渊。他们老是低估白日梦和无目的闲逛让心智获得成长空间的作用。当我全神贯注于面前的鱼池和沼泽时，我完全失去了时间观念。手里拿着网子，肩带上挂着卡其布做的采集袋，我凝神于池塘边、灌木丛以及草堆里，有时还涉水到开阔的浅滩上，搅动水底的淤泥。不过，通常我就只是坐在那儿老半天，用五官仔细扫描池边和树丛，寻找鳞状盘绕的暗影，或水面上异样的涟漪，或视线外的水花飞溅。一阵子之后（如果是大热天的话，这个“一阵子”会比较短），我会起身沿着其中一条往外流的水沟，继续走上几百米到较深的沼泽区，越过树林到另一条平行的水沟，然后再折返孵育池。有时，我也会钻到一旁，探测隐藏在高大浓密的绿色树冠下的幽暗泥滩和池塘。

在沼泽地里，我就像个流浪者，置身于一片迷你的荒野中。在那儿，我从未遇到过其他人，也完全听不到远处传来的人声、车声或飞机的噪音。在泥滩上看到的足迹全都是野生动物留下来的。没有其他人在乎这片区域，甚至连佩利先生也不例外。虽然并没有正式的名分，然而不论从哪个层面来看，这片地域以及上面的珍宝都是完全属于我一个人的。

活捉水蛇

池塘附近以及孵育池往外的水沟中，水蛇数量高得出奇，它们靠着一群群肥鱼和大批青蛙维生。佩利先生并不打算驱除水蛇。他说，水蛇只不过是造成金鱼折损的一小部分原因而已。虽然我们两人都不会用言语来表达这种观念，但我们都有“平衡的生态系统”这种意识。在这样的生态系统中，我们可以添加或取走能量（但是对其他方面不加干涉）而不会造成不良影响。佩利先生是天生的环保主义者，他连走在路上都小心轻踏。

对大多数人来说，蛇群出没的沼泽恐怕是一场噩梦。但是对我来说，它则是一帧一帧不停变换的奇景。我对各种蛇的兴趣，就像其他15岁男孩自然而然爱上汽车一般。再说，既然我非常了解蛇类，那还有什么好怕的呢？我每次造访这个天地都会有新发现。我捕捉活标本，带回家放进自己用木条和铁丝制成的笼子里，然后在孵育池附近寻些青蛙和小鱼来喂养它们。

东方丝带蛇（eastern ribbon snake）是我最喜爱的蛇类之一，它们是非常优雅的爬行动物，身上装点着绿棕两色的纵纹，闲来喜欢在池塘上方的树干上相互缠成一团。瞪着两条没有眼睑的凸眼，东方丝带蛇可以打量到老远的距离，而且相当机警。我会从池塘涉过浅滩，潜行到离它们只有数米远处，然后等它们滑进水中想开溜时，再一次逮个一两条。它们被关起来以后，会变得温驯起来，而且也欣然接受我喂给它们的小青蛙。

另外还有绿水蛇（green water snake），它们也同样令人难忘，只是难忘的地方不一样。在池塘里可以找到绿水蛇的踪迹，它们体型庞大，约有一米长，体重很重，经常半潜匿在植物丛中。捕捉绿水蛇可不是件愉快的事，除非我能很快地捉住蛇头。体型大的蛇类第一次被捉时，多半都会发狠咬人，而且许多大蛇也真的能咬得你皮开肉绽，留下马蹄形的针孔痕；绿水蛇的反应又更加激烈，而且獠牙十分锋利，可以让人血流如注。此外，要饲养它们也很困难。

有一次，我发现了一条北美泥蛇（mud snake），这种蛇在捕食两栖鲵（amphiuma salamander）时，会使出尖硬的尾尖来辅助制伏猎物。它们的尾尖也能刺穿人类的皮肤，因此这种蛇的别名为刺蛇（stinging snake）。

光滑的游蛇（*Natrix rigida*）是我特别要寻找的目标，原因在于它实在是难得一见。小巧的成蛇经常躺在离岸老远的浅池底部，把头探出长满绿藻的水面，一方面是为了呼吸，一方面也可以监视四面八方的动静。我非常非常缓慢地朝它们走去，避免突兀的

侧向运动，因为爬行动物对于侧向的运动最敏感。我必须要向前移动到距离它们一米的地方，才能潜入水中捉到它们；但是在我能够移近到这个距离之前，它们早就头一缩，悄悄滑入不透明的深水里去了。

最后，我终于解决了这个问题，因为我得到了镇上弹弓好手的协助。他是和我年纪相仿但沉默寡言、独来独往的人。由于我赞美他的技巧好到可以媲美老练的猎人，所以他对我很有好感。他用小石子射击蛇头，准确率惊人，打晕了好几条，时间足够让我自水底把它们一一捞起。等它们苏醒后，我把它们放进自制的笼中，用放在清水里的小鱼喂它们，养了好一阵子，把它们养得又肥又壮。

首度遭逢大蛇

这块地区的恶毒野生动物，首推有毒的棉口食鱼蝮（cottonmouth moccasin），它们是大型的半水生蝮蛇，长着笨重的身躯和三角形的头。幼蛇在长到约 45 厘米长的时候，身体上会出现明亮的红棕色网纹。成蛇体色则比较接近纯棕色，纹带大部分都已淡去，或集中到身躯两侧靠近腹部的地方。受困时，食鱼蝮会张开颌骨，向前突出它们的毒牙，露出抢眼的白色口腔，而这就是它们的名字“食鱼蝮”（cottonmouth）的由来。

美国爬行动物学家科南特（Roger Conant）在《美国东部及中北部两栖爬行动物野外指南》（*A Field Guide to Reptiles and Amphibians of Eastern and Central North America*）一书中提出警告：“这种蛇最好连碰都别碰！”然而，我却不断地招惹这种毒蛇，在天不怕地不怕的 15 岁时，我认为自己不可能犯错。

未成年的食鱼蝮向来很好对付，然而有一天，我撞见一条体型超大可以轻易杀死我的食鱼蝮成蛇。当时我正沿着一条水沟往下走，突然间，一条大蛇穿过我腿边的草丛，滑入水中。它的动作吓了我一大跳，因为我之前在大白天能看见的，是各种一般体量的青蛙、蛇以及乌龟，静悄悄地集结在泥岸或原木上。然而，这条蛇却差不

多和我一样大，而且既凶狠又躁动。只见它快速滑走，庞大的身躯在浅浅的水域中央摆动，然后停在一处多沙的浅滩上。

它是我在野外看见过的最大的蛇，身长超过一米半，身躯像我的手臂那般粗，头部和我的拳头一般大，只比前人研究中最大记录所描述的稍微小一点点而已。眼前这幅景象令我大为激动，而且这条蛇看起来很有可能被逮住。它静静地躺在一处清水浅滩中，我可以看得一清二楚。它的身子倚着岸边杂草伸展开来，脑袋向后摆出歪斜的角度，瞪着正向它挪近的我。

食鱼蝮一向如此，即使幼蛇也是一样。它们不像一般的水蛇，会逃到你看不见的地方。虽然从它那凝固的半张笑脸以及瞪得老大的黄眼珠中，看不出它们的情绪，但是它们表现出来的反应和姿态，显得粗鲁无礼，仿佛它们已从人类或其他大型敌手的谨慎动作中看出自己的强大。

我展开例行的捕蛇程序：按住蛇头背部，攫住位于胀大的咬合肌后方的蛇颈，然后把蛇自水中提起。直到前一刻还非常镇静的巨型食鱼蝮，这时反应却激烈得可怕。它那沉甸甸的身躯剧烈地扭动起来，奋力扭动脖颈，头部从我紧握的手指间略微向前方挣出一些，张大嘴巴，伸出几厘米长的毒牙。同时，它的肛腺还放出一股恶臭，弥漫在空气之中。不出几秒，我发现自己陷入窘境：我牵制住了它，而它也牵制住了我。

晨间的燠热越发明显，仿佛这一切都不是真的，这时我忽然如梦初醒，自问为什么会独自待在这里？如果我被咬伤，谁找得到我？蛇头回转的程度已经开始能够让它的下颌咬上我的手了。即使是像我这种体型的男孩，对付这条跎仍然不够强壮，遑论这种体型的毒蛇，而我的确也快要掌控不住这条巨无霸了。

出于条件反射，我本能地把这条大蛇奋力掷向草丛，而它也急忙翻身溜之大吉。直到它跑得不见踪影，我们两个才算是真正摆脱了对方。

这次千钧一发的事件是我在孵育池探险的岁月中最令人肾上腺素高涨的时刻。后来仔细回想，我想知道为什么自己会全心全意奋不顾身地探测沼泽，猎捕蛇类。这类活动并没有提高我在同侪中的地位，我甚至从没把这些事情告诉过别人。珀尔和我父亲对我很包容，但是也并没有从旁鼓励，或对我这类行为特别感兴趣；不过，我也没有跟他们多说，以免他们担心，要求我不要离家太远。

促使我从事这类活动的原因不止一个。部分是因为进入美丽、复杂的新世界时，所感受到的那份狂喜；部分则是因为占有欲，因为我能独自拥有无人知晓的好去处；另外还有虚荣心，我相信任何地方都没有人能像我这样如此擅长探索野地以及寻找蛇踪；再加上野心，我幻想我正在操练自己，以便有朝一日成为专业的田野生物学家；最后，还有一项无法解释的神秘原因，一种始终存在我心灵深处的渴望，我从来参不透它，也不想去参透，因为我害怕一旦弄清楚之后，它就会消失无踪。

最坚定的决心

这段迷人的时光结束得太过仓促了。1945 年 4 月底，在号笛声响彻小镇、大伙儿热烈庆祝德国投降的数周之后，我们又搬家了，搬到亚拉巴马州北部中央的小城迪凯特。这一回我终于向顽固的继母投降，出外打工。接下来这一年，我打了一长串的工：报童、小餐馆的服务生、快餐店的帮厨、廉价百货店的仓管人员；最后，也就是 1946 年暑假我离家上大学前夕，我进入一家炼钢厂，担任办公室勤杂工。我的收入随着每次转换工作而越来越多，最后每周可以拿到 25 美元的薪资。

这一切或许对我的心灵大有益处。我也知道这令珀尔非常高兴。

但是更重要的是，那使我下定决心，此后要使出全力向前迈进，精通每一学科，甘冒任何风险，以成为真正的科学家，永远不必再从事这类乏味且令人丧志的工作。

那年夏、秋两季，我仍然设法在需要打工的情况下，继续发展和大自然的关系。天气暖和的日子里，只要能逃开学校及工作，我就会跑到迪凯特东边及北边的田纳西河支流沿岸闲逛。身处北美洲最富变化的水文环境中，我开始对淡水生态系统产生兴趣。我探寻并研究海绵，以及寄生在海绵体内的古怪的海绵蜻蛉（spongillafly）幼虫。

令我开心的是，搬到这儿没多久，我就发现田纳西河流域管理局辖区内的一处地区研究站，拥有完整的淡水鱼类标本收藏（亚拉巴马地区的收藏种类比其他州都多）。在我刻意讨好里面的管事人员之后，我开始探索这个地区的动物群，每个物种都不放过。除此之外，田纳西河流域还布满了石灰岩溶洞。我听说其中一个溶洞距离不远，可以骑单车往返，于是我又开始探索这个溶洞，搜寻蝙蝠及生活在地底下的盲眼昆虫。当时我最感兴趣的还是蛇类，但是与亚拉巴马州南部比起来，田纳西河流域的蛇种类较少，而且也鲜少见到它们的踪迹。

令我松口气的是，在这里不会有让我打橄榄球的机会；迪凯特高中比布鲁顿高中大得多，而且天生运动好手多的是，所以我连练球的机会都没有，大部分男生也都是如此。于是，我就不必再承受体能不佳的屈辱了。

选中蚂蚁

1945年秋天，我满16岁了，就在这个还差一年就要进大学的时刻，我忽然认识到，我必须更严肃地面对昆虫学家的职志。是时候了，我必须选出一些能使我成为世界权威的昆虫。

我不考虑蝴蝶，它们太有名了，而且已经有许多出色能干的科学家在研究它们。倒是蝇类看起来比较有希望，它们到处都是，而且变化多得令人眼花缭乱，此外，它们还具有环境上的重要性。我喜欢它们那种利落的模样，如同杂要卖艺者般的身手，以及无忧无虑的态度。虽说家蝇以及粪蝇（更别提蚊子了）使得双翅目昆虫恶名远播，然而大部分双翅目昆虫其实都是自然界里的小小珠宝。它们的动作细腻、流畅，而且做起事来效率很高；这里所谓的做事是指清除有机物，替花朵授粉，或捕猎其他昆虫。

我尤其喜欢长足虻科（Dolichopodidae），它们多半身泛金属蓝或金属绿光泽，在阳光普照的叶片间快速移动，简直就像是活宝石。虽然北美洲当时已知有1 000种以上的长足虻科物种，但是无疑还有好几百种正等着让人去发现。

我着手准备搜集这类昆虫的工具：毒瓶、标本盒，以及主要由捷克斯洛伐克制造的特长黑色昆虫针。然而当时正逢1945年，捷克斯洛伐克刚刚成为战区，而且很快就加入了苏联社会主义国家阵营，所以当时我买不到这种昆虫针。

一刻也不多耽搁，我马上又开始另寻一类可供我投入精力的昆虫，它们必须要能装进到处都能买得到的酒精瓶里。很快我相中了蚂蚁。当然会是蚂蚁，那是我的老相识，是我早年产生想成为博物

学家激情的源头。我向当地药店买了好几打药瓶，是那种金属螺旋盖的老式玻璃瓶，然后再一一装满医用酒精。我又向迪凯特的一家书店订购了蚂蚁学家惠勒（William Morton Wheeler）于 1910 年撰写的经典之作《蚂蚁——构造、发育以及行为》（*Ants: Their Structure, Development, and Behavior*）。我按照作者指示，建好玻璃观测巢，准备展开我的蚂蚁学家生涯。

我骑上单车，在迪凯特附近的田野、树林里到处转悠，搜集到一系列种类可观的蚂蚁，而且还对它们的习性和巢穴一一加注说明。

这一系列珍藏具有永久价值。将近50年后的今天，当我在分类学或生态学方面遇到问题时，仍然会不时地回头查对我这套早期在亚拉巴马州得来的标本。我曾经在欧洲博物馆里看到过1832年采集的蚂蚁标本，它们全都保存得非常好，外骨骼完整而且细节完好，看起来栩栩如生。

大约就在这个时候，我得知国家自然博物馆里有位名叫史密斯（Marion R. Smith）的蚂蚁专家。我知道他是一位中年绅士，在密西西比州长大，早年致力于研究该州的蚂蚁。

我斟酌再三后给他写了一封信，告诉他我想要着手研究亚拉巴马州的蚂蚁。史密斯马上就回信给我，说这是个“好主意！”他告诉我，他本人曾经研究过密西西比州的蚂蚁，而且信中还附上一份二元分类检索表的复印件，那是由他亲自撰写、用来辨识密西西比州蚂蚁种类的依据。

根据这份检索表核对手头上标本的特征，经过一连串二选一的选择，最后就能为标本找到一个明确的学名。以下我以小家蚁属（*Monomorium*）分类检索表的头几行为例，摘自克里顿（William S. Creighton）于1950年撰写的北美洲蚂蚁分类学经典专著。在此，我稍加更动了几个词，好让文句读起来不太过专业：

1. 触角（触须）末端三个关节，朝向触角的末端渐次变粗；现有蚁窝中所有工蚁的体量都大致相仿……………………………转到2

或

触角末端三个关节中，前两节大小相仿；蚁窝中的每只工蚁的体型大小可分为两种……………………… *Monomorium destructor*

2. 头上布满了小孔，使得头部表面暗淡无光。是一种美国常见的家蚁（法老王蚁，Pharaoh’s ant）…………*Monomorium pharaonis*

或

头部只有散生小孔，整个头部表面闪闪发亮……………转到 3

就这样反复推查下去，直到某个特定地理区域（例如密西西比州或整个北美洲），甚至全世界所有已知物种均涵盖完整为止。我开始大忙特忙，为我采集到的标本找出学名，然后再寄给史密斯先生确认。他的回应极快：“你有一半都弄对了，已经有了好的开始！”

他没有对我说，你有一半弄错了；他也没有说，何不多研究几年之后再来见我？

他说：“继续努力研究，尽快与我联络。”随着岁月流转，我越发珍惜这段来自国家自然博物馆的蚂蚁专家史密斯博士的温暖记忆。

从那以后，我更加努力，而且也开始发现一些极罕见又有趣的蚂蚁种类。有一天，我在自家后院发现一队行进中的行军蚁，不过不是南美洲雨林中那种著名的暴食蚁群，而是内瓦蚁属（*Neivamyrmex*）的迷你行军蚁。它们生活于美国南部，一窝约有 1 万到 10 万只工蚁，工蚁会横越人类住家附近的草丛或遍地落叶的树林。

乍看之下，这群迷你行军蚁和其他蚁种中身体细瘦、深棕色的工蚁没两样，后者经常忙碌地奔波于窝巢和动物死尸或撒落的糖屑之间。不过，如果仔细观察，你就会发现它们其实是一支正在行军的军队，而且会入侵其他种类蚂蚁的窝巢，也经常逐日转换窝巢的地点。我连续追踪这队蚂蚁好几天，直到最后，在一个阴雨绵绵的午后，目睹它们行军穿过马路，消失在一户邻居院子里杂乱的野草堆中。在后来的岁月中，我又多次在许多不同的地方遭逢并研究内瓦蚁的蚁群，从加利福尼亚州到亚马孙河流域都有。后来我也曾撰文讨论世界各地的行军蚁。

大学之门路途远

在我高中最后一年的时候，我的青春期末期原先单纯祥和的气氛，渐渐渗入与日俱增的焦虑：想当科学家，必须上大学，但我家的亲戚，不论是父方的还是母方的，从来就没有谁念到过大学。他们有的是成功的商人、农人、船东，甚至也有工程师，因为在他们那个年代，高中文凭就足以担任这些职务。念大学仍然被视为花大钱的奢侈玩意儿，而且当时一般中产阶级的人生路程，还是由高中毕业就直接通往就业市场的。想实现我的野心，我必须勇敢地迈向前所未知的未来。

很不幸，我父亲的健康状况每况愈下。他已经变成细瘦、外貌衰弱的男人——不足60公斤的体重，挂在超过175厘米高的骨架上，饱受酒精中毒及支气管炎之苦。那是他长期大量吸烟所致，平均每天两到三包香烟。1945年冬天，他罹患出血性十二指肠溃疡，住进南卡罗来纳州查尔斯顿的海军医院。在那里，他可以凭第一次世界大战退伍军人的身份接受免费医疗。医生动手术切除了他大部分的小肠，这次手术几乎要了他的命。他回家长期疗养，从来没有对我抱怨过什么，对于我们的未来，除了乐观之外，他也没多说什么；但是，我清楚得很。

虽然我很爱父亲，但是在这个节骨眼上，我的想法相当自私。我明白自己不可能由他那儿得到资助；而且，我担心自己恐怕得被迫放弃上大学，还要找份工作来帮助他和珀尔（珀尔从未出外工作过）。

后来我才知道，我母亲其实非常乐意负担起我所有的学杂费和生活费。那时她已嫁给一位事业有成的商人，并且在美国陆军军需部门担任雇员。总之，不久后母亲提供了部分援助。然而，我是个心高气傲的闷葫芦小孩，对于这类人情一窍不通，因此并没有把父亲的窘况和我心中的焦虑说给她听。

那么，我到底要怎样才能上大学呢？提供良好的在校成绩。生平第一遭我全神贯注于学校里的功课，开始拿到清一色甲等的成绩单。我向田纳西州纳什维尔（Nashville）一家颇有名气的私立大学范德比尔特大学（Vanderbilt University）申请奖学金。申请程序包括笔试、成绩单以及师长推荐信。身为迪凯特高中新来的转学生，过去的学业成绩又是高低不齐，想必我一定很容易就遭到范德比大学奖助学金委员会的回绝。我没有办法向他们传达我对博物学的狂热以及特长，事实上我自己也不认为这些经历能与正式的学业成绩相抗衡。也许我想的没错，总之，我被回绝了。

《退伍军人权利法案》（GI Bill of Rights）也提供了通往大学之路。如果我在年满 17 岁之后，立刻申请加入军队，那么我将搭便车成为第二次世界大战的美国退伍军人，因此也可以享受退伍军人福利，其中就包括之后念大学的资金赞助。服役三年，大学念四年，毕业时 24 岁。父亲和珀尔也都非常赞成这个设想。于是，1946 年 6 月，我搭上灰狗巴士前往亚拉巴马州安尼斯顿（Anniston）附近的麦克莱兰堡（Fort McClellan）新兵招募中心，我打算在那儿申请入伍。我的如意算盘是，服役期间接受医学技术训练，尽可能学习到所有与生物学相关的知识，可能还会到处旅行，并且把闲暇时间都用来增进我的昆虫学技能。

绝不屈服

体检过后，医生和招募官员将我剔除。他们告诉我说，我不能加入军队，因为我右眼失明。他们指出，现在正值热战尾声，入伍体检标准必须提高。又一次，天堂海滩那条小小的鱼儿（它的背鳍刺伤了我的右眼）改变了我的人生方向。

在我等着搭车回安尼斯顿转车时，我站在总部大楼的走廊上，手扶着栏杆，羡慕地望着下边操场上顺利入伍的新兵。这样不公平的结果实在太令人失望，我不禁流下眼泪。我暗暗发誓，虽然我在这里碰了钉子，但还是要坚持下去。我一定要想尽办法上大学，必要的话半工半读，要我住地下室或小阁楼也可以。我要继续申请奖学金，接受父母亲所能提供的任何帮助。总之，不论在任何情况下，绝不让任何事物阻挡我。出于青少年抗拒命运的叛逆心，我发誓：我不仅要念大学，而且有朝一日还要成为一位够分量的科学家。

第 7 章

猎　人

亚拉巴马大学成了我的救星，它为所有亚拉巴马州毕业的高中生敞开大门。不过，这扇门只开给所有顺利毕业的白人毕业生，这项惯例在当时已沿用了 20 多年。这儿的生活费极其低廉：每学期学杂费只要 42 美元，全年四学期（包括暑期）共 168 美元；房租每月 7 美元；洗衣费微不足道；课本每册 2 美元到 10 美元，而且如果买二手书的话还会更便宜。不论是搭便车还是巴士通勤，每月花费都低于20美元。我找到一间寄宿宿舍，这里提供一日三餐，食物丰富，包括鸡蛋、小薄煎饼、麦片、青菜萝卜、玉米面包，以及炸鸡脖或鸡翅，一个月只要 30 美元。

1946 年到 1947 年这一整个学年，外加一期暑期课程，我在亚拉巴马大学的总花费大约 700 美元。通过提前毕业计划，我用三年修完全部的课程，因此只用了 2 000 美元多一点点的经费，就取得了科学学士学位，这数额比当时政府雇员或教师一年的薪资还低。

这笔钱全数来自我父母亲，没有贷款，也没有奖学金。自 1946 年 9 月我进大学以来，我的运气一直不错。父亲的健康略有起色，于是他和珀尔又搬家了。这一次是搬回莫比尔，住进一栋双联排房屋的其中一户，房子是在我一位老婶婶名下的。父亲在布鲁克利机场找到一份会计工作，因此也有能力支付我的部分花费。母亲注意到了我们经济拮据的情况，于是又帮我补足余额。

身为两对父母的独生子，我备受呵护，踏上比我原先期待还要更安全的路途。话虽如此，亚拉巴马大学宽松的入学标准以及低廉的学费，也是我能力争上游的先决条件；不只对我，对于其他数千名境况比我更差的学生也是一样。我始终是亚拉巴马大学忠诚的校友。

1980 年，我的足迹又兜回了母校，受邀在春季班毕业典礼上发表演讲。令我快慰的是，听众席里，黑人学生散坐在白人学生之间，机会之门当时已真正为全体学生敞开。

与“老同学”一起成长

想当年，父亲开着他的新车载我初抵塔斯卡卢萨（Tuscaloosa）的那个 9 月的下午，亚拉巴马大学校园简直是一片混乱。退伍军人蜂拥而入，享受《退伍军人权利法案》给他们的权益。基础设施全都过度拥挤，校园附近的交通纠缠成一团，师长、行政人员及学生顾问也不得不加班工作，以应付这场自 1865 年以来最严重的危机（1865 年，一团官校生出征加入联邦骑兵纵队，结果吃了败仗，眼睁睁看着北方军把大学烧成灰烬）。

我进入大学后，遇到一些比我年长 10 岁的同学，他们从前多半都只亲历过一两年的惨烈战役，例如我的好友，生物系的罗尔斯（Hugh Rawls），就只见识过 10 分钟的战况。当时，他驾着水陆两栖坦克登陆塞班岛（Saipan）；上了海滩，日本人的炮弹先是落在他的左方，继而落在右方，最后则命中靶心，落在他的坦克上。当时只有他和炮手能够勉强爬出车外。正当他蹒跚退回海岸边时，狙击手射中了他，使他从此终生残障。我的另一位好友鲍斯强（Herbert Boschung），则在执行德国上空战斗任务时，经历三次坠机。其实这些同伴也极少再谈论这些往事，他们已经开始了新生活。

他们当中有许多人不是亚拉巴马州的本地人，因为离他们家比较近的大学都人满为患，没办法再收他们入学了。我和这些老大哥相处得很好，而他们也很习惯友好地和 17 岁大的新生混在一块儿。就各方面而言，大学生活对他们和对我来说都同样陌生。也因为如此，和他们一道摸索的我，变得更有自信了。

亚拉巴马大学为了解决学生人数过多的问题，在 3 千米外的塔斯卡卢萨城郊，从一所军医院弄到部分用地，并整修了上面的建筑物，就这样创建了亚拉巴马大学诺辛顿校区（Northington Campus），而我就住在那儿。

刚开始的时候，我的许多上课地点甚至是在活动屋（Quonset hut）或娱乐室里。军医院是在大战期间兴建的，规模相当大，因此我们大都能拥有自个儿的房间。我的房间位于从前的精神病房区，四周墙壁都贴满了软垫。

1978 年，也就是 32 年后，我望着它那座高耸的大烟囱被炸毁，倾倒，同时周边建筑物也一并被摧毁——电影中播放着这一幕，那是伯特·雷诺斯（Burt Reynolds）和莎莉·菲尔德（Sally Field）主演的动作片《卖命生涯》（*Hooper*）里的高潮戏。于是，诺辛顿校区在为华纳电影公司（Warner Brothers Gotterdämmerung）效力后，就永远消失了。

急着规划生涯

尽管住在软垫病房中，我还是在这所大学里找到了家的感觉。开学后不久，我就踏上一段有扶栏的阶梯，走进诺特厅（Nott Hall）的大门。诺特厅建于20世纪20年代，但是早在南北战争前就已经由建筑师设计好了。此行我要拜访生物系主任沃克（J. Henry Walker）教授，先向他自我介绍一番，进而讨论我的学习计划。

这项略嫌鲁莽的举动完全不是出于任何自我膨胀的意识（我那时还是个胆小的男孩，狂傲脾气是后来才发作的），纯粹是误以为一般大学生也会在刚入学时，就忙着搞定学业方向。既然如此，不如早点儿咨询师长，以便在研究或特殊科目方面得到指引。另外，我由于常常听到身边这群退伍军人富有男子气概的对话（他们大都已拥有扎实的生涯计划），也更加强了我的这种想法。

沃克长得就好像小一号的哈定总统（Warren Harding，美国第29任总统），是英俊的中年男士。他有一双蓝眼睛，一头早生的华发，以及标准美国南方绅士的细致修饰。他用轻柔的语调和精准的手势与人打交道，同时对任何事物都很谨慎。我后来才知道，他连系里的邮票都要锁在办公室的保险箱中。

沃克一边听我滔滔讲述亚拉巴马州的蚂蚁，观看我的标本盒，一边点头表示鼓励。他喃喃赞同，仿佛大一学生跑到他办公室来大谈昆虫学生涯，是一桩例行公事似的："是啊，是啊，非常有意思，老弟，非常有意思，你做得非常好。"后来我才发现，凡是比他年轻的男性都被他称为"老弟"。接着，他打了通电话，陪我走上一段阶梯，来到威廉斯（Bert Williams）的办公室。威廉斯是位年轻的植物学教授，刚从印第安纳大学过来。

威廉斯30来岁，身材高瘦，有点儿驼背，面孔长得有点儿像林肯。他毫不犹豫地热烈欢迎我，好像我是年度轮休的访问学者似的。我们讨论了一阵子蚂蚁、博物学以及植物学，然后他把我带到实验室里的书桌旁，问我想不想在这里做我的研究。此后，威廉斯对我始终是慷慨无比。他借给我立体显微镜、实验玻璃器皿以及酒精，另外还提议将来可以带我一块儿进行田野调查之旅。在那年年底，他让我担任兼职研究助理的工作，追踪放射性磷在植物根部的流动情形。

师恩无价

或许是因为威廉斯当时没有研究生，但他对我的这般照顾，绝对也是因为他天生慷慨又爱关心他人。威廉斯对待我的态度，就像是对待研究生或博士后研究员一样。有时我甚至觉得自己好像加入了他的家庭，成为他家里的一员，一个颇受宠的侄儿什么的。我从没碰见过比他更仁慈、更有影响力的师长。43 年之后，也就是 1993 年，我以最快乐的心情迎接威廉斯的孙女来到哈佛大学，开始她的大学生涯，并尽可能地协助她。

我从另外 6 名生物系师长那儿也一样受到了热诚的关照，差别只在于私人情谊色彩比较淡。他们已习惯把时间全部奉献给大班级的医科预科生，这些学生的需求一清二楚：解剖学、生理学、组织学、寄生虫学等正课，以及课本外的各种实验课。决心从事纯科学研究的大学部学生较罕见，他们必须依照自己的计划来学习。在这么多不同师长的指引下，我的学业进展得相当好。

除了课业外，他们还把门徒所能领受到的最无价的礼物送给了我：让我知道师长们并非无所不能，我很可能会获得他们所没有的数据，因此我的努力是非常珍贵的。

我在生物系大楼的一处低层入口处安装了一个水族箱，把我在某次田野采集时捉到的巨无霸两栖鲵放进去展示。当它前后摆动、啃咬活蹦乱跳的小龙虾时，同学们都看得入了迷。另外，我还捉了一整窝内瓦蚁属的行军蚁，里面的数千只工蚁骚动不已，我在威廉斯的实验室里打造了人造蚁巢，并把它们养在里面。接着，我开始观察与它们共同生活的寄生性甲虫以及蝇类。这群娇客之中，有一种 *Paralimulodes* 属的微小甲虫，它们会像跳蚤般骑在工蚁背上，靠着舔食蚂蚁身体分泌的油脂生存。这些观察研究后来成为我早期一篇科学论文的基础。生物系的师长常对我颔首微笑，或在走廊相遇时与我小谈一番，让我知道他们认为我投入的努力，不仅有用而且很重要。

对美国其他地区而言，亚拉巴马大学的招牌就是橄榄球。会让人

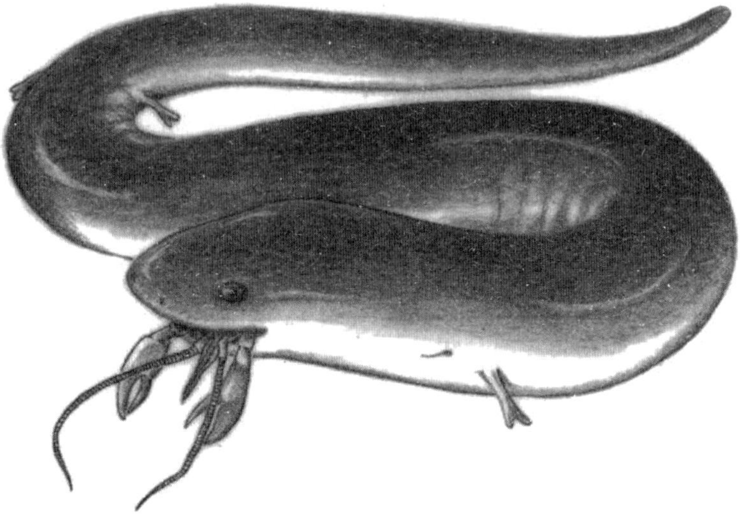

直接想到的是 20 世纪 30 年代黄金时期的“玫瑰杯”、70 年代和 80 年代的“糖果杯”，以及与奥本大学（Auburn University）间的严重宿仇，当然还有教练“狗熊”布莱恩特（Paul William “Bear” Bryant）的传奇故事。然而，这些都只是这所杰出公立大学最容易让人看到的特色。

亚拉巴马大学也拥有一流的学者和师资，而且提供大把的机会给学生，让学生了解这个世界，进入专业领域，就像我 1946 年入学时的情况。如果你不反对比较老式的描述，也可以这么说：亚拉巴马大学提供机会让学生成才。

就科学领域的大学课业训练而言，亚拉巴马大学并不逊于哈佛、普林斯顿以及剑桥等一流大学。而我个人曾经蒙受的关照和鼓励，更是其他学校不可能给我的。

要造就一位科学家，师长的亲和力与赞赏是很重要的因素。然而，真正决定性的因素还是在于学生自己的意愿和能力。否则，即使学习环境再好，你依然会失败，而且再也没有任何借口能使了。你若是个蹩脚的猎人，森林对你来说永远空空如也。

在不用花时间打工的情况下，我为自己的大学课业进度拟了个时间表。我对一般学科付出的心力，仅要求大部分能获得甲等的成绩就行，剩下的时间则用来专心做研究、读书，以及和师长或其他同学交谈。主要是讨论进化生物学，但是话题范围其实很广，从地理学、哲学到创意写作技巧，不一而足。

叛逆的青春年代

我从未加入亚拉巴马大学校园社交生活的任何一个兄弟会，原因很简单，因为从来没人邀我加入。在大学最后一年的尾声，我被引介进入一个全国性的荣誉学社“斐·贝塔·卡帕”（Phi Beta Kappa，即三个希腊字母 φ、β、κ），作为我整体成绩优秀的奖赏。

毕业典礼那天，我从塔斯卡卢萨搭一对中年夫妇的便车去学校。他们载我到校长家附近下车时，那位太太告诉我，她的儿子是“西格马·艾普西隆·阿尔法”（Sigma Epsilon Alpha，即三个希腊字母 σ、ε、α）的成员，接着就问我属于哪个兄弟会，我答道：“斐·贝塔·卡帕。”她说：“奇怪，我怎么从没听说过这个兄弟会。”我心想，真是太糟糕了。

大学头两年，我身兼大学预备役军官训练团（ROTC）的军校生身份——亚拉巴马大学所有的男生都被强制参加。那时我正值青春期尾声的偏激期，一心希望整个世界都来迎合我内心崇高的但又未经检验的道德标准。这时，我对大部分美国文化都不屑一顾。我这些激进思想的指导手册为美国作家威利（Philip Wylie）撰写的《小人年代》（*Generation of Vipers*）以及《道德论》（*An Essay on Morals*），都是非常幽默的讽刺文章，声讨组织化的宗教、市侩习气、偶像崇拜，以及其他各种各样美国人的小毛病。如果在当时就有所谓激进左派学生活动的话，我恐怕也会和他们一起，手挽着手，每周都进行毫不妥协的抗议活动。

有一天，大学预备役军官训练团操练时，我对一名教官说，行军和打靶早就已经被原子弹给淘汰了。我说，咱们现在排练的分列式只是没用的把戏，仅能够用来纪念过去，就好像五朔节时绕着五月柱跳舞一样。这名教官是很平凡的职业军人，待在这个边陲哨站里等待退伍，那时他的表情完全不为所动，只咆哮了几个听不清楚的字眼，很可能是骂人的话。

错领射击奖章

到了这个时候，我对军队的情感相当复杂。在我大二那年的州长日，詹姆斯·福森（James Folsom Senior，他儿子小福森后来也于20世纪90年代担任州长）从首府蒙哥马利（Montgomery）的州长办公室跑来大学预备役军官训练团。他是相当有分量的民主党员，也是非常支持教育的州长。他由于有着高塔般的雄伟身材，就被昵称为“大吉姆”；另外，他也因为报纸杂志上刊登过的小道消息，而被昵称为“亲嘴吉姆”。总之，老福森早就成为亚拉巴马州的传奇人物。

我站在队伍前方的杰出预备役军官学生行列中，等待接受学业优良奖章，而身边其他人则是射击奖章的受奖人。老福森在一群闹哄哄的州警、军官以及学校行政人员的簇拥下，大驾光临。那天，他很显然是处在微醺状态。但是对他来说，早晨8点以后在公共场所用这副姿态露面仍属正常，他脚步有点儿不稳地逐一为领奖人颁奖，同时还说上几句话。当他来到我面前时，向我问道：“孩子，你打哪儿来的？莫比尔？那是一个好得要命的地方，好得要命。”他转向旁边由校方助理捧着的盒子，颁给我一枚“射击奖章”。我非常高兴拥有这份得来全不费功夫的奖章，即使只能暂时拥有一下子。

我对射击奖章的喜爱，远超过温吞吞的学业奖章，因为既然是以预备役军官的身份受奖，奖项却是文绉绉的英国文学之类的，听起来总是有点儿不伦不类。第二天，我才很不情愿地把这枚奖章交还给大学预备役军官训练团总部。

加入博物圈

左派激进思想以及大学预备役军官训练团里不顺利的经历，是我自己选择路程中的小缺憾。当我找到有助于培育科学家的理想环境，或者说至少是数种可能的理想环境之一时，我要成为生物学家的决心又更加强烈了。这有点儿像政治革命爆发的情形。

刚开始，几个很有野心的学生常常在一块儿工作、讨论，而且合力反抗长者，以便树立自己独特的行事准则。这个小圈子至少两人，至多五人，超过五人就会使得小圈子失去稳定性。他们会从某个地方找来令人兴奋的新想法，这个想法必须一方面能转化成行事准则，另一方面又能提升野心，使他们坚信自己拥有了少数人共享的划时代真理，因此未来也是掌控在自己手里。

后来，出现了一位远方的权威人物，在本例中，可能是写过革命性文章的科学家，也可能起码是一群年迈的改革者，曾经创制出能令人接受的法则。这群圣者距离门徒越远越好；在 20 世纪中期，欧洲是最理想的地点，法国或德国的学究尤其具有威力。而且如果他们的论文很难翻译那就更好了，因为这么一来，更是需要说英语的门徒来阐释才行。最后，再有一位年长的地方性代表人物现身，他（或她）推崇这种新想法，而且还能把这些年轻人的准则理念具体化，并加入他（或她）的性格以及工作习惯中。

我在大二那年加入的小圈子都是立志要做博物学家的，而且大家都相当有野心，虽然其他成员的年纪大我 2 岁到 7 岁不等，但和我一样都是这方面的新手。许多成员后来都成了颇有成就的学者，例如底特律来的鲍尔（George Ball），他后来是艾伯塔大学（University of Alberta）的昆虫学教授；亚拉巴马土生土长的鲍斯强，本来留在大学当教授，后来则成了亚拉巴马州自然博物馆的馆长；罗尔斯因热爱软体动物，而在伊利诺伊州当上了教授；再有就是纽约人瓦伦丁（Barry Valentine），他后来成为俄亥俄州立大学的动物学及解剖学教授。

严师查莫克

在这个小圈子里，查莫克（Ralph Chermock）担任我们的指导老师，他刚从康奈尔大学（Cornell University）过来，担任助理教授。他是切尔马克（Erich von Tschermak）的亲戚，切尔马克是重新发现并确认孟德尔（Mendelian）遗传定律的三位科学家之一。查莫克是非常厉害的蝴蝶分类专家，而且相当深入地钻研进化生物学。

查莫克年仅30岁，令人印象深刻的是，他是业余拳击手，长着一副运动员的强健体格，手臂粗壮，经常在办公室地板上表演单手俯卧撑，来镇吓追随他的学生。不过，他也是个神经紧张的人，烟不离手，而且有时会突然爆笑或咯咯傻笑。他还有个很令人不安的习惯：全神贯注地倾听你跟他说的每一句话，歪着脑袋，脸上挂着一副鼓励但又像揶揄的笑容，活像是位精神科医生或生性多疑的面试主考官。

我把查莫克的行为举止记得这么详细，也许是因为他给过我特殊待遇。他在1947年刚到亚拉巴马大学时，立刻就看准我会因为受到太多夸奖而被宠坏，成为一个过度自信的年轻人，适时地调教一下也是理所当然的。

他在进化理论课的期末考试上，给我打了“A-”而不是“A”，这令我颇为愤慨，因为我自认为表现得非常好。直到30年后，我重读当年的考卷，才察觉到自己的表现确实不够好。

无论如何，只要一有机会，他就要压一压我的气焰。当我仔细、谨慎地在实验室中用我自个儿发明的“自助餐”方法，完成路易斯安那瘤颚家蚁（*Strumigenys louisianae*）选择猎物的实验后，我把研

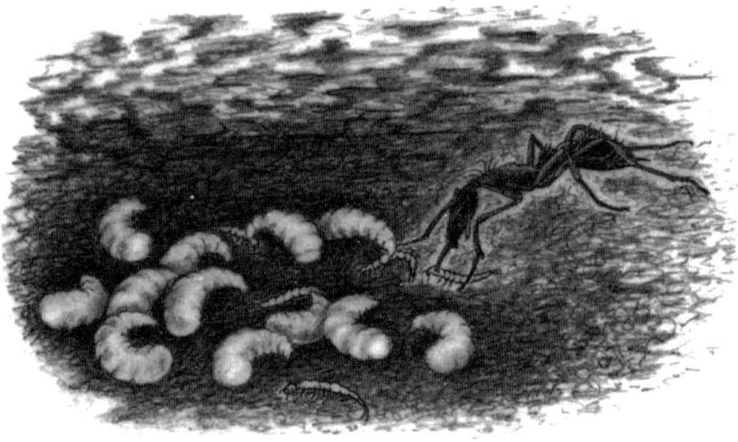

究报告拿给他看，他一点儿也没有为之动容。他很严肃地告诉我，除非我能回到田野中，在未被人为干扰的蚁窝中，实地找到被它们捕获并杀死的同样的猎物，以证明我在实验室里得到的结论，否则我永远都不能发表该文章。

我知道这有点儿像是大海捞针，但我还是付诸行动。日复一日，我寻找这些很难看见的小蚂蚁，然后再小心翼翼地拨开它们的窝，最后终于发现一个蚁窝里有一只我要找的那种猎物。贪吃的蚂蚁幼虫尚未来得及大快朵颐，所以猎物还算完整，可以辨认出来；这件事之后，查莫克对我的态度也变得比较宽厚起来。我一生当中遇到最好的老师，包括查莫克在内，就是那些会告诫我“你应该还可以表现得更好”的老师。

鲍尔和瓦伦丁一来到亚拉巴马大学，就摆明了要跟查莫克一道工作。和查莫克在一块儿之后，他们都受到了康奈尔大学神秘气质的影响，也就是康奈尔大学昆虫系的好名声。这个系的历史可以追溯到19世纪伟大的奠基者康斯托克（John Henry Comstock），他献身于昆虫学领域，并且用最专业的水平来研究昆虫，为他博得了国际名声。由于景仰这则传奇，我觉得自己最好也能加入他们。

新达尔文运动的冲击

查莫克小圈子里供奉的先知人物是那些“进化新综合论”的设计者。在1947年，这群奠定新综合论的学者，都是在响当当的机构中工作的中坚分子，比如哥伦比亚大学、芝加哥大学，以及纽约国家自然博物馆等等。查莫克圈子里的“圣经读本”是迈尔于1942年撰写的《分类学和物种起源》。迈尔是国家自然博物馆鸟类馆馆长，但是他的学术训练主要是在德国完成的，这一点更增加了他的崇高地位。迈尔在系统分类学和生物地理学上鼓吹的革命传遍了全世界，尤其风靡英国和美国，这两个地方都举国大力支持达尔文进化论。

各位请先容我解释一下，为何“新达尔文运动”会造成这般不寻常的冲击。大约在1920年，也就是我以学生身份接触到它的二十几年前，进化生物学早已被瓦解成一团乱糟糟的博物学观测资料，它最出色的理论则是以统计相关性为基础，结合几条规则和地理条件而成。至于达尔文理论的核心——自然选择法则，则备受怀疑。遗传学家认为，生物进化的进展，受突变的影响较大，受自然选择的影响较小。前者是以不连续的方式造成遗传特征的改变；后者则是作用在连续变化的特征（如体型、本能、消化等）上，以渐进的方式改变遗传特征。

现在回顾起来，很显然两种说法都没错。如今我们已经很了解，变异的确会经由突变产生，而有性繁殖在突变重组的过程中也会产生变异。事实上，变化可大可小；而自然选择则通过各项遗传特征，如体型、本能及消化等，来决定哪些基因突变和重组得以生存，并繁殖更多的下一代。

这项综合的观点，基本上是由达尔文的自然选择理论再加上基因突变的观念合成的。它由于和达尔文主义的关系如此紧密，所以才被称作“新达尔文主义”（Neo Darwinism），或是更常被称呼的“新综合论”。

在 20 世纪 20 年代以及 30 年代初期，一群种群遗传学家，例如苏联的切特韦里科夫（Sergei Chetverikov）、美国的莱特（Sewall Wright），以及英国的霍尔丹（J. B. S. Haldane）和费希尔（Ronald A. Fisher）等人，他们利用数学模型阐释出：一个突变的基因，即使它的生存及生殖优势只比另一个基因高一点点，譬如说 1% 或 2%，它还是有办法在该种群中取代后者。理论上，这类取代进行的速度可以很快，甚至不出 10 个世代就可完成。

像这样一个或数个基因发生改变的微进化（microevolution），累积之后就能够形成巨进化（macroevolution），创造出像眼睛、翅膀之类的崭新结构。同样，微进化最终也能够驱使单一物种进化为两个或更多子物种，而这个过程正是更高层次生物多样性的源头。

新综合论使得原本遗传学家和博物学家眼中不同的世界观趋

向一致。它让这两个领域里的科学家把整个进化学当成孟德尔遗传学的延伸来检视，然后，再补上因分子生物学而更加完备的遗传学。

新综合论里的博物学，已依循了遗传学及自然选择理论。如果一定要替这门“新博物学”定出创始时间的话，那么应就是杜布赞斯基（Theodosius Dobzhansky）发表《遗传学和物种起源》（*Genetics and the Origin of Species*）的 1937 年。因为这是有史以来头一遭，来自田野与实验室的新数据能精确定义出物种或种族（race）间的差异，并且阐明种群内染色体和基因变异的本质，以及微进化的步骤。

看起来进化已经用遗传学稳稳地打好基础了，至少在接下来的 20 世纪 40 年代末期是如此，也就是我念大学的时候，遗传学家似乎再也说不出任何能颠覆新综合论的东西。只有靠真正出人意料的重大发现，才可能做得到这点。虽然许多雄心勃勃的生物学家都曾试图扮演革命家的角色，但是直到今天，还是没有什么真正的新变革。

科学猎人

博物学家都拥有自己的“猎人执照”，而在查莫克的圈子里，迈尔的《分类学和物种起源》以及杜布赞斯基的《遗传学和物种起源》，就是我们的狩猎指南手册。我们向迈尔学习如何把物种定义为生物学单位。借助他书上的话语，我们仔细思虑，预期可能发生的“例外”，也探究物种形成的过程。借由亲缘关系（phylogeny）

的观点，我们得到了更清晰、更合逻辑的思考方式来看待分类学。根据这套系统，两个物种间的差异可以用“这两个物种分开之后的进化程度”表示出来。

我们的基本装备里还有辛普森（George Gaylord Simpson）于 1944 年出版的《进化的节奏与模式》（*Tempo and Mode in Evolution*）。这名伟大的古生物学家声称，出现在现存物种身上的进化证据，其实和化石记录是一致的。到了 1950 年的时候，植物学也以斯特宾斯（Ledyard Stebbins）所著的《植物的变异与进化》（*Variation and Evolution in Plants*）进驻主流阵营。

于是，我们配备了权威性十足的教科书；同时，我们还拥有田野指南以及每个人先前就已经培养的专长：鲍斯强专精于鱼类、两栖类和爬行类，罗尔斯专精于软体动物，鲍尔和瓦伦丁专精于甲虫，我则最懂蚂蚁。而且我们还有一大优势——瓦伦丁有车！

我们是拥有科学执照的猎人，准备随时上路，去探测生态系统丰富多样的亚拉巴马州。在这之前，博物学家对亚拉巴马州的探索算不上很全面。

无数个野外采集的日子

查莫克鼓励大家不要只采集个人偏爱的生物，也要为亚拉巴马大学添加一些两栖类及爬行类动物的标本。每逢周末或假日，我们就出发前往州内的偏僻角落，而且会来来回回好几趟。我们把车停在路旁，爬下沼泽，沿着泥泞的溪岸前行，并且在遥远的山坡树林

里忙进忙出。

多雨的春季夜晚，我们驾车驶过荒凉的乡间小路，默默无语地倾听蛙鸣大合唱。有时，我会坐在车子前面的保险杠上，由罗尔斯或瓦伦丁以低速驾驶。我用左臂抱着车灯，右手则抓着一只采集瓶，凝神注视着是否有青蛙或蛇被明亮的车灯扫射到，只要一有发现，驾驶员就立刻停车，让我冲过去捕捉动物标本。

有些夜晚，我们也会就近在塔斯卡卢萨的大街上逛逛，观察、采集那些受到店面或加油站灯光吸引而来的小虫子。

在这些探测活动中，我吸收了许多有关螯蜂科（Dryinidae）、石蝇科（Perlidae）、刺蛾科（Limulodidae）、长角跳虫科（Entomobry-omorphae）、无肺螈科（Plethodontidae）、石蜈蚣科（Lithobiidae）、天蛾科（Sphingidae）和蜻蜓科（Libelludidae）的新知，也因此而越来越深入生物多样性的核心。对于我们日渐增长的专业能力，查莫克实际上并不感到惊讶，他反而半带严肃地告诉我们说，除非我们能知道 1 万种生物的名字，否则就不配说自己是生物学家。

我怀疑他自己能不能通过这一关，不过其实这也不重要，因为领导的夸张用词，正好可以督促我们努力不懈。

当我满 18 岁时，已经彻底走上科学之路，科学成为我唯一的专业。虽然已跨出童子军年代，但我又重新回到争取勋章的老路上，不过这回是通过研究、新发现以及发表文章等方式。我开始明白，科学也同样是社会活动。从前我把大部分时间耗在了博物学上，学习野生动植物的种种知识，同时享受着个人的冒险旅程，而不大在意别人对我的所作所为有何看法。

然而现在，就如同怀特海（Alfred N. Whitehead）曾经提到过的，科学家并不是为了学习而去发现新事物，而是为了发现新事物而去学习。

我个人的乐趣如今也略具社会价值。我开始不断自问：这些研究不只对我个人而言很新鲜，对科学界而言也是崭新的发现，而我究竟从中得到了些什么？

鲜少被人探测的亚拉巴马州野生环境，给查莫克小圈子提供了无限多发现新事物的机会，即使小圈子里的成员过去的训练不够多也无妨。有天晚上，我们驾车缓缓驶过亚拉巴马州中部，准备驶向佛罗里达的锅柄状狭长区域。一路上，我们不时停下车，倾听蛙群在雨水高涨的路边小沟中大唱求爱之歌。如果你想模仿蛙群合唱的声音，只要拿出随身携带的小扁梳，用指甲边缘顺着梳齿刮过去就可以了。

当时，我们正在搜寻产于北方、用颤音唱歌的黑拟蝗蛙沼泽亚种（*Pseudacris nigrita triseriata*）和产于南方、唱歌方式略有不同的黑拟蝗蛙指名亚种（*Pseudacris nigrita nigrita*）这两个亚种会合杂交的区域。天将破晓时，我们在接近佛罗里达州边界的地方，遇到了突然大幅改变的蛙鸣大合唱，而且这样的改变来得非常突兀。于是我们推论，其实这两种青蛙在繁殖上是相互隔离的物种，它们无法相互交配，因此，它们的学名应该被正式区分为沼泽拟蝗蛙（*Pseudacris triseriata*）和黑拟蝗蛙（*Pseudacris nigrita*）。

后来经过一些专家研究证实，我们说的果然没错。

另外还有一次，我们沿着亚拉巴马州北部一处洞穴中的地下溪流涉水而行，结果让我们发现了新种的白色小盲虾。又有一次，瓦伦丁和我在一处阔叶树和松树的混合林中，采集到亚拉巴马州第一只罕见的缺翅目（Zoraptera）昆虫标本，而且很快地把我们的记录发表在昆虫学的专业期刊上。

有时候我会独自采集，这已经是老习惯了。有一次我在挖掘塔斯卡卢萨附近沼泽地周边的土壤时，发现了一种很漂亮的小蚂蚁。这个新种有着深棕色的身体和黄色的腿，于是我把它们唤作塔斯卡卢萨细胸蚁（*Leptothorax tuscaloosae*）。

像这样属于基础层次的科学发现，对我来说既简单又非常愉快。我真没法理解，为什么学校里大部分的学生竟然不想成为生物学家？

外来小害虫

差不多就在这个时候，我对一种外来的火蚁产生了强烈的研究兴致。我第一次看到它们是在 1942 年的莫比尔镇上，这种臭名昭著的小害虫开始不断传播开来，侵入城市，也侵入田野及郊区树林中。

1948 年，《莫比尔纪事报》“户外生活”专栏的编辑齐巴克（Bill Ziebach）开始撰写一系列文章，探讨这种蚂蚁对谷物及野生环境的威胁。他跑来询问我关于这种蚂蚁的数据，然后在报上引用了我的话。结果，1949 年年初，亚拉巴马州环境保护部邀请我进行有关这种蚂蚁的研究，并评估它们对环境造成的冲击。当年春季班开学时，我暂别亚拉巴马大学，以 19 岁的年龄展开为期 4 个月的昆虫研究，这是我第一次真正扮演科学家的角色。

我和另一位生物学者伊兹（James Eads）携手合作，他和之前的许多伙伴一样，也是二十几岁的退伍军人。最重要的是，他有车。伊兹和我交叉穿越亚拉巴马州西南方以及佛罗里达州“锅柄带”西边的乡间，测绘这种蚂蚁入侵范围扩大的半径。我们掘出蚁窝，分析蚁窝的构造，探测谷物受损的田地，并访问当地农民。

到了 7 月时，我们将厚达 53 页的分析报告送交位于蒙哥马利市的环境保护部办公室，报告的标题为《亚拉巴马州的外来火蚁 *Solenopsis saevissima* 变种 *richteri* 报告书》。报告书中提出了某些原创性的发现，直到今天还获得引用。例如外来火蚁散播速度（沿各方边界每年推进 8 千米）、本土火蚁的局部灭绝，以及因外来火蚁直接食用种子和幼苗造成的中度农作物损毁情况等。

关于这种声名狼藉的小昆虫的俗名，也有一段很值得一提的故事。一直到我们第一次在蒙哥马利市和州政府官员会面之前，这种蚂蚁都被称为“阿根廷火蚁”，也就是以推测的原产地来命名（不过现在已经知道，它们的确在阿根廷北部分布极广，远达巴拉圭边境）。会议中，某位政府人员提出，“阿根廷火蚁”这个名字可能会惹恼阿根廷人；我们已经拥有太多像“德国蟑螂”“英国麻雀”之类的名称。他说，我们应该趁着还来得及，赶快把这个名字改掉。这时，又有另一位先生，我已不记得是谁了，建议改成“外来火蚁”。于是，“外来火蚁”这个名字就出现在我的报告里了，然后媒体跟着使用，最后，也就出现在了科学专业文章中。

无心插柳柳成荫

第二年，当我在亚拉巴马大学修习硕士课程时，又更进一步深入研究外来火蚁。伊兹和我，再加上国家自然博物馆的史密斯，我们三个人一道发现了来自不同蚁窝的这种外来火蚁，其中工蚁的身体颜色会有差别，从深褐色到淡红褐色不等。我更进一步观察到，浅色工蚁的体型较小，而且它们的蚁群似乎渐渐拥有优势，慢慢取代了深色工蚁所属的蚁群。到了1949年，深褐色蚁群多半已经只出现在亚拉巴马州以及密西西比州的边缘地带；在外来火蚁最初的引进地点莫比尔镇上，深褐色蚁群甚至完全消失了。

我设计了实验，想知道这种火蚁在颜色及体型大小上的不同，是否肇因于遗传上的差异。

我发明的其中一项实验方法为：把浅色蚁后引进深色蚁窝中，

然后观察浅色蚁后在转换后的环境中饲育出来的子代颜色是深是浅。结果，子代的颜色还是跟蚁后一致，这提供了证据显示（但是并未绝对证明）：浅色与深色的差异来自先天遗传。

在进行调包实验期间，我还发现另一项有趣的事。如果同时将多只蚁后引入一个新蚁窝，工蚁群一定只会留下一只蚁后，而把其余蚁后处死。处死的方式是叮蜇，然后肢解。工蚁从未一时糊涂宰掉最后剩下的那只蚁后，这种错误将会使得蚁窝失去生育更多工蚁的能力。这项研究结果也预示了30年后另一位昆虫学家的发现：工蚁有办法在诸多蚁后中挑出一只最健康、生育力最强的蚁后。

稍后，我在1951年发表的一篇关于外来火蚁发展史的文章中提出了我的想法：不同颜色的蚁群属于同一物种内的“变种”（variety），而非两个不同物种。1972年，布伦（William Buren）经过努力研究后，进一步证实了我原先的发现，但是他把浅色火蚁提升为独立的物种，取名为“入侵红火蚁”，学名的意思是“无敌的红火蚁”（*Solenopsis invicta*）。

到了1972年时，即使美国政府全力阻止它们继续扩散，投下了密集人力及超过1亿美元的经费，但这种蚂蚁仍扩散到了整个美国南部。当时，我接受了访谈，曾用一句话来概括说明这整桩任务是徒劳的（这句话日后经常被引用），我说：“火蚁消灭计划，就相当于我们与昆虫界的越战。”

我早期在火蚁方面的研究成果令我极为兴奋。我发觉，自己童年时期那些漫不经心的自我学习，竟然也能凝聚成对大众有益或有实用价值的东西。我从中获得的自信心有助于引领我顺利通过未来关键的数年，那几年我正经历着智慧成长的严苛考验。

勤能补拙？

差不多在同一时期，还有另一项令我痴迷的事物，曾经短暂闯入我的学术生涯中。我对所谓“四分钟一英里赛跑”的传奇深感震撼，这个速度被认为是人类田径运动史上无法突破的极限。

1945 年，当黑格（Gunder Hägg）用 4 分零 1 秒 4 的时间将 1 英里路程跑完的时候，引起人们热烈讨论，不知这名伟大的瑞典跑者是否已经达到人体所能承受的极限速度。当然，这类臆测完全失掉了准确性，因为根据历史数据显示，完成 1 英里赛跑的时间，在过去 80 年来几乎是直线下降；当黑格刷新世界纪录时，这样的趋势也完全没有任何探底的征兆。因此，在 20 世纪 40 年代后期，只要简单推测一下就不难看出，用 4 分钟跑完 1 英里的纪录，随时都有可能被打破。

1954 年 5 月 6 日，这个划时代的时刻终于来临，英格兰选手班尼斯特（Roger Bannister）创下 1 英里跑 3 分 59 秒 4 的成绩。从那之后，更是有数百名运动员刷新此项佳绩，使跑完 1 英里所用的时间持续降低。在我写这本书的时候，纪录已经低到 3 分 46 秒 31 的程度。

然而，在 1948 年，当全世界的运动员都准备好要参加第二次世界大战后首次举行的奥运会时，长跑项目依然停留在浪漫阶段。4 分钟跑完 1 英里的赛跑仍然是田径场上的“珠穆朗玛峰”。7 月

10日，我在《周六晚邮报》(*Saturday Evening Post*)上看到一篇文章，它宣称欧洲运动员将会在长跑项目中“狠狠修理美国佬”。作者写到，欧洲选手的训练时间较长，而且也比软绵绵的美国选手更愿意忍受纪律约束和痛苦，他们一定会包揽田径赛奖牌。《周六晚邮报》上面有张黑格的照片，以极大的步伐在田径场上飞奔，黑色长发高高飘起。

我忽然迷上了一个想法：借由意志力和严格纪律来破纪录！我自忖，如果你的身体不够强健，或许还是能靠精神上的强健而赢得冠军。这又是我的行事风格——自个儿做，避开团体的拖累，不让任何人看见你的苦练和失败，直到你能取得一定的优秀成绩为止。

最无望的选手

于是，我买了双陆军军靴，以增加双脚负重和身体的耐力，然后开始练跑。我跑过莫比尔的后街，跑到乡间，等返回塔斯卡卢萨后，又继续沿着诺辛顿校区一圈又一圈地跑着，把校区当成大田径场。

1948年夏末到冬季，我都在僻静的地方苦练，通常是利用晚上的时间。我在正规运动员离开运动场后，到煤渣跑道上练习，体会一下跑四分之一英里(即400米)的感觉。我每次练习一两个小时，既没有教练，也没有训练计划，更没把我的努力告诉任何人。我只是默默跑着，脚上穿着一双重鞋，因为我认为，等我稍后换上轻便的跑鞋后，我的脚会因原先穿惯了重鞋而变得轻盈如飞。

到了2月，我试着加入田径队。我直接到更衣室报了名，套上

生平第一双钉鞋，然后走上田径场，在教练用秒表计时下，试跑1英里。我在“5分钟多一点”的时间内跑完1英里。教练很好心地没告诉我实际成绩，而我也不想知道。

我实在失望透了，而且觉得非常丢脸。这一回，不只是我的肉体失败了，连我的哲学也失败了。但是，如果我再多练一下，一定能够表现更好的！教练也很仁慈地同意了，他建议我不妨练习2英里长跑。在1949年的美南运动联盟（Southern Conference）比赛项目中，并没有诸如1万米或马拉松等长跑项目，2英里就是最长距离的赛跑了。

于是，我开始每天下午练习2英里长跑。然而，一切终究是太迟了，而且显然毫无指望。我已经是 19 岁的高年级生了，此外，在教练眼中，我一定也是他手底下最没希望的选手。不久之后，当我获得暂时的工作委托，要去调查亚拉巴马州的火蚁时，教练和我终于双双得以免除更大的窘境。我告诉他我要退出了，并把钉鞋交还回去。他并没有难过得流泪。

20 年后卷土重来

这项失败令我难受了好几年。有时候，我会忍不住想到，如果我在 16 岁或 17 岁就开始练跑步，再加上适当指导的话，情况会是如何？也许我至少能达到加入田径队的标准？我会不会因此而成为黑格的美国敌手？

1970 年，当我 41 岁时，又开始跑步了，不过这次是为了减肥和增进健康。等我达到这些目的后，我察觉到那股昔日的火苗又重新燃起，疯狂的希望又出现了：或许我还是能在 40 多岁的年龄层中，和他人一较长短，跑出世界水平。很显然，现在不可能跑出 4 分钟 1 英里的成绩，但也许能跑出 5 分钟 1 英里的成绩呢！

我一边花时间独自练跑步，一边开始查询不同年龄层的世界纪录，从小孩查到老人，查各种不同距离，查来自世界各个角落的纪录。我发现，虽说大部分世界纪录从某个年龄层过渡到下个年龄层时（例如从 29 岁到 30 岁，再到 31 岁），都是由散落在世界各地不同的人在不同的运动会上创下的，然而，每一项纪录都形成了一条紧密的点线。在 100 米短跑项目上，这条曲线的高峰落在 20 岁出头的地方，而马拉松项目的曲线高峰则落在20多岁近30岁的阶段。这份统计数据显示，所谓世界第一，不论是何人，身在何处，何时比赛，只要知道他的年龄，差不多就可以准确预估他将创下的世界纪录是多少。换言之，单靠年龄就可以说明几乎所有世界纪录的变化。

这样的结果令我印象深刻。它似乎证明了遗传决定一切，至少在这个层面是如此：成绩会依循预定的轨迹，而这也是人类能力的限制，没有任何运动员能例外，即使是拥有钢铁般意志的长跑选手也一样。我计算出以我的运动能力可以获得的结果：根据1949年我的1英里长跑成绩“5分钟多一点”和当时的世界纪录4分钟多一丁点，折算成分数比例；然后再把它乘以70年代40岁出头的男子该项世界纪录，得出我当时个人可以达到的最佳纪录约为6分钟。

再度失利

多可悲啊！在一场千分之一的遗传差异即可左右胜负的运动会上，我却带了相当于25%的遗传缺陷！接着，我心中又感受到了青春期时的心潮澎湃。我一定要打破这个明显的遗传束缚，洗刷1949年的耻辱！

这发生在20世纪70年代中期慢跑风靡各地之前。当时我住在马萨诸塞州的列克星敦（Lexington），我穿着网球鞋跑在我家附近的大街上，其间几乎从来没碰到过其他的慢跑者。小狗追着我叫，邻居们盯着我看，十来岁的男孩子们大声嘲笑我。我在高中操场上练习四分之一英里冲刺，我参加比赛，也记录自己的通过时间。我 3 次最好的成绩分别是：6 分零 1 秒、6 分零 1 秒、6 分零 4 秒。

我估计，自己的 2 英里赛跑最快纪录应为 13 分钟左右。有一天，我终于跑出了个人最佳成绩，12 分 58 秒。唉！毕竟，遗传决定了一切。

在此期间，我亲眼看到我那位既是出色昆虫学家又是马拉松冠军的友人海因里希（Bernd Heinrich），一次又一次赢得胜利。他在 1980 年波士顿马拉松大赛中，赢得 40 岁以上男子组冠军，而且还在 50 英里、100 千米以及 24 小时持久赛中，创下各种各样的全国或世界纪录。最后的这项持久赛，他甚至连续跑了 254 千米。

有一次，我和他一块儿出去练习 4 英里赛跑，其间他一直很有耐心地包容我在一旁慢吞吞地跑着。“威尔逊，”他终于开口了，“如果你脚上有轮子的话，说不定会快得多呢。”也许他还会说，如果你用力拍翅膀，就可以飞了呢。

海因里希的身体似乎是用铝管、铝线打造成的，肺部也好像有皮革衬里似的。他就好像是音乐神童莫扎特（Mozart），而我则是在一旁嫉妒不已的萨列里（Antonio Salieri）。

寻找成功之路

由于这些经验，我更能客观认清自己的能力极限，以及更周全地考虑到其他和我同类的人。要对付满脑子萦绕的愿望以及企图心，唯一的办法就是：从各方面来探索个人的能力，知道自己的特长究竟在何处，并发现表现平庸或特别差劲的方面又是什么；然后，运用战术和弥补手段来争取可能达到的最佳成果。而且绝对不要放弃“命运将会送来意外突破”的期待。

我有一只眼睛失明，而且我没办法听见高频段的声音，然而我却成了昆虫学家。我记不住诗文，也不擅长把别人用字母拼出来的单词具象化。此外，我在读数字或抄号码时，也常常把数字次序弄错。于是，我设法另辟了一些蹊径来表达别人引用一段诗文或一段公式就可以表达的想法。除此之外，我还得益于另一项不寻常的能力。我很擅长比较迥然不同的事物，进而整合出原先没有的信息。我的文笔很流畅，我相信部分原因正是在于我的记忆很少会受他人措辞或表达方式的干扰。就这样，我不断加强我的长处，并尽量回避我的短处。

我的数学能力很差，当我 30 岁出头，在哈佛大学当上终身教授时，还正式地修了两年数学课程。我想要弥补我的缺陷，但是并没有什么进展。这完全是长跑故事的重演，而我的数学也始终只是停留在似懂非懂的程度。经过按步就班的学习之后，我虽然能解出偏微分方程式，也能领会量子力学的原理，但是没过多久，我又把所学的忘记大半。我对这些科目实在没兴趣。

我曾经通过和几位一流的理论数学家合作，在建立理论方面小有成就。依照研究时间的顺序，我前后和博塞特（William Bossert）、麦克阿瑟（Robert MacArthur）、奥斯特（George Oster）以及拉姆斯登（Charles Lumsden）等人合作过。合作期间，我负责提出我们想讨论的问题，把我的直觉和他们的直觉结合起来，并且列举出对他们来说很陌生但已实证过的证据。

我们在知识上互补，和那些与我一道涉水进入沼泽地、攀爬山坡林地的生物学同侪一样，我们都是经过文明洗礼的猎人，各自外出搜寻可能捕捉得到的新鲜事物，或是值得带回家在部落营火会上展示的东西。

我发现了一条规则，事实证明它对我很管用，而且可能也对其他天生缺乏冠军潜力的人很管用：不论你的数学能力属于哪一个层级，科学领域里仍存在发展得不够好、还无法支持原创理论的区域供你发展。对于主修科学的学生，我给的忠告是：试着上、下、左、右拓展你的目光，好好环顾四周。只要有心，一定会有一条能让你成功的规则。寻找那些还不大热门的领域，因为在这些领域里，天赋上细微的差别并不很要紧。

要做猎人和探险家，而不要只是做解决问题的人。这套策略在只有跑道和秒表的田径场上也许永远行不通，但是把它用在变幻莫测的科学前沿上，是再妙不过的了。

第 8 章

南方再见

1949 年，当我从亚拉巴马大学毕业之际，我父亲的健康状况陡然变差。他的慢性支气管炎因为一天抽两三包烟而更加恶化，整夜不得安适。在他那个年代，手指上有香烟焦油染黄的斑点，让他深觉骄傲，他一点儿都不打算戒掉抽烟的习惯。父亲的酒瘾也非常严重，对于这个毛病，他倒是非常在意。他很害怕变成自己口中的那种“鲍厄里大街（Bowery）上的混混”。他很早就加入了 AA 民间戒酒协会（Alcoholics Anonymous），每隔一段时间，便主动跑到身心重建中心去戒酒瘾，然后又故态复萌。

这个问题似乎永远无法根绝。既然父亲已经求助于专业机构，珀尔和我除了同情以及试着安慰他以外，也没有别的法子可使。我努力隐藏心里的烦恼和愤怒之情，毕竟做儿子的不大方便指责父亲的行为或自制力。

父亲自杀了

1951 年年初，父亲越来越沮丧，行为也变得反复无常。但是，我并没能及时看出这些征兆，再说我大部分时间也都不在家。我没有想到会出事。同年 3 月 26 日一大清早，他写下了语气平静的道歉函留给家人，然后把车开到靠近布拉德古德街（Bloodgood Street）上一处靠近莫比尔河的空地，自个儿坐到马路边，用他最心爱的打靶手枪抵住右太阳穴，一枪结束了他一切的痛苦。

他过世的时候只有 48 岁。

父亲以军礼被安葬在木兰公墓，除了有鸣枪礼之外，棺木也盖上了美国国旗。他的生命受到病痛如此折磨，因此这场庄严隆重的葬礼仪式令我深深感到安慰。我父亲葬在他的三个哥哥中最小的哥哥赫伯特身边，这位哥哥在一年前因心脏衰竭而过世。

几天之后，我在失去亲人的极度悲痛中有了些许的宽慰：因为父亲终于从苦痛中解脱，珀尔也从无望的生活中解脱了出来，然后，也为了我自己。

我原先担心，子女的义务恐怕会把我紧紧拴在摇摇欲坠的家庭里，如今这层义务也免除了。迫近的悲剧终于形成、发生，并终结。现在，我能全神贯注在自己的新生活里。时间一年一年过去，内心的悲伤和略带罪恶感的轻松，逐渐转变为对父亲勇气的激赏。当然，人们也可以很轻松地这么说：他应该鼓起更大的勇气再去尝试，想办法让自己的生活走向正常，云云。然而，我还是很肯定，他当时是经过通盘仔细考虑之后才做了那样的决定。

更懂他的心

儿子对父亲的了解永远都赶不上生命的变化；在父亲过世后，我对他的了解才开始以片断的样貌出现。

现在，我可以说父亲其实是很聪明的人，只是自己误了自己的潜能。他高中还没毕业就离家出走，跑去过海上生活，在货船上担任锅炉室的小工，参与了一趟前往蒙得维的亚（Montevideo）的航程，接着就参了军。父亲在军需部门（Quartermaster Corps）学习怎么当会计员，这项技能使他日后获得一长串在私人企业的工作，而且使他在生前最后 12 年，能够替联邦政府工作。

父亲天性忠诚、温厚，又有同情心。他在人群里口齿相当流利，常常怀旧，或添油加醋地谈论个人的冒险事迹，偶尔发阵小脾气。父亲很喜欢诗文，但是和我一样，他总是没法从头到尾背完任何一首诗。身为四兄弟里的老幺，他在 13 岁时就失去了父亲，在那之后一直到离家之前，他都深受母亲宠溺；我祖母对他的放纵，堪称家族史中的传奇。

父亲一直未能安定下来，于是他这种终生自溺自纵的情况更加恶化，始终无法找到平静。我猜，这是他心中一直没有明确目标的缘故。父亲的退休梦是这样的：驾着属于自己的船，往来于大西洋和墨西哥湾岸区的沿岸水路中，而非选择某个港口当成自己安定的家。

我父亲的阅读范围只限于杂志和报纸，他并不怎么关心音乐或历史（家族史除外），而且对时事也不感兴趣。父亲热爱打猎和钓鱼，但又没有耐心锻炼这方面的技能。后来他转而从事能快速得到满足的活动——搜集各式枪支来练习打靶。从他身上我学会了在20步以外，以手枪或猎枪射击栏杆上的空瓶罐，也学会了如何用双手握住美国陆军用科尔特点四五手枪，以抑制手枪的后坐力。

重新勾勒父亲的形象

父亲从南方白种男性荣誉的观念中汲取力量。他告诉我，不要撒谎，不要失信，一定要受人尊重并保护女士；还有，遇到名誉攸关的时刻，千万不可退缩。他根据还记得的家族传统，重新编辑、加注后，拟出了他的这套格言。这些教条的每字每句，他都非常认真地看待。他也是很勇敢的人，我想他是宁死也不愿接受屈辱或不名誉。事实上，他最后也的确这么做了——宁可自戕而死。

但是从另一方面来看，他所选择的大千世界，也太过拘束，太过模棱两可，甚至有点儿太过时了，他根本没办法以任何果断的方式来检验自己的荣誉准则。

有时候我会想到，父亲以及查尔斯顿大街上那栋老宅，不只是实体上消失了，而是真正彻底地消失了，剩下的不过是一堆相片、官方文件，以及我现在所写的这一小段文字。邻近的那些老树和快要崩塌的维多利亚式老宅，也早就被夷为平地，取而代之的是水泥砖盖成的公共住宅。等到我和家族中其他较年长的成员过世后，我们家族的人和房子将会永远消失，就好像从未存在过一般。

人类竟是这般平凡得让人讶异，也永恒得令人吃惊。我大伯的儿子杰克（Jack Wilson）虽然一辈子都住在莫比尔，但是当他于

1993年过世时，也一并带走了一大串有关大伯和我父亲那一辈人的光彩回忆。对于这件事，我觉得有一点儿快乐，当然不是因为杰克过世，而是因为我现在成了我父亲的唯一继承人这一事实。我可以毫无负担地重新勾勒我的父亲，不单单是靠着心中残存的片断记忆，我现在已经能够重组他的特质。其中有些部分我会保存在心底，当我死去的时候，也和我一块儿灰飞烟灭。

强悍的父亲，软弱的儿子；软弱的父亲，强悍的儿子。不论是哪一种情形，做儿子的，终生都会受痛苦驱策。我不敢真正评估父亲对我的影响，但是，有机会的话，我愿意对他说，他内心里的自我形象是很好的榜样，而且我也试着使它成真。

母亲与我

母亲英妮兹自从和父亲离婚后，过上了比较好的生活，而且她也鼓励我、帮助我过比较好的日子。她的出身背景在很多方面都和父亲十分类似，她的根在亚拉巴马州也扎得十分深远。母亲的先祖全都是英格兰后裔，来自密西西比三角洲和佐治亚州，后来在亚拉巴马州北部落脚。其中，不少人还曾在19世纪初期及中期，参与不来梅（Bremen）、福克维尔（Falkville）、霍利池（Holly Pond）等一些小城镇的兴建。

他们大多务农或从商。我的外曾祖父罗伯特既是农民，也是"著名"（我对"臭名昭著"这个词有点犹豫）的马贩子。他的太太伊慈（Isabel "Izzie" Freeman）则扮演"乡村医师"的角色，也就是说，在正牌医生短缺的乡下，她的工作相当于护理师兼助产士。母亲家的族人多半在北部产棉区以及主要的河港拥有大片地产，因此他们对于南北战争以及南方邦联不怎么热衷。我的外祖父罗伯特当年被北方军俘虏后，立即欣然承诺不再参与任何战事，好让自己能尽快返回家园。

1938 年，我母亲嫁给哈洛德（Harold Huddleston），他来自亚拉巴马州的史蒂文森（Stevenson），那儿靠近田纳西州边境。他是很成功的生意人，由银行副总裁的职位上退休。从我十来岁开始，一直到大学毕业，每年 9 月我都会到母亲和哈洛德的家里小住，最初住过路易斯维尔（Louisville）、肯塔基（Kentucky），后来住到杰斐逊维尔（Jeffersonville）邻近的小城，那儿位于印第安纳州横过俄亥俄河的地方。

对于我计划要上大学，并且接受训练成为生物学家，他们都非常支持。哈洛德本人就曾念过亚拉巴马大学。“力争上游，进入专业阶级”，正是他和我母亲热心拥护的基本信念。他们经常带我去当地的公园，好让我搜集些昆虫、蚂蚁之类的。

在我 14 岁那年，有一次，母亲陪我一同前往肯塔基的猛犸洞（Mammoth cave），对她来说，这可以算是很勇敢的冒险旅程。这里是世界最长的洞穴之一，当时这里才刚刚成为国家公园。钻入地下的黝黑世界后，我就落在旅游团的后面，开始沿着步道搜寻（这行为是违法的）一种盲眼的穴螽科黄色步甲虫（ground beetle），叫作灶马（cave cricket）。我也尽可能搜集其他各类穴居昆虫。每有斩获，就交给母亲保管。然而，她却在靠近洞穴出口的某个地方把它们给弄丢了。结果，我一路怄气地回到路易斯维尔。

进化论违法公案

当我进了大学之后，母亲除了不断给我精神上的鼓励之外，还额外给我资金上的支持。后来，在我预备进哈佛大学攻读博士学位时，她甚至主动提出愿意帮我付医学院的学费。照她的说法，她想要确定我不是因为付不起学费才放弃医学生涯的。但是，我就是对这项比较传统的职业丝毫不感兴趣。昆虫学家才是我想做的职业，而且我相信往后的道路我都可以自食其力。

从我成为亚拉巴马大学硕士班研究生起，一直到5年后于哈佛大学完成博士课程，我的确做到了自食其力。我靠着奖学金以及兼任助教的方式修完学业，而且从未负债。当时很少有人不靠长期助学贷款来完成学业。然而，我就从来没有申请过贷款。

1950年，我转到位于诺克斯维尔的田纳西大学，开始做博士生的研究工作。我来这里，主要是因为这边有一位擅长蚂蚁分类的昆虫学教授科尔（Arthur Cole）。那一年，我在附近的奇尔豪伊（Chilhowee）以及大雾山国家公园（Great Smoky Mountain）一边搜寻我最心爱的昆虫，建立我个人的收藏，一边研究科尔教授从美国、菲律宾和印度各地采集回来的标本。另外，我还完成了一篇论文，详尽回顾了外来火蚁的历史和遗传变化，并在《进化》（*Evolution*）期刊上发表。

在我担任科尔的实验助教期间，更是加紧磨炼自己在昆虫解剖上的技巧，以及掌握更多的分类学知识。

田纳西大学在学术方面的挑战性并不很强，这使得我越来越定不下心来。由于太过无聊，我开始变得有些莽撞起来。我对当时法律仍然规定禁止在该州教授进化论一事深感兴趣。1925年，田纳西州当局立法宣布：凡是任何质疑人类神圣起源的学说皆属违法。年轻的高中老师斯科普斯（John T. Scopes）就在那一年被告上了法庭，原因是他在生物课上教授进化论。

这是美国历史上极为著名的法律案件，由检察官布赖恩（William Jennings Bryan）代表检方，律师达罗（Clarence Darrow）代表辩方。斯科普斯并未否认自己的行为，因此他被定罪了，罚款100美元。但是这场判决完全没有让任何赞成进化论的科学家出来做证，而且达罗严词批评法庭完全站在《圣经》这一边，在基督教基本教义派中引发轩然大波。田纳西州最高法院后来判决斯科普斯无罪，但是理由仅仅是罚款太高了。等我来到诺克斯维尔的时候，这条法律依旧停留在原地，而且不曾被更高等的法院质疑。

激不起一丝涟漪

那年秋天，当我正在田纳西大学教授普通生物学的实验课时，我得知有关南非类人猿首次出土的大发现。这些直立、小脑袋的人科（Hominidae）动物，似乎正是100万年到200万年前在非洲大陆出现的人类源头。他们正是介于远古的猿人祖先和最原始、真正人类（人属，*Homo*）之间的“进化缺环”（missing link）。在斯科普斯案中所谓的“爪哇猿人”（Javan Man）以及“北京猿人”，现在已经被归类为同一物种——直立人（*Homo erectus*）。

我认为，这真是20世纪最大的发现之一：正如达尔文所料，伊甸园出现在非洲！我对于人类完整的亲缘关系极感兴趣，因为它对人类这个物种的自我形象具有深刻的意义；此外，我心里还有着恶作剧的渴望，想要撼动一下现实状况，看看会发生什么事情。

我是有可能惹上像斯科普斯案那类的麻烦的，但是我会立刻脱身（我猜），因为证据已经是这么扎实（我觉得），而且其他同人也一定会声援我（我希望）。总之，我是没法忍着不去散播南非类人猿出土这么迷人的事件。

校方准许我在普通生物学课堂上针对这个主题上一堂课。于是，我告诉学生说，事情已经水落石出，我们“确实”是由猿类或非常接近猿类的物种进化来的。而且，科学家已经知道这些老祖宗存在于何时，甚至也知道他们如何生活——他们会吃肉，而且伊甸园也不是什么乐园。

学生们有些和我差不多年纪，大多是新教徒，而且很多是在基本教义派家庭里长大的。我敢说，其中有些学生一定听到过“达尔文是魔鬼的使者，是异端邪说的代言人”之类的话。

他们随手涂写着笔记，有些人不时抬头瞄一瞄时钟。最后，下课时间到了，我准备好面对他们的反应。只见学生们鱼贯走出教室，开始聊这聊那，但是就我所能偷听到的，没有任何人谈到进化，直到有一名学生留下来。他是名高大的金发男生，两眼直视着我，开口问：“这些内容期末考试会考吗？”我告诉他不会，请不用担心；他看起来松了一口气。就这么一件不值得记忆的小事。此后，我再没有听到更多有关我课堂上讲授的东西，仿佛刚才那一个钟头讲的只是果蝇生活史。

田纳西州当局不知是因为明理还是迫于无奈，终于在 1967 年废除了反对教授进化论的法规。反对进化论的宗教活动也曾在其他几州小小发作了一阵子，想要通过强迫学校教授《圣经》的创世论的法案，但是没能成功。不管怎样，我倒是从自己在田纳西州的亲身经历里学到了一个教训：伟大的历史问题并没有解决，它们仅是被人遗忘了。

良师益友

1951 年年初，我决定要转到哈佛大学，那儿才是我的目的地。那里有全世界最丰富的蚂蚁标本，而且对于昆虫研究的传统，也是既深且久。这一次我有夏普（Aaron J. Sharp）支持我。他是田纳西大学的教授，也是杰出的植物学家，他私下里劝我申请哈佛大学，并且推荐我申请哈佛大学奖学金。

第二个支持则来自布朗（William L. Brown），当时他还是哈佛大学生物系的研究生。我第一次和布朗接触是在1948年，那时我还是亚拉巴马大学的本科生，从国家自然博物馆的史密斯先生那儿听闻布朗对蚂蚁的生物学研究很有兴趣，结果我发现他对这个领域简直就像是着了魔。

此外，在我认识的人里，布朗也是最温厚、最慷慨的人之一。他以连珠炮式的劝告与建议，鼓动我原本就已满怀的热诚。还有一点也同样重要，他从头到尾始终把我视为成年人以及专业伙伴。他的注意力都集中在良好的生活纪律上，号召大家为理想奋斗，而且鼓励大家从事有意义的研究主题。

布朗曾经写信对我说了许多鼓励的话：你必须拓展自己的研究领域，不要再挂心调查亚拉巴马的蚂蚁了；赶快选一个重要的蚂蚁分类群，然后写一篇专论；如果环境许可的话，尽量让研究范围扩及整个美洲大陆，甚至全世界；你、我以及其他加入的伙伴，必须要一起来推动"蚂蚁学"（myrmecology）；目前，你享有一大优势，因为你住在南方，那儿盛产刺针家蚁族（dacetine）的蚂蚁，这是一类极有趣的昆虫，而我们仍然不大了解它们；现在可有机会做些真正原创性的研究了，看看你能取得什么进展，别忘了随时告诉我。

刺针家蚁女猎人

我立即一头栽进刺针家蚁研究的计划中，一种一种逐个追踪，翻开石块，撕开枯朽的断木残干，取下蚁窝，把它们养在实验室里。

刺针家蚁族的蚂蚁身材修长，生着细细长长的大颚。它们身上的绒毛呈小棒状、鳞片状，以及弯弯曲曲的鞭状。其中许多刺针家蚁成员的腰部，还会长出一圈或白或黄的海绵状物。干净又细致，它们可以算是显微镜下最具美感的昆虫。

工蚁会捕猎弹尾目小虫（springtail），以及其他柔软、不易见的昆虫。这些女猎人（工蚁都是雌性的）先以极端谨慎的动作移向猎物，腿高高抬起，轻巧地向前划动，好像电影中的慢动作。在潜行的同时，它们的颚部大张，有些物种的颚甚至能张大到180度，露出一排排针尖般锐利的牙齿。等这批女猎人靠得非常近之后，它们就能利用口中翻出的一对细毛尖端碰触猎物。在触着目标的一刹那，它们的颚立刻像捕熊陷阱般迅速合上，把猎物刺穿在它们的牙齿上。这种捕猎技巧在每一种刺针家蚁身上都可以看到，不过会有些许变化，通常是潜向猎物时的速度和谨慎程度不同；另外，每个物种会猎取的猎物也不大相同。

我的刺针家蚁研究计划相当成功，主要原因在于我能手脚并用地挖掘土壤、朽木，并深得其乐。我分别于1950年和1953年发表了两篇论文，详细比较美国南部各种刺针家蚁的行为。1959年，布朗和我把各自的数据集合起来，发表了刺针家蚁生物学的综论。我们针对世界上的各种刺针家蚁，找出它们的觅食习性与社会组织间的关联。

我们发现，在解剖学上最原始的刺针家蚁物种是原产于南美洲及澳大利亚的品种，它们会在地面上搜寻体量较大的猎物，而且猎物的种类也较多，例如苍蝇、蚱蜢、毛虫等。它们多半会组织很大的群落，而且社会等级的分工也多样化，包括大脑袋的“高阶者”或兵

AMA:
airhope
10-1948
Wilson

蚁，以及小脑袋的“低阶者”，各有各的职责。例如，高阶者专门负责保乡卫土，抵抗外来侵犯，而低阶者则负责育婴以及伺候蚁后。

而在解剖学上比较先进的刺针家蚁物种，随着进化脚步的前进，它们越来越擅长猎捕跳虫以及其他非常小的昆虫。此外，工蚁的体型也相对地减小，并且变得越来越一致，分工的现象也逐渐消失。每窝蚁群的规模变得较小，而蚁窝也日趋往地下发展，越来越难找到。

这是很新潮的行为学研究。就我所知，这项刺针家蚁研究还是动物社会生态学进化研究的创举。它比克鲁克（John Crook）等人于20世纪60年代所做的灵长类社会生态学研究还要早上好几年；而且就某方面而言，结果更明确，主要是因为我们拥有更多的物种，而且可以应用食物选择的实验。

然而，虽然我们把这些新发现发表在世界一流的期刊《生物学评论季刊》（*Quarterly Review of Biology*）上，但是我们的文章很少被人引用，而且引用它的人几乎都是昆虫学家同行。这篇论文对日后行为生态学以及社会生物学的发展影响不大，部分原因在于猴子、鸟类以及其他脊椎动物的体型与人类较接近，而且一般人对这些较大型的动物也比蚂蚁来得熟悉，因此，教科书以及一般说法都认为，这些大型动物比较“重要”。

打包北上

这位日后被圈子里的年轻昆虫学家昵称为“比尔大叔”（Uncle

Bill）的布朗，极力建议我到哈佛大学来看一看。1950 年 6 月，我真的去了。从莫比尔搭上灰狗巴士，奔波了三天三夜才抵达波士顿。我们的车似乎每经过一个人口超过 5 万的小城小镇，都要停一下，等我终于来到比较动物学博物馆的蚂蚁研究室时，早已筋疲力尽。

比尔和他的夫人多丽丝（Doris）是非常好客的主人，他们把我安置到他俩在剑桥的公寓里，让我睡在长沙发上，长沙发旁边就是他们两岁大的女儿艾莉森（Allison）的摇篮。第二天一大早，我发现艾莉森正把手伸出婴儿床，想抓比尔刚刚完成的几页博士论文，真让人捏把冷汗。

接下来那几天，比尔一边打包整理行囊，准备和多丽丝一块儿到澳大利亚进行田野调查工作，一边抽空带我参观蚂蚁标本。他再次鼓励我选择大型、重要的计划，而且要把目光瞄准在能发表的研究成果上。他说，刺针家蚁和火蚁都很有希望，但是现在你真的应该到哈佛大学来，才能更有效率地从事视野更广阔的计划，把眼光放向全世界，不要太低估自己，以为只能做些区域性的研究，或只能达成有限的目标。

他引荐昆虫学教授卡彭特（Frank M. Carpenter）给我认识，他是昆虫化石及进化方面的权威学者，日后也成为我的博士论文指导教授。他们两人都建议我申请哈佛大学的博士班。我照办了，虽然我先前已经在田纳西大学注册了下一个学年（1950—1951）。

第二年春天，哈佛大学核准了我的入学申请，让我进入当年的秋季班，另外还给我奖学金以及助教津贴，足够让我支付所有的花费。1951 年 8 月底，我把仅有的一套西装以 10 美元卖给诺克斯维尔的旧衣店，打包好个人物品，包括我的研究笔记，塞进一只小手提箱里，然后搭上巴士，去路易斯维尔探望母亲和哈洛德。只看了我一眼，哈洛德马上就把我带到男士服装店，替我添购了 1951 年哈佛大学学生穿着的服饰行头（数量足已塞满整个衣柜！），因为我当时的穿着，怎么说呢，简直像是救世军（Salvation Army）发放的杂乱衣物。

踏出店门时，我身上穿着爱尔兰斜纹软呢外套、领口有纽扣的牛津式白衬衫、编织细致的领带、斜纹棉布休闲裤，以及白色的帆布鞋。再加上漂亮的小平头，我已经准备好去迎接新生活了！

展开哈佛大学的岁月

我搭乘巴士来到波士顿，然后再坐地铁到哈佛广场，过街来到紧邻马萨诸塞堂（Massachusetts Hall）的哈佛大学校园入口，拦住第一个碰见的人，询问校园内的路怎么走。他显然是名学生，操着一口很有教养的英式英语。我对自己说，这就是著名的哈佛口音吧。

数周后，这名学生竟然出现在我带的基础生物学实验课上，原来他是哈佛大学二年级的学生。后来，我知道他的名字叫作贝克（John Harvard Baker），是最近才来美国的英国人；贝克是传奇人物约翰・哈佛（John Harvard）的叔叔的后代。约翰・哈佛没有儿女，他在 1636 年捐款创办了哈佛大学。

我在想，用这种碰面方式把我引介到这所任职终身的学校，这种象征意味也真是很恰当的。

于是，在那个 9 月的一天，我来到理查兹堂（Richards Hall）。

这是研究生宿舍，我到办公室拿了钥匙之后，就走到我的房间：101室。我的室友已经先到了，还把他的名字贴在房门上：欧鲁瓦萨米（Hezekiah Oluwasanmi）。他是哪里来的？我暗忖，他是波兰人还是萨摩亚人？结果他是尼日利亚人，也是博士研究生。我们很快就结为好友，而且一直到他日后当上伊费大学（University of Ife）副校长时，我们的友情依然持续着。

1951年秋天，当我坐在书桌前看书时，经常听到欧鲁瓦萨米和他的友人（有些人脸颊上还有部落刺青）在谈论即将解放的尼日利亚。他们是英属非洲地区最早密谋这类运动的知识分子。我不禁要想，我会不会就因为和他们同处一室的关系，而卷入某些非法活动？我可以想象到《莫比尔纪事报》上的大标题：“联邦探员出击，亚拉巴马人与非洲革命党人同时落网”。

多刺激啊，这样的开场实在太适合引导我进入这个辽阔而又乐趣无穷的新世界了。

第 9 章

进军热带

我几乎一辈子都梦想着要去热带。我童年时的幻想之地，距离自然文学作家梭罗（Thoreau）及缪尔（John Muir）等人探索的那些安全、美好的温带地区很远很远。而我对北极冰山或高耸的喜马拉雅山也丝毫没有兴趣。相反，我最渴望去的是专门捕猎热带珍奇异兽的探险作家巴克（Frank Buck）和桑德森（Ivan Sanderson）的世界，以及探险家兼博物学家毕比（William Beebe）所深入的委内瑞拉丛林。我最钟爱的小说则是柯南·道尔（Conan Doyle）笔下的《失落的世界》（*Lost World*），书中暗示说，在某些无人抵达的南美洲高地上，可能仍可以找到恐龙的踪迹。我也沉迷在《国家地理杂志》中有关龟甲虫（tortoise beetle）和蝴蝶的文章里，那些都是昆虫学家（我从小就立志要从事的工作）前往连名字都很难说出的遥远地方旅行时，网住了这些宛如长了翅膀的珠宝。

蕴藏在我心底的“热带”，是世界上最具野性的地方。

来不及入宝山

在我小的时候，大部分的热带雨林及大草原仍然维持着 19 世纪时的原始风貌。它们涵盖了大片等待人类探测的土地，上面散布着许多湍急的河流以及神秘的高山。在亚马孙－奥里诺科河流域（Amazon–Orinoco basin）以及新几内亚高地上，还生活着白人从未见过、仍停留在石器时代的人类。然而，比起这一切奇妙事物——滔滔巨浪、神秘的鼓声、帐篷柱上颤动的箭矢、等待探险队插上旗帜的原始山峰……我觉得更为动人的，是热带动植物对我的召唤。它们是我的希望，是我渴望进入的世界：令人眩晕的美丽复杂的世界。

到了青春期接近尾声时，我实在没有耐心等到真正前往热带区的那一天了，于是开始在家乡附近寻找替代的地点。我知道，像亚拉巴马沼泽区以及河边的阔叶林等，都带有一点儿缩小版的热带雨林的味道。进入大学后，我开始探索莫比尔－田索三角洲的边缘地带，心里把它当作热带区。

这儿长有浓密的灌木丛，还有无法行船的浅泥滩小溪，它们深深吸引着我。这是还没有被野外生物学家探测过的地点，而且几乎想不到有什么原因会让人想来这里。因此，我在想，这里搞不好藏有未知的蚂蚁物种，或其他生活在全新生态位（ecological niche）里的昆虫。我决定组个一人探险队，深入这片地区，开创我的热带探险家生涯——最起码在精神上是如此。

然而，我始终没有进入三角洲。我太忙了，忙着应付大学生活，忙着一直在进行的火蚁研究以及其他的州内研究计划。之后，我又转进田纳西大学和哈佛大学，继续我的研究生课程。这一切都使我

距离这块地区越来越远。

在哈佛大学的第一年，我的进度更加落后了。我找到了很有意义且有把握在三四年内完成的论文题目。接下来我想，我马上就可以到真正的热带去了。我的研究对象是毛山蚁属（*Lasius*）的蚂蚁，这是北半球温带昆虫区系（insect fauna）中数量最丰但是人们所知则非常有限的蚂蚁。大约有 40 种或更多种的毛山蚁，分布在欧、亚及北美洲较凉爽的地区。在美国和加拿大境内，那些散布在玉米田、草坪、高尔夫球场以及人行道边的小坑洞，有相当大的比例都是被这类蚂蚁挖出来的。如果你走在像费城、多伦多或博伊西（Boise）的街道上，想寻找小巧的褐色短胖蚂蚁，你第一个看见的，最有可能就是出外觅食的毛山蚁属工蚁。

结识艾斯纳

我的研究计划需要花相当多的时间在博物馆及实验室里，但我内心深处的探险家欲望把我引向更开阔的天地。1952 年夏天，我总算很坚决地回到田野，当时，我和艾斯纳（Thomas Eisner）一块儿工作。艾斯纳和我一样，也是哈佛大学一年级的研究生。我们发现彼此在科学上拥有许多共同的兴趣，因此很快结为最要好的朋友。

就某种方面来说，他可以说是最理想的哈佛大学知识分子：拥有多种文化背景。他的父亲汉斯·艾斯纳（Hans Eisner）是德籍犹太裔化学家，于 1933 年希特勒掌权时，带着妻子玛格丽特（Margarete）、3 岁大的艾斯纳和大女儿离开德国。他们在西班牙的巴塞罗那（Barcelona）定居，不料却又碰上西班牙内战爆发，以及法西斯党的扩张。1936 年，当这家人计划逃到法国马赛然后再转往巴黎时，年仅 7 岁的艾斯纳曾亲耳听见炸弹在城里爆炸的声音。

1937 年，他父亲又带着全家人来到乌拉圭的蒙得维的亚。艾斯纳在这个中立的国度里，消磨了相对来说十分平静的后半段童年时光。战事大半都远在天外，但艾斯纳对于大战的进展一直很关注。当德国的主力舰“斯佩伯爵海军上将号”（*Admiral Graf Spee*）被英国巡洋舰追得落荒而逃，进入普拉特河（River Plate）河口时，艾斯纳曾亲眼遥望斯佩伯爵海军上将号冒出烟柱。

到了乌拉圭，艾斯纳对蝴蝶以及其他昆虫产生了兴趣，而且终生如此。等他到了进大学的年龄，他们又举家迁到美国纽约。艾斯纳进哈佛大学时，不仅能说流利的德语、西班牙语、法语以及英语，而且还略通一点儿意大利语。另外，他还精通钢琴，而对我来说最重要的是，他也是虔诚的昆虫学家。

在这个中心目标上，我们非常类似。我们童年的生活模式十分相近，而艾斯纳更夸张些——从一个国家被拖到另一个国家，因为焦虑、不安，转而向博物学寻求慰藉。

艾斯纳当时是瘦长的高个儿，顶着不甚浓密的发型，举止紧张但充满活力，一个计划接着一个计划，整天忙得团团转。就连现在也一样，这些年来，他的相貌变化真是少得惊人。他是位了不起的生物学家，不只是因为他那非比寻常的献身精神，也在于他有非常棒的“点描画”（pointillism）技巧，而这种能力在进化生物学上能发挥非常好的作用。

艾斯纳完成了一项又一项细致的研究，主要是研究昆虫或其他节肢动物，看它们如何利用化学分泌物来彼此沟通或御敌，各项研究都有精确的分析。如果分开来看，他每一篇论文的贡献似乎都只适用于几个物种，因此引不起什么兴趣；但是，如果你把所有论文都合起来，并且用宏观的角度来看，一个新奇的生物进化模式就展现在了你眼前。

博物学家游民环美采集

1951 年秋季，我刚认识艾斯纳的时候，他就和我一样，正处在人生中最关键的时刻。我们两人的运气都很好，能结识一些似乎命中注定将来会大有作为的同学，而这些人对我们造成了立即且深远的影响。其中包括了日后当上斯坦福大学（Stanford University）校长的肯尼迪（Donald Kennedy）、后来成为孟山都公司（Monsanto Company）研究副总裁的施奈德曼（Howard Schneiderman），以及在细胞学及医学研究上取得非凡成就的伍尔夫（Sheldon Wolff）。

艾斯纳和我决定要把1952年的暑假全部用来研究昆虫，我们打算快速、逍遥地横越北美洲。同年6月底，我俩开着他那辆1942年出厂的老雪佛兰车出发了，这辆车被他命名为“查鲁阿二世”（Charrúa II），名字的典故来自乌拉圭古老的美洲印第安勇士部落名称。我们由马萨诸塞州朝北开到安大略，然后横越北美大草原上的几个州，来到蒙大拿及爱达荷，再从那儿到加利福尼亚、内华达、亚利桑那、新墨西哥，然后穿过墨西哥湾沿岸数州，最后再于8月底往北开回学校。

我们好似两个博物学家游民，生活在社会的边缘。每天晚上我们都席地而眠，有时睡在不收费的州立公园露营区，但最常过夜的地方还是在旷野边缘或马路边的小林地上。我们三餐吃罐头食物，到露营区的水龙头下面洗衣服，并且将我俩拮据的经费大都放在照顾查鲁阿二世和为它加油上。

这辆车每跑100英里（约161千米）就得耗掉1夸脱（大约0.95升）汽油[1]，而且还经常需要补胎。当我在搜集、研究蚂蚁时，艾斯纳则为他日后的解剖学论文研究搜集需要的蚂蚁，另外还搜集粉蛉科（dustywing）、蛇蛉科（snakefly）和其他的脉翅目（Neuroptera）昆虫。

在那个年代，国家公园里的游客还不算很多，而且许多主要干

1 原文如此，似有误。——编者注

道仍然是蜿蜒的双车道。我们几乎是漫无目的地穿过柏树林、高山上的草地以及干旱的沙漠，一边观察一边采集昆虫。在某个热得仿佛身在烤箱里的 7 月的夜晚，我们飞快驶过死亡谷（Death Valley），暑热难当，只能把湿毛巾绑在头上稍稍解热。我们目睹了北美洲主要的生态系统，而我们在这难忘的暑假里学到的东西，更是深深强化了我们对野外生物学的终生热情。

喜从天降

几个月后，也就是 1953 年春天，我获得了毕生难得的大好机会，我获选为哈佛大学研究生奖助学会（Society of Fellows）的青年会员。这个学会仿照剑桥大学三一学院的奖助模式，给那些具有超群学者潜力的男青年（数年后也包括女青年）提供 3 年的资金支持。他们鼓励青年会员钻研任何主题，进行任何形式的研究工作，前往他们兴趣所在的世界任一角落。

学会由 24 名青年会员以及 9 名资深会员共同组成，其中资深会员都是哈佛大学杰出的教授，他们扮演的角色是这群年轻人的导师以及一起进餐的同伴。每年资深会员都会新选出 8 名研究生，以替代三年级生（也就是毕业班）。1953 年，我成为少数的幸运儿，得以免费住进“洛厄尔之家”（Lowell House），领着优裕的薪俸、图书津贴，以及只要提出申请就能拿到的差旅费。

那年秋季在学社第一次共进晚餐时，我们这群新会员起立聆听学会主席、历史学家布林顿（Crane Brinton），朗诵洛厄尔（Abbott Lawrence Lowell）撰写的宣言。洛厄尔在 1932 年担任哈佛大学校长时将大部分私人财产捐献出来，成立了这个研究生奖助学会。这篇宣言如下：

> 你们已经获选为本学会的一员，这是因为你们在个人选择的领域中展现出了成功的潜力，而你们也允诺要为人类知识及思想做出卓著贡献，千万要以全副心智和道德力量来实践这项诺言。
>
> 你们未来所要追求的不是眼前的目标，而是更远大的目标；而你们也不得因既有的成就而自满。所有你们可能达成或发现的事物，都可以看成是更巨大图景中的碎片，而这个图景

正是每位真正的学者努力用各种不同方法想要观察的目标。

真是够美妙。在第一次晚宴上，我细细品尝美酒、鲜嫩牛排、饭后雪茄，并进行自许为学者的清谈。就好像英国小说家萨克雷（William M. Thackeray）笔下的林顿（Barry Lyndon），我这幸运的穷小子竟能跻身于上流社会。

这个社团渐渐转换了我的自我形象以及职业志向，最直接的冲击就是陡然提升了我的期望。我竟然被擢升为专门领域的第一流研究生，获得认定将来能在广阔的领域内进行杰出的研究。我想，我有三年的时间可以用来证明学会对我的信任，我当年赢得童子军飞鹰奖章所花的时间就是三年，我相信自己办得到。学会出身的校友及资深会员均是杰出有成之人，包括多位诺贝尔奖及普利策奖得主。对我来说，这是很合理且值得努力的目标。

请送我到热带去

研究生奖助学会赠给我的第二项厚礼是，我每周都能与其他20来岁、开始在各类学习领域崭露长才的青年朋友相聚。我这群新朋友包括乔姆斯基（Noam Chomsky，麻省理工学院语言学家），我可以和他讨论动物的本能行为；霍尔（Donald Hall，美国知名诗人、文学家）；以及罗索夫斯基（Henry Rosovsky），他是位经济史学家，后来成为哈佛大学人文暨自然科学学院的院长。身为青年学者的这三年期间，我在晚餐桌上碰见许多显赫贵宾，例如历史学家德沃托

（Bernard De Voto）、诗人艾略特（T. S. Eliot，1948 年诺贝尔文学奖得主）、奥本海默以及拉比（Isidor I. Rabi，1944 年诺贝尔物理学奖得主）；等等。

其中有一个夜晚特别令人难忘。我和拉比争论有关原子弹试爆对生物进化的影响，他辩称，试爆是好事，因为辐射能加快突变率，进而加快进化速度。“所以，试爆是桩好事，不是吗？”他这么说是认真的吗？我不能确定。但是不管怎样，这终归是一次内容丰富又令人兴奋的对谈。

研究生奖助学会送给我的最后一项大礼是，终于把我送到了热带地区。我尽快安排这件事。6 月中旬，我动身前往古巴。在由迈阿密飞往哈瓦那的飞机上，驾驶员邀请年轻的乘客到驾驶舱去。从那儿我俯瞰了整个古巴海岸，我的梦想终于能够实现了。

古巴之痛

到了哈瓦那，我加入了由几位哈佛大学研究生组成的热带植物调查队。我们先乘车到靠西的比那尔德里奥省（Pinar del Río）去探访许多片位于石灰岩残丘（*mogote*）上的树林。这类残丘是裸露的石灰岩，因为太过崎岖，无法转作甘蔗田。至于剩下的地区几乎都已经被砍伐得干干净净，只剩下泥土或草坪，大部分地区都只剩下高耸的王棕（royal palm）点缀其间。几天后，我们前往阿特金斯园（Atkins Gardens），这是哈佛大学的产业，位于古巴西南沿岸、靠近猪湾（Bay of Pigs）东边 60 千米的西恩富戈斯（Cienfuegos）。

然后，我和三名植物学家：德雷斯勒（Robert Dressler）、琼斯（Quentin Jones）以及讲师韦伯斯特（Grady Webster）一块儿由阿特金斯园出发，探访残存在拉斯维亚斯省（Las Villas）的古巴原始森林。这趟搜索工作最困难之处，是目睹该岛生态遭到严重破坏之后，还得忍受这种令人震惊的感觉。连续几世纪以来，古巴的地主们毫不怜惜地砍伐森林，完全不顾当地的动植物区系。为了抵达最后一块动植物的“避难所”，我们必须前往推土机和电锯到不了的地方。那些地方大部分位于陡峭的山坡上，再不然就是位于低洼的河谷岸边。1953 年，当我横贯该岛西部中央地带时，我对热带地区的观感，开始起了重大变化。

吉普车之旅

我还记得那个难忘的早晨。我们乘上吉普车，前往布兰科林地

（Blanco's Woods）。这里是当地很有名的林地，它之所以逃过劫难，未遭砍伐，完全是因为富有的地主不住在本地，因为某种原因忘了去“开发”它；布兰科林地是整个拉斯维亚斯省（也可能是全古巴）少数幸存的未受干扰的低地森林之一。

我们沿着布满车辙的泥土路，穿过甘蔗田及养牛场，横越了流淌于长满成排杂草及次生林中的浅溪。有时候我们还得停下车来，把路上的牛圈门打开，通过后再把它关上。我们发觉，要在这片被太阳烘晒得又干又硬的泥土地上搜索本土植物及昆虫，几乎是白费功夫，因为它们稀少得近乎是零。同样，如果想在这儿寻找古巴的特有鸟类和脊椎动物，也一样是徒劳。棕色变色蜥（brown anole lizard）倒是数量丰富，是附近可以看到的少数生物之一，它们多半栖息在篱笆上。有一次我们十分好运，看见一只巨大的古巴变色蜥栖息在王棕的树冠上。

等我们好不容易来到布兰科林地时，却发现它看起来一点都不迷人。不像是一般人期待中的热带雨林，布兰科林地只不过是一片中小型的树林，大多是脂檀（torchwood），树林底部则生着密实的灌木丛。我们要是认不出这些树种的话，恐怕会以为自己正站在艾奥瓦州某片林地的边缘。然而，事实证明，这块小森林还是拥有许多代表性的古巴动植物。当我们找到了一个又一个的本地物种时，不禁欣喜若狂。

顾不得蚊蝇在我满是汗水的手上、脸上大肆叮咬，我找到了蚂蚁世界里的两个宝贝：一是产于古巴的 *Thaumatomyrmex cochlearis*，它们颚部的形状像把长柄的叉子，大得不成比例，几乎能将整个头部环包；这样超长的齿叉可以向后刺中身体之外的目标。另一种叫

作 *Dorisidris nitens*[1]，是世界上最罕见的蚂蚁之一，体表黑亮，这个物种只有在古巴才找得到，而且事后我才得知，这种蚂蚁先前只被采集到一次而已。我们在短短数小时内采集到的这些标本，为哈佛大学比较动物学博物馆里的蚂蚁标本室增添了数量可观的收藏品。

前往特立尼达山

接下来，我们决定要探访特立尼达（Trinidad）的山区，离这儿并不很远，那儿残存的森林颇有研究价值。这一回，我们的汽车之旅甚至比前往布兰科林地那趟旅程更为艰难。我们驾车沿着标线不清的双车道南行，从西恩富戈斯到特立尼达镇这一大段路途中，大多是没有铺设柏油的路面，而且我们还在阿里莫河（Rio Arimao）的浅滩上，被一堆货车、小汽车阻塞了整整一小时。

我们早就听说这座山东面的斜坡上新开了一条路，于是为了弥补刚才耽搁的时间，我们决定抄捷径到圣布拉斯（San Blas）附近，因为我们认为森林最可能位于那一带。结果，这条泥泞的小路简直就是一个大噩梦。我们艰难地向上跋涉，一路上得不时停下来，把我们那辆深陷在烂泥中的四轮驱动车奋力推拉出来。途中我们遇到许多的挖掘机，以及一车车往山下送的新砍伐的原木。（那可是我们的宝贝森林呀！）

到了山顶，我们总算可以喘口气，开始采集标本了。这时，一

1 此为同物异名，目前的接受名为 *Strumigenys nitens*。——编者注

群群居民由屋里跑出来向我们道贺：原来，我们的车子是第一辆经由这条新路成功登顶的。

当天，在岛的另一端，年轻的卡斯特罗正预备猛攻蒙卡达军营（Moncada Barracks），那儿有独裁者巴蒂斯塔（Fulgencio Batista）手下的 1 000 名守军。卡斯特罗这项近乎自杀的攻击行动于一周后展开。7 年后，哈佛大学的基地也被占据，美国的博物学家几乎完全被古巴挡在门外。

重演 40 年前的一幕

我们在特立尼达山上所见到的小树丛，几乎全都是小型的、家庭式经营的咖啡园，名叫“咖啡塔”（cafetal）。我找到一些古巴本土的蚂蚁以及一些其他的昆虫，并一一采样留存。接下来我们离开马路，步行攀爬到更高的山坡上，沿着绝壁的边缘，绕过犬齿般的石灰岩。虽说这里土地的肥沃程度足以供养一大片热带雨林或农作物，但地势太陡或太过崎岖，所以农作物无法生长。我暗想，要不是因为有高山和石灰岩的关系，整个古巴将会是一座大甘蔗田。

抵达米拿卡罗他（Mina Carlota）之后，我们终于发现自己置身于古巴山区一大片丰富、原始的动植物区系中央。40 年前，昆虫学家曼恩曾经来到同样的地点，当时他还是哈佛大学的研究生，专门研究蚂蚁，如今，也就是 1953 年，他已经当上了史密森尼国家动物园的园长。当年他来到这里，随机采集了几个小时的样本之后，偶然发现了一种未知的蚂蚁。后来他把这种蚂蚁命名为惠氏切胸蚁

（*Macromischa wheeleri*），以纪念赞助他的惠勒教授。1934年，曼恩在《国家地理杂志》上讲述了这次发现的经过：

> 我还记得那天是圣诞节，当时我待在古巴特立尼达山脉的米拿卡罗他。我翻开一块大岩石，打算查看石头下方有些什么，不料岩石却从中裂为两半。而且，就在最中心的地方，出现了半茶匙左右的小蚂蚁，它们在阳光的照射下，发出闪亮的绿色金属光泽。事后证明，它们是还未被发现的新种。

自从10岁那年读过这段文字之后，我就一直梦想着要到一个很远很远的地方，寻找如同活翡翠般的蚂蚁。

现在，我就站在同一个地点，在米拿卡罗他攀爬陡峭的森林坡地。为了要搜寻蚂蚁，我翻开一块又一块的石灰岩，其中搞不好有几块正是曼恩当年翻动过的。有些石头碎裂了，有些石头滚开了，但大部分的石头一动也不动。然后，有一块石头裂成两半，露出一个洞，里面涌出一满茶匙的小东西，它们正是美丽、发出金属般光泽的惠氏切胸蚁。

在隔了这么长的一段时间之后，还能够完整重复曼恩当年发现这种蚂蚁的每个步骤，令我感到特别满足。因为，这正是自然界和人类心灵能够永续相通的保证。

在和大伙一块儿横越特立尼达山脉，前往马雅里（Mayari）的途中，我又找到了另一种蚂蚁，学名是*Macromischa squamifer*，它们的工蚁在阳光下也会发出金色光泽。这种颜色和世上多处可见的金龟子的闪亮色泽非常类似。这种抢眼、不可思议的光泽，很可能是昆虫体表的微小隆起反射强光的结果。

在西印度群岛所产的 *Macromischa* 属（这个属后来又被重新分类，归到 *Leptothorax* 属[1]）蚂蚁中，亮丽色泽是常见的特征。合理的推测是，它们利用这身华服来警告天敌，据说它们腹部尾端长有强大的刺针，或它们体内的腺体能分泌有毒的化学物质。

在大自然里，美丽“通常”代表致命的危险；但若是美丽再加上随意的行为举止，则“总是”代表致命的危险。

在这个特别的日子里，原始的古巴动植物就像圣殿废墟中残存的精灵不断出现在我们面前。来到纳兰霍（Naranjo）附近海拔 1 000 米左右的地方，我在一株蕨类植物上找到了新种的变色蜥，体色浅褐，略带绿色，背部再叠上奶油色的矩形线条。它在逃避我的追捕时不像同属中其他成员那样奔跑，反而更像青蛙跳跃。

古巴小怪物

同行的几位植物学家还帮我找到另一种变色蜥，就一般变色蜥的标准而言，它算是巨无霸，接近 30 厘米长。它的眼皮半合着，所以看起来永远都是一副瞌睡相。此外，它的脑壳后方还长了一块很古怪的新月形隆脊。和其他蜥蜴比起来，这家伙的动作真是慢得可以，另外它还拥有独特的本领，就是两眼能分别转向不同的方向。

---

1 英国蚂蚁学家博尔顿（Barry Bolton）于 2003 年发表的分类学专论中，将 *Macromischa* 属处理为切胸蚁属（*Temnothorax*）的异名。因此上文提到的两种 *Macromischa* 属蚂蚁，目前之接受名分别为 *Temnothorax wheeleri* 与 *Temnothorax squamifer*。——编者注

我后来发现，这只小怪物是已知种，学名为伪避蜴（*Chamaeleolis chamaeleontides*）[1]，是古巴的特有种。19 世纪动物学家为它命名时就已经知道这种动物和非洲及马达加斯加的真变色蜥（true chameleon）一样，拥有我说的那些特征。

然而，这些蜥蜴在解剖学上的高度雷同，却不是因为亲缘关系，在古巴生活的它们，并不是非洲变色蜥的后代，也不是由非洲漂过大西洋来到西印度群岛的。它们其实是地道的古巴本土动物，至于那些怪异的共同点则是趋同进化（convergent evolution）的结果。

我为这只蜥蜴取名为"玛士撒拉"（Methuselah），因为它的相貌粗犷而且长着一身灰色皱皮，很像《圣经·创世记》中的那位高寿老人。接下来的暑期旅程中，我都把它当成宠物来饲养；一方面是因为我很喜欢它，另一方面也是因为我知道这是进行原创性研究的难得机会。在那之前，从来没有人研究过活生生的伪避役属蜥蜴。不知道在行为方面，伪避役属是否在解剖构造上一样，也与非洲变色蜥类似？

那年秋天，我把玛士撒拉带回哈佛大学，继续仔细研究它，结果如我所料，它在行为方面也和非洲变色蜥有趋同现象。

玛士撒拉为捕食苍蝇及其他昆虫而潜行时，身体移动得非常缓慢，眼珠也非常小心地随着猎物打转。然后，它以惊人的超快速度弹出舌头捕食，再迅速合住上、下颚。它的猎食方式和其他变色蜥十分不同，变色蜥会从栖息地点冲向前方捕食猎物，然后又退回原

1 同物异名，目前之接受名为 *Anolis chamaeleontides*。——编者注

处。虽然这些动物和玛士撒拉拥有共同祖先，但是它们朝不同方向进化发展。于是，我相信我的宝贝在古巴博物学历史上，拥有未曾报道过的重要性。接着，我把我的发现写成论文发表。

直到后来，我才得知这种伪避蜴很可能已被列入濒危物种的名单；所以，即使是为了进行科学研究而把它抓走，对我也不是件光彩的事。

真正的热带世界

7 月底，我在德雷斯勒、琼斯以及宝贝蜥蜴玛士撒拉的陪伴下，由哈瓦那飞往位于墨西哥尤卡坦半岛（Yucatán Peninsula）上的梅里达（Mérida）。我们一下飞机就立刻出发进行为期一周的采集之旅。沿着普罗格雷索—坎佩切路（Progreso–Campeche Road）进入荆棘林中，顺便再到乌斯马尔（Uxmal）废墟一游。我们见到了玛雅人遗留下来的宏伟庙宇及庭院，这些遗迹只剩下部分没有被植物淹没。

沿途并没看见其他游客的踪迹，我们可以自由自在地跑上跑下。倾颓的宫殿中，蚂蚁成群，随处可见。想必早在 1 400 年前，这儿刚奠下第一块石基的时候，它们就已经在这儿忙忙碌碌了。我沿着巫师庙（Temple of the Magician）遗迹的阶梯往上爬，在顶端一株无花果树的枝干上，采集到黑衣龟蚁（*Cephalotes atratus*）的工蚁。这种蚂蚁的体型颇大，个性害羞，体表黑得发亮，长有复合的刺针。我倚着树干小憩片刻，心中忍不住想：这些生命力旺盛的昆虫，是任何人类作品都比不上的。

接下来，我们又从梅里达飞往墨西哥。从这儿开始，我要与德雷斯勒和琼斯分道扬镳，独自展开孤独的纯粹昆虫学之旅。我搭上一辆东行的巴士，穿过松林散生的墨西哥高原，然后又行经蜿蜒曲折的小路往山下走，来到海拔高度降低数千米的海岸平原，抵达韦拉克鲁斯（Veracruz）。

有生以来第一次，我终于来到所谓“像样的”热带地区。这里不像是那些住有岛民的西印度群岛，那儿虽然洋溢着异国情调和趣味，但是动植物的数量和物种数却很有限；这里也不像佛罗里达南端四周生着红树林的狭长珊瑚群岛或加勒比海沿岸，虽然那些地区的外观也是一片青葱；这里是大陆内地低洼的热带地区，真正的新热带区（Neotropics），拥有形形色色的生物。从墨西哥境内的坦皮科（Tampico）穿过中美洲，一直到南美洲阿根廷北部的米西奥内斯省（Misiones），各地区的生物区系（biota）千变万化。在这里，我花一小时在任何一片潮湿林地中找到的蚂蚁种类，都可能超过我在古巴旅行一个月的收获。

造访生物避难所

我沿着海岸线，寻找消失中的热带雨林残迹，发现它们出现在埃尔帕尔马（El Palmar）、普韦布洛努埃沃（Pueblo Nuevo）以及圣安地列斯图斯特拉（San Andrés Tuxtla）附近，全都遭到重大破坏，森林外围几乎被砍伐殆尽，内部也被高度开发。

离开大马路，举目所见，只有遥远的山顶和峡谷的陡坡上才有这类生物避难所。

全世界的热带雨林都只剩下这种通行方式才能造访，我们可以用标准路线来说明：离开马路，翻过围着倒钩铁丝网的篱笆，走过一片牧场。沿斜坡滑到小溪边，涉过小溪（如果溪水够浅的话），然后从对岸往上爬到森林边。把四周低矮的次生树丛砍掉，辟出一条路来，直到你终于遇到浓密树荫为止。等你抵达这个地方后，你就会发现你的目的地很可能正好位于陡坡上，你必须紧抓树干、树根，才能避免倒栽葱似的摔到谷底。

这些处境岌岌可危的生物避难所说到底还能支撑多久，何时会被砍光，心怀这些想法在墨西哥旅行，真是令人又懊恼又心痛。好不容易，等我终于进入韦拉克鲁斯省境内的热带雨林后，我好似吸尘器般拼命采集各种我能找到的蚂蚁标本。晚上的时间，我都用来辨认标本，在小瓶上做标记，并撰写博物学笔记。就昆虫学的标准来看，我的成就来得可真快，我采集到前人不曾研究过的 *Belonopelta* 以及 *Hylomyrma* 这两属的蚁窝，而且还观察记录下它们的社会组织以及猎食行为，准备日后发表。

迷人的奥里萨巴

两周后，在我准备离开韦拉克鲁斯海岸时，注意力又被奥里萨巴火山（Pico de Orizaba）给吸引住了。它是非常巨大的火山，位于奥里萨巴城北方。它那美丽、对称的圆锥山顶，海拔足足有 5 747

米高，因此山顶上终年白雪皑皑。奥里萨巴火山并不像波波卡特佩特火山（Popocatépetl）以及阿空加瓜火山（Aconcagua）那样，只是抢眼、高耸入云的山脊或高原而已；奥里萨巴火山是带有更孤绝、更神秘气息的山脉，是墨西哥火山带某次大爆发形成的，现在正守着中央高原南面的通路。

令我着迷的不只是它令人赞叹的外貌，也在于奥里萨巴火山本身代表的意义。我把这座山想象成是具生态学意义的岛屿，和墨西哥高原并未相连。

我相信一名孤独的登山者可以在相对来说很短的直线距离内，由热带雨林来到冷温带森林，最后到达山顶那状似不毛之地的极地碎石堆上。

但是，我之所以说这座火山是座岛屿，是因为这座山本身是由凉爽的栖息地组成的，因此四周环绕的热带及亚热带低地，则仿佛是海洋。奥里萨巴火山和墨西哥高原的距离相当近，所以那些能够适应于中高海拔斜坡环境的高原动物与植物，能够迁徙到环境条件类似的奥里萨巴火山上；然而，由于两者底部并未连在一起，这使得奥里萨巴火山足以隔离进化出当地独特的物种。

所以，如果我去爬这座山，可以期待找到些什么呢？从来没有人为了研究蚂蚁这类数量极为丰富的小动物，以及可能意外发现的体型更小的螨及跳虫，而长途跋涉到这座山上来。

在这座山上每找到一只鸟，就意味着它背后可能有着十万或百万只蚂蚁。因此，我大可合理预期，只要快速横越一次山区，就能很有效率地采集到多种蚂蚁。另外我也知道，从热带转变到温带地区，动植物区系的变化将十分具有戏剧性。

墨西哥高原的东南面，也就是奥里萨巴火山坐落之处，是全球生物地理区变化最突兀的地方，或许仅次于印度和中国西藏之间的喜马拉雅山。高原上生活着许多典型的新北区（Nearctic Region）动植物，这个区带一直向北延伸，把整个北美洲都包围起来。早先当我由普埃布拉（Puebla）沿着弯曲小路穿过高原，下到韦拉克鲁斯平原时，我从长满山毛榉、橡树、枫香以及松树的世界，进入了新热带区域，只见一丛丛长得密密的天南星科和兰科植物，攀爬在笔直的树干上，而树木水平伸展的枝丫间则悬挂着有如绳索般的藤本植物。

定要一窥真面目

如果我能攀上奥里萨巴火山，我期待能发现上述这一切，甚至更多。且让我说得再夸张些：我命中注定要来此地一试身手。

我打算从海拔 900 米的拉波拉（La Perla）启程，沿着一条我曾听人提过的驴队小径，前往伦可索米克拉（Rancho Somecla）的一个小村落，那儿海拔约 3 300 米。这时，我只需请当地居民接待一下（听说他们对陌生人非常友善），这样就能够在次日攀登到海拔 4 800 米的雪线附近。沿途我将一边采集蚂蚁，一边记录四周的天然环境。

我真是个傻子，独自步行攀登高山，居然不带地图，而且身边也只带了一本西班牙文词典。但是，我竟然真的完成了大部分的旅程。8 月底的一个美丽清晨，我起了个大早，搭上由奥里萨巴开往拉波拉的巴士。到站后，就开始步行。这座山的南坡大多无人居住，我走完整条小路，一个人也没碰着，直到抵达我的目的地伦可索米克拉，那时已接近傍晚。

我的旅程由亚热带的植被开始。在海拔 1 700 米的高度，我进入了以鹅耳枥（hornbeam）和枫香（sweetgum）为主的森林，它们都属于温带树木；林内低处则到处长满了蕨类植物。海拔较低的地区，四处散生着浓密、阴湿的热带硬木林。而在这段不折不扣由新热带区通往新北区的过渡带上，蚂蚁的种类也是热带与温带混生的。有行军蚁、火蚁，再加上一些典型北温带的山蚁属（*Formica*）蚂蚁。后来证明，其中两种山蚁属蚂蚁都是新品种。

到了海拔 2 400 米的地方，我发觉一些松树开始现身在山脊上，而山坡上的阔叶树则以鹅耳枥为主。林地则因为牧场和堆满新砍原木的空地的关系，被切割成一块块的格子状。

等我终于登上伦可索米克拉后，才发现所谓的小村落全部加起来大约只有 12 户人家，这时我已累得快要瘫了。人们跑出来迎接我，而我只能尽可能地解释我来到此地的原因。我不知道他们是否真的明白我的话或手势，不过，很快就有一户人家愿意给我提供膳宿。当他们在准备鸡肉晚餐时，我先休息了一会儿。

天黑之后，我又到附近的松林地里，试着采集更多的蚂蚁。这一回，我身边还有好几名青年跟着，他们面容严肃地听我解释，为何我要剥开腐木的树皮，或把小虫子塞到瓶子里。其中一名青年答应隔天要当我的向导，带我登上雪线。

当晚我几乎彻夜未眠。我的床就是一张桌子，而他们给我的唯一一条毯子，在温度降到 4 摄氏度时，根本就不足以保暖。我不时地爬起身，走到门口张望高挂在晴空中的皎洁满月。这里真是个适

宜人居住的好地方，我暗想，只要你带足了毛毯。

第二天早晨，硬塞了些钱给招待我的主人后，我就和向导一起出发登山去了。当我们来到海拔 3 600 米到 3 900 米的高度时，进入了一片开阔的云雾林。这儿的松树干上生满瘤节，而枝干也被附生植物压得往下垂落。我越来越兴奋，然而却没办法再往上走了。对于平常惯居于海平面的人来说，这儿的空气实在太稀薄，我已经快喘不过气来了。

我推估，我们距离高山林线只剩 100 多米，而距离积雪的峰顶约 900 米到 1 200 米。当然，我的生理状况已达到极限。我先前实在太天真了，竟然认为我能够在 36 小时之内，由低地攀上高山，历经海拔 4 000 多米的变化还能继续往上爬。

再说，蚂蚁也开始变少了，即使是在阳光普照的空地上。我搜寻了一个小时，才在一片木材下翻出一窝蚂蚁。接着，我们转身下山，回到伦可索米克拉。我和向导握手道别后独自沿驴队小径下山。现在速度就快多了，不久就到了拉波拉，然后回到奥里萨巴的客栈。在这儿，冒险者别无所求，我倒头大睡了 12 个小时。

如果你是讲故事的人，

就找个好故事，

讲出来吧！

——美国电影导演霍克斯（Howard Hawks）

第二部

讲故事的人

Story Teller

第 10 章

南太平洋巡礼

1954 年，在剑桥最不好的季节，寒冷的 3 月天，达林顿把我叫到他的办公室去。他问道："你想不想去新几内亚？"原来，哈佛研究生奖助学会和比较动物学博物馆愿意赞助我去那里进行长期研究。

从来没有哪位专家曾经到过这个动物群异常丰富而且大部分都还人迹未至的地区去采集蚂蚁。途中我还可以顺便探访其他岛屿，比如新喀里多尼亚（New Caledonia）。大约一百年前，年轻的博物学家华莱士（Alfred R. Wallace）就在这儿开始把专门研究动物地理分布的动物地理学（Zoogeography）纳为一门科学。如今我也可以积极投入这个竞技场。有谁能预料，身为动物地理学家，这趟经历会令我的思想发生什么样的变化？此外，如果我还能顺道搜集些陆生甲虫（这是达林顿的最爱），那就更好了！

对于年轻的田野生物学者来说，这真是个大好的机会。恐怕还要好多年之后，才会有另一批经费充裕的研究人员，能够结队来到新几内亚及其他南太平洋群岛上设立田野调查站。我将成为先驱人物。达林顿又说：“趁着你现在还无拘无束，没有感情牵绊，快去吧！”

但是，我可不是无拘无束，没有感情的牵绊。事实上当时我正在恋爱。就在前一年秋天，我结识了年轻貌美的女孩勒妮（Renee Kelley）。她来自波士顿的后湾（Back Bay），而且我们已经决定要结婚了。她内向、害羞，喜欢静静地与人长谈。她还是刚刚崭露头角的诗人，热爱文学，具有学者气质。正因如此，她虽然不从事科学工作，却很能理解我想要到遥远地方去的梦想。我们的婚姻生活将会是快乐而又长久的。

然而，1954 年时的我们还非常年轻，才刚订婚就要分隔两地，简直让人没法忍耐。不过，我俩还是一致同意，我应该去新几内亚。我将会离开 10 个月，大部分时间都待在偏远地区。当时还没有喷气式客机能载着我飞来飞去，由于距离遥远，而且其他交通工具的价格又昂贵，我不可能中途回国探望。至于越洋电话，也是又贵又难打，只能用于紧急状况。

最后的独行侠

11 月 24 日早晨，东方航空公司飞往旧金山的班机，由波士顿罗根机场（Logan Airport）登机门滑出，驶向机场跑道。我可以看到勒妮靠在旅客观景台的玻璃上，徐徐挥动右手。她的脖子上系了一

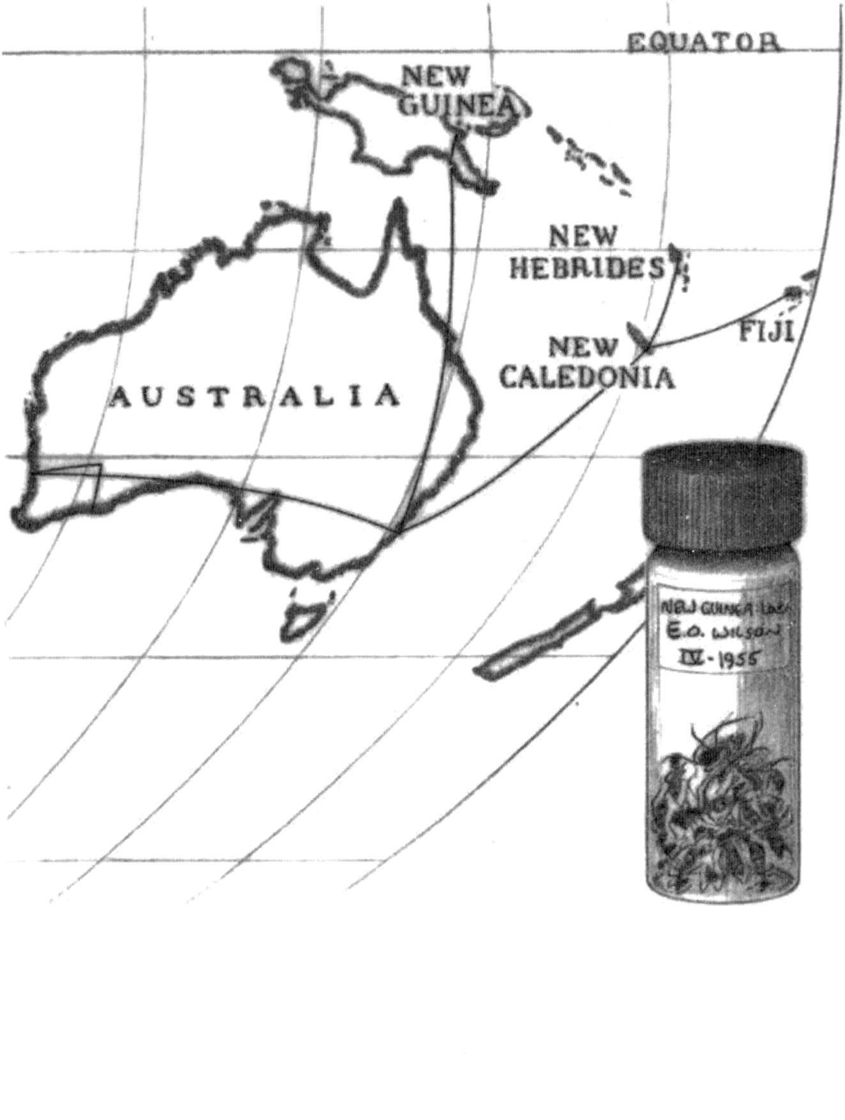
EQUATOR
NEW GUINEA
NEW HEBRIDES
NEW CALEDONIA
FIJI
AUSTRALIA
E.O. WILSON
IV-1955

条很长的羊毛围巾，上面带有代表哈佛大学的深褐色与白色条纹，带着流苏的末端几乎碰到了地板。我们两人都在流泪。

我仿佛一名年轻的水手正要开始另一段长期的、不确定的远航，但是我的内心被两份热情撕扯：热带地区的吸引和对勒妮的爱。在我返回美国前，我俩每天都写一封长信给对方，总共有大约 600 封日记般的长信。

我决定要到美拉尼西亚（Melanesian）外缘的群岛走一趟，然后去澳大利亚，最后再到新几内亚。我从旧金山搭乘泛美航空公司的螺旋桨飞机横越太平洋。飞机中途在檀香山附近的菲尼克斯群岛（Phoenix group）加油，地点是其中一座干巴巴的无趣环礁岛坎顿岛（Canton Island）。飞机加完油后，再继续飞往斐济。

第二天早晨，当飞机终于俯身飞向维提岛（Viti Levu）上的机场时，我低头俯视，看见一片白绿相间的环礁浮现在湛蓝的大海中。在那短短的几分钟内，我感受到一股今生（不论是之前或之后）未曾再有过的高昂期待之情，一股全然的狂喜。

现在，我知道，那样的时代在生物学史上已经结束了。在那个时代，年轻科学家可以到世界边远地区旅行，可以全凭着自己一个人的力量成为探险家。没有专家小组在旅程中陪伴我，或是在目的地等我，一切由我自己做主。这正是我想要的。

我没有随身携带高科技工具，只带了放大镜、镊子、标本瓶、笔记本、奎宁、磺胺，除此之外，就只有年轻、热切而无尽的期待。

南太平洋好似由成千岛屿组成的银河，岛屿的分布情况促进了诸多进化生物学上的重要进展。达尔文根据他对加拉帕戈斯群岛（Galápagos Islands）上鸟类的观察，构建出他的自然选择理论；而华莱士也是在研究过马来群岛、文莱及印度尼西亚的蝴蝶和其他生物后，有了同样的想法。

岛屿——大自然的实验室

当我走出维提岛的机场大门并环顾四周之际，我知道我踏上了真正具有生物地理学意义的岛屿，它将岛上大部分生物紧密地搂在自己的世界。这样的岛屿是研究生物进化的理想场所。有足够的生物自外地迁徙而来，不管是用飞的、游的还是漂流的方式登上这座岛屿，并落脚繁衍；然而，自外地迁入的生物，每个世代的数量也不至于让自己的种群独大。如果这座岛屿够大、够老、够遥远的话，自外迁入的子子孙孙，将会针对新岛屿的环境进化出独特的新种。如果时间够长，这些独特的新种与邻近大陆及岛屿上的姊妹种群的分歧发展得越来越大，最终达到能在分类学上分属不同物种的标准。

我们把这类区域性的物种（或亚种、变种）称作“特有种”：它们只生长在这座岛屿上，世界上其他地方都不见其踪迹。夏威夷鵟（Hawaiian hawk）就是特有种的绝佳例子，另外还有牙买加的巨型燕尾蝶（Jamaican giant swallowtail），以及原产于诺福克群岛的小叶南洋杉（Norfolk Island pine）等。生物学家可以根据岛屿的年龄以及外来生物移入的时间，分析重建当地动物与植物的进化过程，这要比分析大陆动植物的进化过程容易得多。正因为具备这种“单纯性”，岛屿就成了天然实验室中的佼佼者。

这儿的实验进行方式和一般实验室刚好相反，是在追溯过去已经发生了的事件，而非预测未知的结果。大多数生物学家都是在人为控制的情况下改变几个因子，然后再观察各个因子改变后所造成的影响。但是，进化生物学家则先观察已经由博物学研究得出来的结果，然后再推论进化过程中的变因。于是，实验生物学家预测实验结果，但进化生物学家则反推大自然已经做完的实验过程；也就是说，是反过来用历史考证科学。又因为在整个进化以及新种生成的过程中，曾经有过大量的影响因素，所以反推方法只有在较小、较单纯的生态系统中，才能得到最理想的结果。岛屿，正是这样的生态系统。

敞开心胸进入田野

和实验生物学家不同，进化生物学家对于博物学十分精通，自然中总有丰富的答案等着人们来挑拣。对进化生物学家来说，最重要的是提出适当的问题；最重要的进化生物学家，就是能发掘出最重要问题的人。他们汲汲寻找大自然要告诉我们的精彩故事，因为他们正是负责讲故事的人。

如果他们同时也是博物学家（一流的进化生物学家绝大部分也是博物学家），他们会睁大眼睛，敞开心胸，进入田野中，朝各个方向观察；寻找重大问题，寻找关键机会，他们是全然的机会主义者。

要进展到这样的程度，博物学家必须精通一到两种动物或植物，熟练到有办法能鉴定样本的属别或种别。而这些被挑中的生物类群，就是他想象中的戏院里的演员。否则，缺乏这类知识的博物学家进入野外后，将会发现自己迷失在一片绿雾之中，无所适从，既分辨不出其间的生物，也无法认出什么是新现象，什么是早已为人熟知的普遍现象。然而，要是他有备而来的话，他可以一边飞快地搜集信息，一边不停地思考：我搜集到的资料会形成什么样的模式？这模式代表什么意义？它们能解答什么样的问题？我能根据这些说出什么样的故事？

我就是带着这样的策略去拜访太平洋岛屿上的蚂蚁的。我打算搜集每一种能找到的蚂蚁，观察它们的生态及行为，并完整记录下来，同时还留心观察地理趋势的形成模式，以及物种适应环境的模式。我对于自己钻研的学科里的现存理论和一般知识都非常清楚，但是我仍然会敞开心胸，随时准备迎接美妙的新现象。

只剩下外来种

1954 年 12 月，维提岛，那达拉（Nadala）。

就某个可怕的层面而言，斐济简直就是古巴和墨西哥的翻版；当地土生的生物早已被驱退到零星且几乎没有通路可到达的地区。我在南迪（Nandi）雇了一名司机，沿着维提岛的北部海岸公路而行，一路穿过小村庄、小树丛以及牧场。事实上，完全没有天然森林能在这条大道的两旁生存，因为沿途早就挤满了来自东印度的移民。我们由塔夫哇（Tavua）转向南行，前往中部小丘寻找原始林区，它们全都位于斐济土著岛民居住的土地上。

我遇到的一名长者告诉我，他还记得大约在40年前，也曾碰到过一位专程搜集蚂蚁的人，那个人曾经到附近的南达里瓦图（Nandarivatu）拜访。他已经记不得那人的名字了，但是我知道他指的就是曼恩，也就是先我一步到达古巴的前辈。

他是在1915年到1916年间，被哈佛大学派遣到这座岛屿为比较动物学博物馆采集标本。我去的森林与曼恩当年去过的森林大同小异，只有一点不同：如今，木材业的高度发展让森林饱受侵扰，火耕方式也让森林坑坑洼洼。

在那达拉，我越过位于浮石岩堆上方的陡坡，来到一处阴凉洼地，那儿长满了原生的树种，树上挂着浓密的攀藤植物，我在其中找到了好几种当地特有的蚂蚁。其中有一种令我血液中的肾上腺素激增，那就是*Poecilomyrma*属，这个属只有斐济才有，而且在这之前只被采集到一次——当然，采集它们的人就是曼恩。

第二天，我在靠近柯鲁佛（Korovou）的沿岸道路工作时，又发现了另一桩与生态保护相关的令人难过的事。在一小片显然是天然林的树林中，我却只能找到外来种的蚂蚁。据我了解，岛屿上本土物种的多样性若是很有限，那么，岛屿上的生态系统将很容易遭到外来生物的进犯（即使环境看起来没有实质上的改变）。许多太平洋原生的动物群都已臣服在猪、羊、老鼠、阿根廷蚁、芒草以及其他经由人类商业行为引进的高竞争力物种之下。外来种攻占了世界上的众多岛屿。

我没在斐济多逗留。这儿的蚂蚁早已为人所熟知，这要感谢曼恩曾在这儿长期居留。第二天，我搭乘澳大利亚航空公司的水上飞机，由苏瓦（Suva）前往努美阿（Nouméa），那是新喀里多尼亚的法国殖民地中心。

1954 年 12 月，新喀里多尼亚，茂山（Mount Mou）。

我一抵达新喀里多尼亚就踏上了此生最钟爱的岛屿。它位于澳大利亚海岸以东 1 200 千米处，是美拉尼西亚群岛的最南端。这座巨大、铅笔状美丽岛屿的名字，对我来说，应该是“异国”加“遥远”——直到现在我依然这么觉得。

根据博物学前辈的研究，我知道这儿的动植物是在数百万年间陆续进驻这座岛屿的，而且岛上大部分生物是由澳大利亚往东或由所罗门群岛（Solomon Islands）往南经过新赫布里底群岛（New Hebrides）迁移过来的。这些生物彼此交流，混居在一起，并进化出独特的生态系统。

这些本土生物包括一些原始的树种以及其他植物，某些是源自冈瓦纳古陆（Gondwanaland），它们的祖先曾经远居到南极洲（当时地球气候正处于温暖时期）。此外，也有许多动物与植物在这儿进化出极端奇特的形式，是世上其他地方都见不到的。著名的卡谷鸟（kagu）就是其中之一，它是鹭鹤科（Rhynchochetidae）鸟类唯一的现存物种。这种不会飞的当地特有鸟类，叫声尖厉得可以撕裂夜空。自从 19 世纪 60 年代法国开始殖民该岛之后，卡谷鸟的数量就开始减少，几近绝种。

根据早期的博物学记录显示，蚂蚁也具有同样宽广的生物地理分布模式，来源复杂且本土性很强，其中某些品种极为罕见。我决心要把它们找出来。

独行探险

此时南半球正值盛夏，在燠热的日子里，我由努美阿搭上北行巴士，在帕伊塔（Païta）的小村庄里下车。然后，我沿着泥土小径走了 6 千米的山路，来到鲍迪尼特（Bourdinet）家的庄园。我把装备放在凉亭里，准备在那儿扎营。那一周，他们刚好没人在家，因此也没法招待我。但是没关系，我很高兴能够完全专注在工作上。我又徒步走了 1 千米路，到鲍迪尼特家最近的邻居彭特科斯特（Pentecost）家，这趟路程的垂直高度约有 300 米。我的目标是再往上爬高 1 200 米，前往位于茂山顶上的原始森林。为了要赶到那儿，我强行穿过一大片浓密、干燥的蕨类丛。当我终于来到西边山脊上时，我发觉自己依然置身在蕨类丛中。但是，好歹我已经来到了登顶的路上。接下来的路程就容易多了，满布森林的山顶也已经在望，就差 1 千米了。

我完全是独自行动，而且从路过帕伊塔后，就再没碰到过任何人。这时我忽然想到，如果我发生意外，例如扭伤脚什么的，我在努美阿的联络人必须等三四天后才会发觉事情不对劲。因此，在接下来的攀爬过程中，我开始步步小心。

正当山顶新起的大雾将我团团围住之际，我终于进入了森林。最先遇到的是一丛低矮的灌木以及散生的树木，接着就是一大串像南洋杉、罗汉松等针叶树，它们的树干和枝丫间布满了苔藓或其他的附生植物。再往前走一些，到了靠近山顶的地方，我总算进入了真正的云雾林。这里的树木满身节瘤，发育受阻，而且枝叶交织成的树冠层就在我头顶上方约 10 米处。另外，地面以及树木的枝干上全都覆盖着密密的苔藓，好似湿黏的地毯。

与小鹦鹉对话

我已经来到了一座岛屿中的岛屿，一处纯然属于我的世界。我童年时期所拥有的温暖的私人情感，又重新涌流出来。我让想象力穿透时光隧道，奔向过去。

这里的针叶树都是南极洲地区的古老成员，直到现在依然分布在澳大利亚南部、新西兰、南美洲的温带区以及这儿，新喀里多尼亚的高地。这里的某些动植物甚至可以追溯到中生代（Mesozoic Era，2亿4 800万年前至6 500万年前），当时，它们想必都曾让恐龙啃食过，而且当时的南极大陆，有些区域还很适合各种生物栖息。

当我开始寻找蚂蚁时，有只娇小、长着红帽冠的绿鹦鹉降落在附近的树枝上，并且一直停在那儿。隔不多久，它就会用神秘的鹦鹉语对我嘀嘀咕咕一番。在这座长满苔藓的森林中，我俩真是绝配，土生土长的它与外来的我暂时和谐地结合在一起。我告诉小鹦鹉，我不会做什么坏事，而且很快就会离开。但是，这个地方将永远活在我的记忆中。

不只是蚂蚁，我在这儿看到的每一种动物和植物，对我来说都是新奇的，这些生物全是外来物种。现在正是我向各位坦白的时候：我是一个热爱新鲜事物的人，极端热爱新事物，热爱多样性的本身。如今我竟然置身在这样处处令人惊喜的地方，而且只要我愿意，随时都可以提出具有科学价值的新发现。我那原始的梦境变得清晰起来：

主啊，请带我到无人探测过的星球，与新形式的生物为伍。把我放到点缀着小圆丘高地的处女沼泽地边缘，让我以自己的步调穿越它，并攀登最近的山峰，在适当的时机，越过远方的山坡，寻找更遥远的沼泽、草地以及山峰。

让我成为这个世界里的林奈（Carolus Linnaeus），我只求带着标本盒、植物采集罐、放大镜、笔记本，但是不要只赐我几年的时光，请赐我几世纪的时光。

此外，万一我对大地有些厌倦时，请让我上船出海，寻找新的岛屿或群岛。请容我至少有一阵子能够独自行动，而我将会不时向您以及我所爱的人报告，另外，我也会为同事发表我的发现报告。因为，如果是您赐给我这样的精神，那么就应该为它的实际用途设想出最恰当的回馈。

奔向天涯海角

1954 年 12 月，新喀里多尼亚，卡纳拉山（Mount Canala）附近的智欧（Ciu）。

北部海岸的蚂蚁生活在潮湿的低地以及小山丘树林中，为了采集它们，我必须前往一些仿佛天涯海角的地方。这里的昆虫和努美阿附近所能找到的昆虫种类似乎不同，而且可能包括至少两种罕见的特有属，前人也曾采集过它们。

我在清晨 3 点 34 分起床，搭乘每天发一班的巴士前往卡纳拉。这辆老爷车行走的路线穿过该岛的中央山区，共绕行了 170 千米。司机不停地绕路、停车，接送当地的新喀里多尼亚人。上午 10 点半的时候，我们在倾盆大雨中抵达卡纳拉，这场雨持续下了一整天。

我在卡纳拉旅馆用过午餐后就倒头大睡。在梦中，我见到了晴朗的蓝天。

1954 年的卡纳拉，总共就只有 20 间破房子、一家旅馆，以及一所天主教堂。村民最重大的社交活动是板球，男女同队一块儿打，旁边还有啦啦队队长敲打竹杖助阵。不过，异国情调的魅力也仅止于此。卡纳拉旅馆里有一间厨房、一间餐厅以及一排六间的方形小房间。每间房间约 9 平方米，摆设了一张床、一张书桌以及一个脸盆。每晚住宿费用为 4.8 美元。我隔壁的小房间是一位女性性工作者的营业室，她做起买卖来，声音吵得要命。所有的旅客都共享同一间浴室以及恶臭难当的户外茅厕。这儿的餐点让人看不出是什么东西做的，而且通常凉得令人费解。不过，这些我都不在乎。晚餐包括酒在内，只收 1.6 美元，再说，我只要求营养足够，让我能来回附近的森林，而且不染上痢疾就可以了。

孤独真好

第二天早晨，我带着三明治和一瓶稀释了的红酒，沿着泥土路徒步向南方 7 千米外的智欧走去。

智欧是农庄聚集的地方，位于内陆森林的边缘。途中，小路一度穿过一处湿地，在那儿，成群的斑蚊（*Aedes*）在炙热的阳光下如乌云般蜂拥而出。它们仿佛是狙击手发射的子弹（世界其他地方的斑蚊也一样），只要一触着裸露的皮肤，就立刻开始叮咬。我往身上猛洒驱虫剂，但对它们几乎没什么作用。我把这条路命名为“蚊子大道”，然后拔腿就跑，低着头，双臂交叉，就好像在两道人墙中边跑边挨揍一样。

我的目的地是费瑞农庄（Fèré farm），外围环绕了一条河。不过，以亚拉巴马州的标准来看，那只能称为小溪。又一次，我遵循了进入热带森林的通则：爬过一面有倒钩的铁丝网篱笆，走过牧牛场，涉过河流的浅水部分（只不过这一次还装点了一帘瀑布），然后爬上小丘，进入森林。结果证明，这样大费周章的努力非常值得。我很快就走进一片土生林的浓荫下，步入了史前的新喀里多尼亚世界。

由卡纳拉到智欧的路上，我并没遇到任何人，而且当我进入森林工作时，也看不出最近有人来过的痕迹。一如往常，这份孤独的感觉非常好。虽然有人陪伴能有几许安慰，但同时也意味着浪费田野生物学家的时间，打断原本专心致志的你。此外，对于置身于未知地区的陌生人来说，多少也意味着某种程度的人身危险。

发现蚂蚁女兵大队

费瑞农庄这儿并不是一般人熟悉的、亚马孙式的热带雨林。它总共只由两层树林组成，顶部的树冠约 20 米高，而且树冠的缝隙也够多，使得大把阳光能够洒在树林的地表上。这样的栖息地实在太适合蚂蚁生活了。这儿盛产新喀里多尼亚特有的蚂蚁，其中有许多都是科学界还未曾发现的新种。令我讶异的是，到处都看得见红黑相间的工蚁，在地面上来来回回觅食。但是在努美阿附近的查波甘达米（Chapeau Gendarme）地区，同种的蚂蚁几乎都是黄色的。

这个地区特有的颜色信号到底有什么含义？或许这只是巧合，但是我怀疑它和拟态伪装（mimicry）有关。依我猜测，在当地的蚂蚁当中，至少有一种一定是有毒的，就如同我以前猜想的古巴的金属色蚂蚁那样，而且那次我也猜中了。它们身上明亮的惹眼色泽，可以告诉视力良好的潜在天敌（诸如鸟类及蜥蜴）："要吃我？最好想都别想，否则你会吃不了兜着走。"理论上，这样做要付出的代价是，这块区域所有的有毒物种都得进化出同样的颜色，形成具有"广告效果"的集团才行；此外，还得付出另一个代价，也就是那些无害但味美可口的物种，也会进化出一样的外表，因为模拟令人憎恶的外形能让它们享受搭便车的好处。然而，此刻我实在没有办法也没有时间去验证上述的假说。

我的注意力很快转移到另一个现象上，这个现象除了比较容易进行实时研究，事后证明也对于追踪蚂蚁进化过程的某些主题非常重要。我在努美阿附近采集到的粗角蚁属（*Cerapachys*）以及 *Sphinctomyrmex* 属，是新喀里多尼亚首次的采集记录，后来我甚至把新喀里多尼亚所有记录过的粗角蚁属蚂蚁都采集齐了。它们在智欧的数量真是丰富，所以到达这儿虽然才几个小时，我已经可以细细观察它们了。

我发现，这些身体坚硬、呈圆筒状的工蚁，会吃食其他蚁类。为了征服厉害的猎物，工蚁会以类似热带大陆地区的行军蚁的方式，集群出猎。我亲眼看过它们的出击行动，虽然规模较行军蚁小，组织也较松散，然而还是能够有效破解目标蚁窝的防御力。

真正的行军蚁是亚洲和澳大利亚那种排列成密密麻麻一大队的蚂蚁，它们从来没能横渡珊瑚海（Coral Sea），到新喀里多尼亚来定居。于是，这种不怎么壮观的粗角蚁在此地颇为“成功”，尽管它们不算多么可怕的女猎人，但是它们在此占有类似行军蚁的生态位。我想，或许这就是它们在新喀里多尼亚数量特别丰富而在其他大陆地区却很罕见的原因。当时这个想法在我心里并未形成。我之所以记录它们的习性，纯粹是因为对它们深感兴趣而已。然而，三年之后，在我重建行军蚁的进化起源时，这份田野观察记录派上了用场，成为一份关键性资料。

踏脚石的故事

1955 年 1 月，新赫布里底群岛，圣埃斯皮里图岛（Espiritu Santo），卢甘维尔（Luganville）的瑞塔（Ratard）林场。

好奇心外加机缘，带领我来到这座遥远且在南太平洋诸岛中最不著名的大岛。新赫布里底北部大多数地方依然覆盖着未受人类侵扰的雨林，从来没有人来这里采集过蚂蚁，因此，我在笔记本里留下的每一行记录，都将会是新发现。即使只是短暂扫视该地整体的动物群，可能就足以让我把新赫布里底（也就是现在的瓦努阿图共和国）摆在更为宏观的生物地理版图上。

这座群岛能够成为前往西太平洋更偏远岛屿的踏脚石：往北方看，新赫布里底能接收从以亚洲大陆为起点、经过所罗门群岛迁移而来的热带生物；往南方看，又可以收留由澳大利亚出发经过新喀里多尼亚而来的亚热带生物。

然而，我在这个地区的探测活动被迫缩短。我发了一场高烧，卧病在床。令人不解的是，在病中我的脑海里净是《天鹅湖》(*Swan Lake*)的旋律，一遍又一遍，把我的思路搅得一团糟。更让我难受的是，我还得忍受不时发生的余震，因为三天前才发生过一场地震，震中在马勒库拉岛（Malekula)附近。我的胸口上整齐排列着巨大的圆形瘀痕，那是让卢甘维尔地方上的一位医生（他“自称”是医生）弄出来的，他想用真空拔罐的方式把热病直接吸出我的身体。想必我一定是西方世界最后一位接受这种古老、无用疗法的病患。

接待我的主人是瑞塔(Aubert Ratard)、他的妻子苏珊(Suzanne)，以及两个十来岁的儿子。瑞塔是圣埃斯皮里图岛上200户经营椰干农业的法国家庭中最富有的几户之一。从他们家沿海的产业往下走，可以看到临时机场和活动屋，这是第二次世界大战时留下的美军基地。美国作家米契纳（James Michener)写作《南太平洋的故事》(*Tales of the South Pacific*)时，灵感正是来自美军及新赫布里底的居民。

差不多10年前，米契纳本人也曾是瑞塔家的房客，而瑞塔正是《南太平洋的故事》中及歌舞剧中法国农场主人的灵感来源。晚餐桌上，瑞塔告诉我书中的那位“血腥玛莉”(Bloody Mary)目前依然住在埃法特岛（Éfaté)上维拉（Vila)地区的中央行政城镇里。站在海边的产业上，他指给我看，书中的“巴厘－海伊”(Bali-ha'i)其实也就是塞冈海峡（Segond Channel)对面的马洛岛（Malo)。

竞争少，长得好

然而，当我把注意力转向我们身边的野生环境时，这儿的人文历史马上就被我抛在脑后。在刚刚来到这儿且还未患病之前，我曾散步到茂密的雨林中。从那儿随处都可通往海边的沙滩，这样的雨林出现在人口过剩的热带地区实属罕见。这儿是成群的不受干扰的鹦鹉以及咯咯叫个不停的野禽（家鸡的祖先）的家乡。树顶上，可以看见吃食水果的大蝙蝠悠闲地拍着翅膀。很快我就把在这儿发现的蚂蚁之间的亲缘关系搞清楚了。如先前所预料的那样，美拉尼西亚群岛的所罗门群岛的蚂蚁和亚洲的最相似，尽管亚洲距此地很远。

我对这些小东西进行了综合性的生态观察，这份观察内容在我日后提出的岛屿进化综合理论中占了很重要的地位。我的观察大致如下：生活在圣埃斯皮里图岛的蚂蚁种类相对较少，这座岛屿因为位置太偏远，地质年代也太年轻，所以没有接收太多的外来物种。在缺少激烈竞争的情况下，某些外来生物大大地扩展了自己的生态位。结果，它们的数量大增，分布在广大的生态环境和窝巢据点中。后来，我称这种现象为“生态释放”（ecological release），而且将它视为生物多样性发展的早期关键步骤。

寻找蚂蚁圣杯

1955 年 1 月至 2 月，西澳大利亚，埃斯佩兰斯（Esperance）到瑞吉山（Mount Ragged）。

我很不愿意才刚刚开始研究圣埃斯皮里图岛的动物群时就启程离开。但是我现在不得不动身前往澳大利亚，进行更具潜在重要性的探险计划，这趟行程也是数个月前就已排定的。

我搭乘每周一班的澳大利亚航空公司飞机返回努美阿，然后再到悉尼（Sydney）稍事停留。在悉尼近郊做了趟采集之旅后，即飞抵卡尔古利（Kalgoorlie）。从这处西澳大利亚牧羊业的中心再搭乘火车往南，前往诺斯曼（Norseman），准备采集蚂蚁。在当地的酒吧里，我认识了一群建筑工人，他们邀请我到工地去采集蚂蚁，地点就在附近的桉属（*Eucalyptus*）灌木丛中。

在小树丛里待了一整天，我整个人都快要脱水了；由于前两个月都待在水气充足的热带地区，我的生理系统几乎没办法马上调整过来，以招架如此高热又接近半沙漠环境的蒸腾作用。傍晚时分，当我们终于返回酒吧时，我一口气灌下四大杯啤酒。工人们大吃一惊（他们可是这个奥林匹克级啤酒国的豪客！），我也大吃一惊，因为在平常的日子里，我只是个偶尔小酌、最多只喝一杯啤酒的人。

接下来我又更往南行，来到埃斯佩兰斯。这是相当偏远的海边小镇，位于大澳大利亚湾（Great Australian Bight）的西边。我在这里和哈斯金斯（Caryl Haskins）会合，他是一名昆虫学者，也是卡内基华盛顿研究所（Carnegie Institution of Washington）新任所长。埃斯佩兰斯之行是我俩出发进行蚂蚁研究的朝圣之旅。我们往东走了100千米，越过沙原里的欧石南（heath）树丛，我们的圣杯就在那儿：巨响蚁（*Nothomyrmecia macrops*），这是已知最原始的蚂蚁，自从23年前首次发现后就销声匿迹了，而它们很可能正是蚂蚁社会生活起源的关键。我们希望能够重新找到这种蚂蚁，也希望能成为最先实际研究它们如何生活的人。

出发前我们决定要先搜寻埃斯佩兰斯附近的蚂蚁。我们出了这座小城，来到附近的电报山（Telegraph Hill）山顶。电报山是一座由花岗岩构成的小丘，山丘上布满了灌木丛以及一片片碎石地，那正是蚂蚁的理想筑窝地点。我们在山丘顶上静静伫立片刻，欣赏这一大片延伸到埃斯佩兰斯湾的绿地，从那儿可以听到来自南极洲的卷浪所发出的阵阵轰隆声。地平线外则是无人居住的洛切切群岛（Recherche Archipelago），听说那儿是毒眼镜蛇的故乡；此外，大白鲨也经常出现在这片深蓝色的水域中。我们离家非常遥远，离波士顿、勒妮以及美国的所有事物，都远到不能再远了。

电报山以及四周的环境都非常奇异、动人，赏心悦目，然而并不舒适。1 月是澳大利亚全年最热的季节。四天前，埃斯佩兰斯的气温曾高达 41 摄氏度。我们出外采集那天，太阳的热火由万里晴空中往下灌，半沙漠内陆的干风从我们身后热腾腾地袭来。家蝇的凶悍近亲灌木蝇（bush fly），蜂拥包围住我们的头部，在脸上、耳朵上爬来爬去，想要吸吮我们眼睛、鼻孔以及口中的液体。我们的应对之道是，不断地行“澳大利亚式敬礼”，双手不断地在头边挥舞，以驱赶灌木蝇。

哈斯金斯的捉蚁好身手

哈斯金斯立刻动手搜集他最喜爱的昆虫——斗牛犬蚁（bulldog ant）。这可不是轻松的差事。工蚁身长达 3 厘米，生着一对视力良好的大凸眼，有着长长的锯齿大颚以及厉害的刺针。它们是世界上最好斗的昆虫之一。

试着想象一下：一个宽一两米的蚂蚁窝，中央有一道数厘米宽的开口，十来只体型跟大黄蜂相当的蚂蚁，颜色当然是红黑相间，在那里忙着进进出出。只要有一丁点儿打扰它们，它们都会还以颜色，毫不惧怕。你转身逃跑后，有些蚂蚁甚至会追出巢穴十几米远。简单地说，这些蚂蚁可不是美国那些鬼鬼祟祟、专门偷吃野餐或厨房食物的家伙。

哈斯金斯向我露了一手，表演如何在不伤及蚂蚁性命的情况下，采集整窝斗牛犬蚁。采集者需要具备一点儿勇气以及忍受疼痛的意志力。只见他直接走向蚁窝，抓起每一只距离他最近、正在守卫蚁窝的蚂蚁，把它们塞进大瓶子里——动作要快，要赶在蚂蚁逮到机会弓起腹部用蜇针攻击之前就把蚂蚁放进去。这套方法通常很管用，但是偶尔还是会有工蚁能抢在被扫落之前爬上哈斯金斯的足踝，狠狠地蜇他一记。等蚁窝外的守卫全都摆平后，他就开始由蚁窝入口向内挖。一群更气愤的工蚁涌出洞穴，结果统统都加入了瓶中室友的行列。

哈斯金斯就这样一路挖下去，直到掘出深达一米左右的坑道，而且，每一次他都会发现蚁后躲在最深处的某个小室中。于是，他干净利落、毫发无伤地把整窝蚂蚁都弄到手，然后转送回美国，好好地实验研究一番。

浪漫的期盼

第二天，我们的心思又全部转回巨响蚁身上。对于昆虫学者来说，有关这种“进化缺环”的蚂蚁的期盼，真是再浪漫不过的了。

整个故事要从 1931 年 12 月 7 日开始说起。当时有一小队度假游客从巴拉多尼亚（Balladonia）分乘卡车及马匹出发。巴拉多尼亚位于埃斯佩兰斯西北方，是澳大利亚横贯公路的一处绵羊牧场以及啤酒吧。这群人非常悠闲地往南方旅游了 175 千米，穿过广大、无人居住的桉树灌木丛以及沙原欧石南树丛。在这段路程中，他们越过地形险峻、寸草不生的花岗岩小丘瑞吉山。然后，他们在已荒芜的托马斯河（Thomas River）谷地停留了几天，再往东走到埃斯佩兰斯，由这儿搭火车或汽车回家去。

这群人在旅途中所穿越的地方，是世界上植物群最丰富的地区之一，那儿生长了众多其他地区看不到的灌木及草本植物。巴拉多尼亚的博物学者兼艺术家克罗克（A. E. Crocker）女士，曾在出发前请他们沿途代为采集昆虫标本。于是，他们将采集来的标本泡在酒精瓶中，然后把酒精瓶系在马鞍上带回来。这些标本中，包括两只巨大的、形状古怪的黄色蚂蚁，标本后来被转送到位于墨尔本的维多利亚国家博物馆。

这些蚂蚁于 1934 年被昆虫学家克拉克（John Clark）鉴定为新的属与新的种，学名定为 *Nothomyrmecia macrops*。

当我们在第二天离开埃斯佩兰斯的时候，心中满怀希望，我们要沿着 1931 年那队人马所走过的路线，再走一遍。和我们同行的还有澳大利亚籍的博物学家塞维蒂（Vincent Serventy），以及充当营队管理和大厨的当地居民道格拉斯（Bob Douglas）。我们坐在大卡车的载货平台上，这种卡车是用手摇曲柄发动的，就好像第二次世界大战时滇缅公路上常见的那种卡车。沿着几乎看不见辙痕的泥土路，我们开往托马斯河农场，路上半个人也没碰见。强烈的阳光自夏日晴空中洒下，灌木蝇集结成一群群无情的队伍。当我们停车之后，耳里唯一听见的，只有野风吹过沙原欧石南树丛的声音。

我们发现托马斯河河床是干的——干涸的小溪谷，河底比沙原低了 25 米到 30 米。河床上曾长满高大的橡胶树（yate），而且绿草如茵。19 世纪 90 年代，第一批居民抵达后没多久，橡胶树林就日益稀少，而居民饲养的羊群也把草地给毁了。如今，半个世纪之后，这里的树丛主要是由橡胶树、白千层（paperback）以及金合欢树（wattle）混生而成，原先的牧草地被一片片耐盐的多肉植物取代。巨大的澳大利亚食肉蚁（meat ant）蚁窝宽达 5 米至 10 米，里面翻滚着成百上千只红黑相间的大工蚁，主宰了这块被严重干扰的空旷地区。

在这样变化多端的环境中，响蚁属（*Nothomyrmecia*）的蚂蚁可能躲在任何一处角落。我既兴奋又紧张，知道我们极有可能一眼闪过地面，就能找到科学上的金矿。哈斯金斯和我立即开始工作，我们都希望自己成为那名幸运的发现者。我们在河谷树丛里来回搜寻，翻动原木，观察树干，查看每一只在远处移动、色彩鲜艳、可能是响蚁属蚂蚁，但一无所获。于是，我们又走进欧石南树丛，拿着网子，来回搜索矮树丛，捕捉正在觅食的蚂蚁。但还是一样，没有成功。

那天晚上，我们俩拿着手电筒和网子又回身走到沙原上，这一次我们迷了路。在这样类似沙漠的危险环境中到处漫游可能会离开营地更远，因此我们留在原地，等待天明。哈斯金斯找了一只足球大小的石块，把它当成枕头摆好，然后仰面一躺就睡着了，这让我好生惊讶。至于我则太过兴奋，不打算这样做，整个晚上我都在附近搜寻蚂蚁。我心想，如果我能在哈斯金斯睡醒时递给他一只蚂蚁标本，那该有多妙啊！

这该死的蚂蚁在这里!

然而，还是和白天一样，我的手气不佳。我们在托马斯河谷地待了四天（其间曾往瑞吉山做了一趟额外之旅），这里简直就是澳大利亚野生环境的教科书简介。每逢夜晚，澳大利亚的野犬总会在我们营地附近嚎叫，但又神出鬼没，不见狗影。白日里常可以看见行经远方沙原上的袋鼠及鸸鹋。有天早晨，当我们全神贯注地近距离观察沙原上的昆虫时，忽然听见背后传来动物喷气的鼻息声，不禁吓了一大跳。回过身，我们看见一匹白色的公马站在约 10 米开外的地方，静静地望着我们，仿佛在等待我们替它上鞍似的。过了一会儿，它总算转身走开了。我们又回到自己的工作里，但不时会抬起头来看看它走到哪儿去了，直到它消失在远方灰绿色的欧石南树丛中。

在托马斯河谷地的采集进度非常快速，令人满意，至少以一般田野生物学的标准来看是如此。我们发现了一些新种，其间还为擅长在夜间于矮小植物中觅食的沙原蚂蚁，订定出完整的生态导引。大眼睛和亮丽色泽代表了巨山蚁属（*Camponotus*）、虹臭蚁属（*Iridomyrmex*）以及 *Colobostruma* 属这三个属的成员，它们显然是因为同样生活在这块不毛之地而趋同进化出来相似的特征。响蚁属蚂蚁也同样具备大眼睛和浅淡色泽，所以我们推断，它们应该是一伙的。于是，我们集中精力在沙原上探索。

我们始终没能找到响蚁属蚂蚁，但是我们令它声名大噪。接下来那几年，来自美国及澳洲的其他研究小组也曾到该地搜寻过，但是都一样没能成功。这种蚂蚁在博物学界赢得了近乎传奇般的地位。

到了1977年，事情总算有了突破，我在哈佛教过的博士生，后来成为澳大利亚国家昆虫馆（Australian National Insect Collection）馆长的泰勒（Robert Taylor），在澳大利亚南方距离托马斯河整整1 600千米处，靠近浦奇拉镇（Poochera）的桉树林中，碰巧找到了响蚁属蚂蚁。这项发现完全在他的意料之外。泰勒冲进营地，用标准澳大利亚式的语气大声嚷道："这该死的王八蛋在这里！我逮到了这该死的响蚁！"

蚂蚁专家圈立刻兴起了小型的专题研究风潮，大家开始从生物学的各个层面来探讨这种蚂蚁，许多人也亲自前往浦奇拉。这些研究细节使一项理论更为扎实，这项理论是惠勒还在担任哈佛大学昆虫学教授时首先提出来的，之后又由哈斯金斯加以引申。理论的大意如下：蚂蚁的社会生活始于次阶的女儿们留在巢中，协助母亲养育更多的姐妹。在以地质年代计的远古，由独居的胡蜂按照上述理论进化成为蚂蚁。

转进"最地道"的热带地区

1955年3月，巴布亚岛（Papua）的布朗河营区（Brown River Camp）。

搭火车返回卡尔古利之后，我飞往珀斯（Perth），然后到悉尼，最后再转往新几内亚。这座大岛将会是"最地道"的热带地区，而且它也将会是我流浪旅程中的高潮。

当我搭乘澳大利亚航空公司DC-3型客机来到首都莫尔兹比港（Port Moresby）之后，立刻和圣－伊万（Joseph Szent-Ivany）联系，他原籍匈牙利，第二次世界大战后逃离祖国，是新几内亚托管地唯一的昆虫学家。我们一同拜访斯坦利（G. A.V. Stanley），他是在当地住了很久的农夫，由于在第二次世界大战期间担任盟军的平民侦察兵，立下不少英勇功绩，所以后来博得“丛林野猪”的封号。

圣－伊万和斯坦利两人都是新几内亚野外旅游专家，在提供给我一大堆建议以及数顿大餐之后，他俩亲自陪我到布朗河附近扎营。布朗河是雷罗吉河（Laloki）的支流，位置很靠近莫尔兹比港。真要感谢他俩无私的大力协助，使我在短短5天之内，就得以在原始雨林中展开工作。我的这支迷你考察队除了我之外，只包括一名当地的厨子、一名司机以及一名随从助手。虽然当时我只是个一文不名的博士后研究员，但是雇得起这些人员。他们每个人的日薪为33美分，另外再加上食物配给；这样的待遇很符合当地的标准，而且圣－伊万和斯坦利都曾特别警告我说，支付的日薪千万不可超过这个价码。

我们把帐篷搭在小小的空地上，四周围满了高大的树木，这些大树长有仿佛鱼鳍似的支撑物，使得它们的树干看起来就好像是等待发射升空的火箭一般。浓密的树冠层高悬在我们头顶上方超过30米的地方，其间还装点着各式藤蔓及附生植物，把大部分的阳光都给遮住了。只有在树木自然倾倒或枝条自然折断所形成的空隙处，才能见到几束阳光。

接下来我陷入一段混乱嘈杂的日子。鹦鹉以及其他鸟类、青蛙

以及昆虫制造出来的喧嚣，未曾停息地灌入我耳中，真是刺耳得很。不过，如果分开来个别倾听，倒是都不失为美妙的歌声，只要别同时大合唱就好。另外的恼人事物，则是蚊蚋和尾端没有刺针的蜜蜂，它们成天围着我的脑袋打转，毫不留情地前来骚扰。准备一些自己的体液奉送给这些讨厌的小虫子，正是在热带进行田野工作必须付出的代价。但是话说回来，这里正是全世界我最想要待的地方，所以没什么好抱怨的。

丛林探险家

树干、葛藤以及腐烂的原木中聚集了上千种昆虫。我从早到晚不停地审视它们，我的助手也紧紧跟在后面，他很快就变成了业余的昆虫学家了。我俩联手采到超过 50 种蚂蚁，其中有许多还是新种。在那个时候，我的眼光始终盯着地面以及低矮的植物。偶尔，我难得抬头张望，也是为了观看在空中翻飞的巨大鸟翼蝶（birdwing butterfly），再不然就是来回穿梭在树冠层中的鹦鹉群。

鹦鹉的种类繁多，先是一只棕色羽毛的，接着是只绿色的，然后又来一只黄色的。有一次，我听见天堂鸟（bird of paradise）的叫声，但是头抬得慢了一步，没能看见它。我待在新几内亚四个月期间，从没看到过半只天堂鸟，虽说我一定曾经多次和各种天堂鸟近距离擦肩而过。我主要还是把眼光锁定在地面上，低着头，耸着肩，这个姿势是我早在十几岁的时候就养成的习惯。傍晚，大伙儿一块共食小袋鼠、野鸽子；另外，为了开胃，我们也从附近的腐木中挖出天牛的幼虫，把它们像棉花糖一样串在树枝上烧烤，吃起来有种坚果的味道。

在新几内亚，我觉得自己就像是名真正的探险家。我的确是名探险家，至少就昆虫学的领域而言是如此。从布朗河返回后没多久，我再度出发进行第二趟为期一周的旅程。这次的目的地是苏加利高原（Sogeri Plateau）下方的雨林（我在那儿找到了一类很特别的蚂蚁，它们以寄生形式生活在其他种蚂蚁的窝巢中）。两趟旅程结束后，我立刻和圣－伊万一起驾车到莫尔兹比港机场，迎接格雷西特（Linsley Gressitt）的到来。在那次会面后不久，这位鼎鼎大名的昆虫学家就将夏威夷主教博物馆（Hawaii’s Bishop Museum）改造成为研究太平洋昆虫的世界级中心。他被公认为此地区昆虫生物多样性研究的先驱专家。那天是格雷西特生平第一次拜访新几内亚。因为我比他早到这儿两个星期，所以我还能奉送给他一些关于在当地采集标本的建议。直到现在回想起来，我还是觉得很光荣。

两个兴奋的大男孩

1955 年 4 月，新几内亚东北部，休恩半岛（Huon Peninsula）。

休恩半岛状似新几内亚大岛东北部的尖角，由大岛东北部山地延伸突入所罗门海中。它的主干是色拉威吉山脉（Sarawaget Range），这条山脉几乎绵延整座半岛，最后才向东分支为罗林桑山（Rawlinson Mountain）以及克伦威尔山（Cromwell Mountains）。在半岛顶点上，也就是那些卫星山脉的山脚下，有个海滨小镇芬什（Finschhafen），我于 4 月 3 日来到这里，展开生命中最冒险的一段旅程。

我是应澳大利亚巡逻官员柯蒂斯（Bob Curtis）的邀请，陪同他进行一趟政府出资的山地之旅。他此行的任务是代表官方视察赫伯（Hube）乡间的村庄，视察的范围向西延伸到色拉威吉高地上。柯蒂斯要与村落里的酋长碰面会谈，解决发生在村内或村间的纠纷，并且提供农业生产方面的建议。再者，如果可能的话，要顺便把两名杀人嫌犯逮捕回芬什受审。尽管有谋杀嫌犯要抓，柯蒂斯并不认为此行有多危险，然而，此行当中还是有着一些未知数。海边和山区之间，虽然定期有当地人来来往往，传递消息，然而这些村落通常每隔一两年才会有政府官员亲自视察。有些村落甚至从 1952 年起，就不曾与政府官员有过接触。

这趟巡察最引人瞩目的地方，也许要算是柯蒂斯的年龄了。他只有23岁，而且要在旅程接近尾声的4月29日，才满24岁。然而，当他和我一块儿检查行程表时，他所流露出来的沉着和干练，却仿佛是年纪大他两倍的人才具备的。柯蒂斯长着一头金发，肌肉强壮，而且还拥有电影明星般的俊美相貌。我不禁联想起，大约在25年前来自澳大利亚塔斯马尼亚的男影星艾洛·佛林，他原先也曾经担任过新几内亚的巡逻官。

到休恩半岛上任之前，柯蒂斯曾在澳大利亚打过半职业橄榄球，是那种非常粗暴的澳大利亚橄榄球，结果撞掉了他的大门牙。所以，现在他只得乖乖戴着齿桥。对于这次巡察，柯蒂斯若存有任何忧虑，他也只是放在心里，没有说出来。

最重要的是，柯蒂斯似乎很高兴有我做伴，而我其实更高兴，除了在从未有昆虫学家造访过的偏远山区里采集并研究蚂蚁之外，我什么都不必做，只管跟着队伍走。柯蒂斯还告诉我额外的好消息：我们将要攀过海拔3 600米高的中央山区，它的顶端冷得几乎结冰，只有草原，长不了树木。

许多当地人都在试图翻越中央山区时冻死在上面，而且还有谣传说，1944年，被澳大利亚军队从芬什驱赶入山的日本军士也冻死在山顶上。我们很好奇，那些木乃伊般的冻死骨是否还留在山上，是否就像寓言故事里那样，有如乞力马扎罗山（Mount Kilimanjaro）山顶上的豹子般完整地保存着？

我并不奢望能在那么高的山上找到蚂蚁，但是依然满心期待着这趟攀登。这可能会是十分艰难甚至十分冒险的长途跋涉。事后回想起来，我不禁要问，柯蒂斯和我究竟算是大胆的19世纪风格冒险家，还是只不过是兴奋的大男孩在玩乐而已？我几乎可以肯定地回答：两者皆是。

山路曲折难行

我们离开芬什时，身后跟了47名脚夫和3名营地助手以及1名身穿制服、肩扛来复枪的“警察小子”（police boy）。在殖民统治日渐式微的那个时代，当地的土著警察仍然被唤作“警察小子”。

至于其他的人手，则各有不同的任务，诸如厨师小子、猎人小子等等。除了柯蒂斯的陆军班长作风外，大伙儿彼此都非常客气有礼，而且一旦上路后，我们马上就变得非常亲密且平起平坐。要是不这么做的话，或许会很危险。因为当地人文化里最大的特色依然是“征战”和“血债血还”。

沿途每到一个村落，脚夫就会跟着更换，每名脚夫的日薪介于25美分到50美分之间。旅程进行了一段之后，成年男子不够用了，于是柯蒂斯也开始雇用女人及小孩来补足人力。

当我们穿过梅佩河（Mape River）往北行进时，来到了一片人迹罕至的地方。这块区域大部分都给雨林占满了，鲜少露出受到人为干扰的迹象，只是在靠近居民住处附近会出现一些耕地而已。村落到村落之间，需步行七八个小时。每一个村落都住有数百名男人、女人及小孩。

由于这些村落全都位于山区，我们在整个旅程中几乎都没走过平地。最典型的每日行程如下：早晨大约 9 点出发，踏上弯弯曲曲的狭窄山路，一路蜿蜒下降 1 000 米高度。到了谷底，我们来到水流湍急的河边，越过横跨的吊桥，有时吊桥桥面只有一个手掌那么宽，上面再加一条竹竿扶栏作为平衡。过了桥，我们又开始沿着迂回小路上山，再爬一段和下坡差不多长的距离，到达另一个村庄。道路多半泥泞、湿滑，而且经常加宽变成一片几乎没法通过的烂泥水潭，就好像猪最喜欢在里面打滚的那种黑泥滩。陡峭、滑溜的泥岸长满了浓密的矮树丛，想要离开小径通过它们，几乎是不可能的事。大部分时候我们都不得不以单人行列前进。

这样的路况对于脚夫来说，实在比对柯蒂斯和我以及那位只管背着来复枪和随身用品的当地警察要艰困得多。每名脚夫都必须背负 20 公斤或更重的物品。这些包装简单的物品多半都只用一条头带撑住，堆集在脚夫的背上，再不然就是挂在一根竹竿上，由两名脚夫一前一后地抬着。

然而，所有的脚夫看起来都很快活。对于巴布亚山地人来说，背着重物辛苦爬山，本来就是日常生活的一部分。虽然我当时的身体状况非常好，但是他们比我更坚韧，尤其是在高海拔地区。我不禁怀疑，这些人是否在遗传方面就已经更能适应他们所处的艰难环境？我很好奇，他们会不会是天生的马拉松好手？

在漫长的旅程中，脚夫们对于不断偷袭他们光着的腿和脚的水蛭也是一样满不在乎。他们会时不时地停下来，把这些吸血虫拔掉，神情平淡得就好似我们停下脚来系鞋带似的。每逢经过水蛭出没频繁的树林，他们的皮肤上就会出现一道道小溪般的干涸血痕。但是，我从未看到任何因为这类吸血虫而引发疾病的证据。

村民热情招待

为了这本自传，我重新研究当年这趟旅程，仔细查遍所有我能找到的这块地区的地图，其中主要是官方根据巡查报告绘成的地形图，以及 1973 年拍摄的立体空中影像。结果我只能找出我们于 1955 年探访的村落中的半数：马拉鲁村（Mararuo）、波印邦根村（Boingbongen）、南杜村（Nanduo）、永健村（Yunzain）、赫摩哈葛村（Homohang）、琼井村（Joangen）、欣欣谷村（Zinzingu）、碧鲁村（Buru）、甘弥汉村（Gemeheng）、然阁鲁村（Zengaru）、汤南村（Turnnang）、艾伯巴恩村（Ebabaang）、瓦慕吉村（Wamuki）、山彬村（Sambeang）、布塔拉村（Butala）等等。

会不会有些村落已经遭到弃置了呢？1955 年的时候，我曾拍下部分村落的照片以存档，而且村落的名字我也全都记在笔记本里。

我们越是深入赫伯山区，当地人就越是兴奋，越是开心地迎接我们。在欣欣谷村，当地人招待我们欣赏耗时大半天以上的“欣欣舞曲”，这是一种载歌载舞、舞步复杂的表演。在甘弥汉村，酋长举办了一场射箭比赛，采用 1 米长的竹箭，以黑色的棕榈弓来发射，箭靶是位于 10 步开外的香蕉树干。我也射了一箭，结果偏离靶心 1 米远，心里马上准备好要接受大伙儿的嘲笑。没想到，我却听见身边有人咕哝道：“他还不错。”这话的意思也许是：“对不必为生计而工作的人来说，这样的成绩还不算差。”

在村民眼中，柯蒂斯和我是最罕见的怪物。在许多偏远村落，女人和小孩见了我们就跑就躲，直到我们被安置在招待宾客的茅草屋中，他们才静悄悄地溜回家。一整天我们的屋外都站满了人，观看我们的一举一动，毫不掩饰他们的好奇。柯蒂斯面对他们依然维持着一贯的轻松自若，和大伙儿用不标准的英文畅谈。有一次，我们在琼井村还表演了一小段魔术作为回报，观众大多是儿童。我们站在房门口，柯蒂斯把他的门牙齿桥拔下来，高高举起给大家看。我呢？则转过身，把眼镜取下来，戴在后脑勺上，然后对着背后的群众指指点点，假装我能从身后看到他们。我们两人的表演都令大家惊异不已，其中一个孩子还吓哭了，因此我决定再也不要玩这套把戏了。我觉得自己不像艺人，反倒像个骗子。再说，谁敢保证我们没有犯了他们的忌讳，又或是为他们招来了什么样的鬼怪？

我变成了“丛林人”

只要逮到机会我就会采集蚂蚁。我会先独自往前冲个数百米，工作几分钟，等大伙儿经过时再重新归队。要不然，就是落在脚夫身后，先在一片很理想的森林或空地上采集，然后再快步或小跑追上队伍。

每段旅程终了大伙儿来到小村庄时，我都会在傍晚薄暮时分出外走走。如果我们预定在该处停留两三天的话，我甚至会出外进行更长距离的采集之旅。

最为困扰我的问题是天气，大部分的午后，整个山区都会弥漫着雾气，或细雨蒙蒙。不论白天黑夜，气温通常介于寒冷的 10 摄氏度到勉强宜人的 20 摄氏度之间。只有在正午时分，阳光照射得到的地方，气温才可能超过 20 摄氏度，而这时也正是蚂蚁数量最多、最

活跃的时候。

赫伯村民也为我的工作带来一些阻碍，他们实在是好奇、热心得让人受不了。由于我老是待在树林里，他们把我唤作“丛林人”。刚开始我身边总是围着一大群不同年龄的小男孩，再加上几名大人，他们相互推挤着想看清楚我究竟在干些什么；大伙儿靠近到几乎使我没法工作。当他们弄清楚我的目标之后，马上就开始代我搜寻，结果，附近所有的原木残桩全都快速地被撕为碎片，但是成效极低。于是，我只好尽可能礼貌地请他们走开。

不过，也有好几次我请这些“随从”替我搜集蜘蛛、青蛙和蜥蜴等，放过蚂蚁或其他小昆虫，让我自己来搜集。他们闻言立即向四面八方散去，一下子就把我带来的所有空瓶都装满了。我特别记得其中一位年纪约 12 岁的小男孩，手里抓着一只大蜘蛛向我跑来，当时蜘蛛的口器正啃咬着他拇指上的厚茧。他一边开心地咧嘴笑着，一边把蜘蛛往我手上递。我是个有轻微蜘蛛恐惧症的人，这时不禁慌了一下子。然后我也对他咧嘴一笑，欣然打开我的午餐袋以收容这只小怪物。

灵光一闪

我们始终没有捉到谋杀嫌疑犯，这令我松了一口气。此外，我们也没能成功登上色拉威吉山顶。当我们抵达碧鲁村时，一名来自芬什的信差带了消息给柯蒂斯：他得尽快返回莫尔兹比港报到，以便参加面谈，争取另一个薪水更高的职位。

于是，第二天我们沿着布伦河（Bulum River）南行，离开色拉威吉山区，来到位于河岸边的布塔拉（Butala）。有辆卡车早已等在岸上，准备送我们完成剩余的旅程，然后返回芬什。

在最后这段返家的旅途中，有一天，我心里突然对热带蚂蚁的多样性产生了一种新的看法。我待在新几内亚的这期间，曾经研究了大片算是未受人类干扰的雨林区，首先是布朗河区，接着是莱城（Lae）附近的布苏河（Busu River）区，现在则是沿着休恩半岛纵向而行。我曾经密切注意我能找到的所有蚂蚁，注意它们各自以及相对的数量，摘记下每一个蚁窝的数据。我发觉，在海拔高度相同的森林地带，每千米与每千米间的森林外观变化虽然非常小，但是蚂蚁群的结构变化通常大得惊人。例如，我们很可能会在这一公顷林地内找到50种蚂蚁，然后在不远处的另一公顷林地中也找到50种蚂蚁，但是两地之间通常只有三四十种蚂蚁是相同的。

这些变异有些是缘于栖息地的实质性环境变化。譬如说，第二公顷林地上，可能包括一小块可让苏铁属（sago palm）植物生长的沼泽地，或是一块因树木倒塌所形成的空地。这种类型的生态变化很容易理解，现在称为“β多样性”（beta diversity），也就是因不同栖息地的环境差异，进而产生不同的物种多样性。但是，许多差异并没有这么容易解释；它所表现出来的就是现今所谓的“γ多样性”（gamma diversity），也就是随着地理区域延伸或距离增加而造成的物种组成变化。

不一致的片状分布

在这儿所观察到的模式和温带林区大不相同，在温带林区只有相距超过数十千米或数百千米的距离时，才会表现出同样程度的“γ多样性”。我已经发现了一些新东西，是与热带地区蚂蚁群的结构有关，或许也同样与热带雨林惊人的动植物区系多样性有关。

1958年，我就以这一主题写成了下面这篇正式的文章：

> 不论从比较生态学的哪一个层面来看，新几内亚蚂蚁群的最大特点，莫过于“物种多样性高”以及“超级大的生物量”。……除了单纯的数量外，另外有一项因素大大增加了整个动物群的复杂度。那就是，个别物种不一致的片状分布……这样不一致的片状分布的结果是，没有任何两个地点拥有完全相同的动物群。想想看，上百个物种在此地交织，很显然，整个新几内亚动物群的时空结构必定具备万花筒般的面貌。这种结构对于蚂蚁个别品种的进化，甚至对于其他动物的进化，肯定能产生非常可观的影响。它很可能促进了地方种群在遗传方面的分化，而且也可能在热带地区最大的进化特色——“繁茂”与“广泛”上面，扮演了很重要的角色。[1]

后来我才得知，奥伯瑞维尔（André Aubreville）和莫罗（Reginald Ernest Moreau）两人早就分别注意到非洲雨林的树种及鸟类也有类似的片状分布现象。所以说，正如我在1955年所期望的，片状分布的确是一个普遍现象。后来，在发展我的“分类群循环”（taxon cycle）理论以及更晚期与麦克阿瑟合作的岛屿生物地理学（island biogeography）理论时，我个人先前这份有关片状分布的见解成为理论的基石。最重要的是，这份见解促使我把注意力定在生物多样性上，认为它本身就是值得研究的主题。

---

1 “Patchy Distributions of Ant Species in New Guinea Rain Forests,” *Psyche*, 65(1) (1958): 26-38.

天地间，浑然忘我

我很高兴（正确地说，应该是狂喜），能从我那未经刻意训练的采集和日志中悟出事后被证明应用范围极广的生态学模式。

然而，这才是理所当然的。大自然优先，理论次之。又或者，更理想的情况是，当你把全副心智投在这个主题上面时，大自然和理论就能够紧密地结合在一起——首先，你要热爱生物本身，然后，再去寻求普遍性的解释，之后，如果运气好的话，新发现自会随之而来。即使没有新发现，这份热爱与乐趣本身也就值了。

这份见解是我待在瓦慕吉（Wamuki）时想到的。瓦慕吉就位于分隔西边布伦河谷以及东边蒙吉河谷（Mongi Valley）的山岭上，坐北朝南。从这儿往南行约一天路程，布伦河即汇入蒙吉河，河面变得更宽广，然后直接由布塔拉出海。在我最后一趟旅程接近尾声时，有天傍晚我散步归来，凝视着笼罩在整个布伦河谷地上空的云彩。这时，我能看见连绵不绝的森林一直向下延伸，直达河岸，而且还继续往下扩展 15 千米，到达罗林桑山区内较低处。

这整片区域都沐浴在一片宝蓝色的薄雾中，阳光渗入后，更使整座河谷看起来仿佛一片汪洋。在离河岸约 300 米的地方，一群黄色羽冠的大鹦鹉正在树冠上方懒洋洋地盘旋飞翔，好似随波逐流的亮丽的白色鱼群。此刻耳中听到的只有鹦鹉的叫声以及远方河水的隆隆声。

站在这幅壮丽景致前，我心中原先无比热衷的有关进化的含糊思想逐渐淡去，反倒记起《圣经》描述的创世第四天：“水要多多滋生有生命的物，要有雀鸟飞在地面之上，天空之中。”

登顶大梦

1955 年 5 月，色拉威吉山脉中央山顶。

当我返回新几内亚东北部的行政中心莱城时，我的心依然还留在色拉威吉山区。有天晴朗的早晨，我站在莱城大街上朝北望去，可以一眼看尽整座蓝灰色的色拉威吉中央山区。我从别处得知，从来没有欧洲人踏上过这条山脉的中央主峰顶端，也就是眼前如此明晰耸立的山峰。过去曾经有 8 个人，包括鸟类学家迈尔在内，分别由芬什出发，沿着我和柯蒂斯走过的部分路线，登上色拉威吉山脉的西端山顶。然而，从来没有人从东边登上中央山脊。

在 1955 年那个年代，探险活动非常稀少，这一点儿都不奇怪：莱城直到 20 世纪 20 年代才有居民，等到我去的时候，当地的农民、伐木工人以及政府官员的人数依然非常稀少；而且很显然，他们还有很多登山以外的正经事要忙。

我万分渴望能登上色拉威吉山的山顶。一想到我可能成为第一位探访中央山区的白人，我就觉得非常兴奋。问题是，要怎样才上得去？我听说，位于莱城和山顶间的邦伯克河谷（Bonbok Valley）半山腰上，有个名叫波亚那（Boana）的地方，那儿有一所路德教堂。于是，我向农业部询问有关波亚那的消息。没多久就接到了当地牧师博格曼（R. G. Bergmann）的回音，表示非常欢迎我前去做客。此外，如果我决定要登山的话，他也很乐意在当地提供援助。博格曼本人，就是前面提到的那 8 个登上色拉威吉山脉西端的欧洲人之一，他相信，要登上中央山区的顶峰应该也不至于太过困难。

5月3日，我踏进克劳利航空公司（Crowley Airways）的办公室，因为飞机是前往邦伯克河谷的主要交通工具。该公司总裁兼唯一员工克劳利先生端坐在破破烂烂的木质书桌后面。他站起身，我们握手为礼，然后他在一堆文件里翻拣了一番。接着我付清前往波亚那的来回机票钱，总共是澳币4镑10先令。几天之后，克劳利和我一同穿过柏油碎石跑道，走向他那架每周往返波亚那一次的1929年产的双翼飞机。

克劳利进入前座驾驶舱，我则进入后座乘客舱，然后我们俩就起飞前往邦伯克河谷。我凝视着舱外，非常喜欢开放式的低空飞行。另外，我还注意到在飞行途中，左右两侧的双层机翼都会轻微上下波动。我猜想（或许该说我希望来得更贴切些），这种像鸟类拍翅般的动作只是双翼飞机正常的空气动力学现象。

在波亚那降落时的情况非常诡异。教堂坐落于河谷东边横岭上，而那条临时飞机跑道又只能由支流河谷以朝南的方向降落。于是，我们只好在两侧高耸的山脉间，沿着河流往北飞，在分流的地方往右转，然后紧接着再右转，现在方向正好朝向正南方。很快，山岭上出现了飞机跑道。当我们滑降到杂草丛生的地面时，我看到了克劳利机队里的另一架飞机，同样也是1929年的双翼飞机；这架飞机不久前撞毁了，仍然机鼻朝地趴在跑道边。

雨水、烂泥、水蛭

接近中午时分，蓝灰色的色拉威吉山岭在浓密的低云衬托下，看起来似乎离波亚那非常近，大概只有一天的路程，我实在渴望能够马上出发。事实上，这段路程需要走5天。我在两天后出发，随身雇了6名巴布亚青年担任向导及脚夫。结果，这是我一生中最艰苦的一趟旅行。刚刚结束的那段色拉威吉巡逻，即使是最艰苦的路段也被它比了下去。

第一天，我们抵达班丹（Bandang）的村庄，之后就开始进入没有路迹可循的乡野，每日持续“行军”5到7小时。我们单日行进的水平直线距离很少能超出几百米。我们兜来转去，跌跌撞撞，涉水，爬山，有时手脚并用，沿着溪岸前行，跟踪动物留下的足迹往上翻越山岭；之后下到溪谷，接着又开始往上攀爬。令我紧张的是，我们的向导竟然会时不时地走迷了路；遇到这种状况，我们也只好待在原处，先派一两个人爬到地势较高的地方，重新确定方位。

我们这一小队人马几乎老是全身湿漉漉的，因为午后不久总会来几阵雨，下下停停，直到傍晚时分。由于我们经常在湿黏、积水的苔藓地上挣扎，我们的衣服也全都被泥污溅得斑斑点点。等我们来到海拔2 100米以上时，夜晚的气温会降到15摄氏度以下，而白天的气温也从未超过30摄氏度。水蛭更是无处不在，它们粗大、凶猛、乌黑，不一会儿就能饱饮鲜血，胀大成半根拇指粗。于是，我们必须每隔一段时间就停下来，拔掉腿上和脚上的水蛭。我们几乎是筋疲力尽地在泥水岸边坐下，脱下靴子，剥掉袜子，用打火机把半打左右圆滚滚的水蛭烧脱下来。然后，望着鲜血自伤口缓缓流出。多年以后，这种经验仍然是我记忆中最鲜明的一幕。

旅途中我经常担心会发生意外，造成伤残；也担忧我的助手不可靠，因为我和他们言语不通，几乎没办法沟通。但是，最让我担忧的还是不可预测的未知状况。我是否会因为身体欠佳或意志薄弱而病倒？我是否会被迫中途折返，就像上回在墨西哥，只差一点就可以上到奥里萨巴雪原？还有，我到底为什么要跑到这里来，难道就只为了能自夸自己是第一位攀上色拉威吉中央山区的白人？这项光荣当然是一部分原因，但是我期望的不只是如此。我期望拥有更为奇特的经验：成为第一位登上色拉威吉中央山区顶峰草原的博物学家，并且还能在那儿采集到动物标本。此外，我也希望能够就此把萦绕在心中的登顶压力解除干净。我决定要坚持下去，哪怕得手脚并用或靠人抬着，都要登顶。

我，可以安心回家了

我们一路埋头苦干，终于越过半山腰的雨林区，进入海拔 2 000 米以上的苔原林区。在这儿，低矮多瘤的树木枝干上，绵绵密密地缠绕着蕨类植物、兰花以及其他的附生植物。到了海拔 3 000 米的地方，苔藓长成了仿佛没有尽头的大地毯，铺天盖地，从树干一直盖到地面上。树林里的树冠层也变低了，离地只有 5 米左右。接下来，在海拔 3 200 米的地方，我们终于来到中央山脊，苔原林也拱手让位给散生的蒲桃属（*Eugenia*）灌木以及高山草原。

第五日上午，在那不可避免的乌云尚未沉降、冷雨尚未落下之前，我们终于完成登顶前最后两小时的路程。海拔 3 600 米，我们站在一片由高草构成的稀树大草原上，其间散布着苏铁类植物。那是和棕榈树很类似的粗矮裸子植物，生存年代可以追溯到中生代；

恐怕早在一亿年前，类似现在的景象就已经出现在这儿了。

由于这里大部分地区都是山顶沼泽区，难以定位，所以我设法来到最近的高地，坐下来，把我的名字和当时的日期写在小纸片上，然后将这份纪念品塞入一只盖得很紧密的瓶子里，最后，我把瓶子埋在由碎石围成的圆锥形石堆下面。

从这个位置朝南极目远眺，我可以一览无遗地望尽马卡姆谷地（Markham Valley）里的草原，以及更远处的赫尔佐克山（Herzog

Mountain）。向北望去，则可看见俾斯麦海（Bismarck Sea）。在弯弯曲曲绕下大草原的路途中，我趁同伴忙着用弓箭和猎狗追捕高山小袋鼠的当儿，尽可能采集所有能找得到的小动物，其中有一种小型青蛙事后被证明是新物种。

然后，我们返身踏上为时两天的波亚那归乡之旅，回程远比上山之路容易得多。当我们健步如飞地滑下山脊，来到邦伯克河谷地高处时，存在我心中的某种坚持和困扰终于破除消失了。冰冷、吓人的色拉威吉山已经让我通过测试，证明我的意志力够格。我也已经到达我向往已久的世界的边缘，并且还因此而更加了解我自己。

远渡重洋来到热带的山巅，我终于被梦想已久的热带地区层层环抱。现在，我可以安心地回家了。

第 11 章

未知事物的形态

我的环球之旅从新几内亚继续向西行进。在澳大利亚昆士兰（Queensland）雨林区逗留一周，进行田野调查工作后，我在悉尼登上一艘意大利客轮，让它载着我往南绕过维多利亚海岸，接着再往西越过大澳大利亚湾，抵达珀斯。之后客轮从这个地球上离我家最遥远的都市，缓缓朝北穿过印度洋，驶向它最终的目的地——欧洲。中途我在锡兰（Ceylon，现在是斯里兰卡共和国）下船。总之，锡兰是个号称“亚洲之珠”、悬吊在印度尖端、形似泪珠的小岛。

寻找另类珠宝

我由科伦坡港出发，到锡兰内陆旅行，找寻一种全世界最罕见的蚂蚁 *Aneuretus simoni*，这种蚂蚁很明显是世界上两大类蚂蚁——

切叶蚁亚科（Myrmicinae）及臭蚁亚科（Dolichoderinae）之间的进化环节。

5 000 万年前，Aneuretinae 亚科的蚂蚁广泛分布于整个北半球；如今，这整个亚科却只剩下一种蚂蚁：濒危的 *Aneuretus simoni*。我以佩拉德尼亚的植物园（Botanic Gardens at Peradeniya）作为这趟搜寻的起点，因为这里的博物馆拥有世界上唯一的 *Aneuretus simoni* 标本，采集时间约为 1890 年。

我希望能在原先采集到这种蚂蚁的地方找到它，也就是靠近岛屿中央的地方。但是我的运气颇差，这个地区的土生植被已经被消除净尽。我又到乌达瓦塔克勒圣殿（Udawatta Kele Sanctuary）附近的树林里工作了三天以上，还是没有结果。

这座圣殿很靠近康提佛牙寺（Dalada Maligava），里面供奉了据说是佛陀的一枚大牙齿。显然我并没有受他的恩泽嘉惠，于是我又搭乘巴士南下，前往珠宝贸易中心拉特纳普勒（Ratnapura，又名宝石城）。

在通往斯里兰卡最高点亚当峰（Adam's Peak）的路上，还散布着一些残存的雨林，其中某些地方可能还可以找到我要的宝贝。我住进政府经营的旅客之家，满心渴望立刻开始工作。我走进房间，卸下军用粗呢旅行袋，拿出污渍斑斑的帆布采集袋，往肩上一搭就出门去也。

我走下阶梯，来到后门外约 100 米的地方。那儿种了一排树木，围在这座城的水库四周。我环顾四方，随手从地上捡起一根枯树枝，把它折断，结果看见一大群细小的黄蚂蚁奔出树枝，爬到我的手上来。是 *Aneuretus*！就算是在这宝石城的地上捡到无人认领、价值连

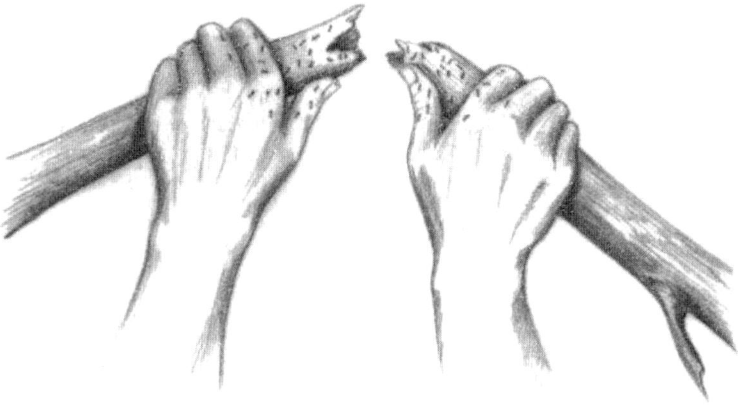

城的拉特纳普勒蓝宝石，我也不会比此刻更开心！

回到房间安顿好之后，我把标本瓶放在掌中，一次又一次，缓缓旋转着，观看有史以来第一次采集到的活生生的 *Aneuretus* 蚁后、幼蚁以及兵蚁（前人在 1890 年采获的标本全都是工蚁）。这真是我一生中最激动的时刻。当天的晚餐吃起来都觉得美味至极，餐后我很快就睡着了。

接下来那几天，我开始探察亚当峰附近的森林。虽然我的工作有时会因为倾盆大雨而耽搁（也就是所说的那种“冲得水沟光溜溜”或“连青蛙都能淹死”的豪雨），而不得不在屋内待好几小时，但我还是很轻易就找到了更多蚁窝，同时还发现 *Aneuretus* 在某些特定地点是最常见的蚂蚁。不多久后，我就能为这种硕果仅存的蚂蚁拼出社会生活的蓝图。

20 年后，我的大学部学生，来自斯里兰卡的杰亚苏瑞亚（Anula

Jayasuriya），发现原先很常见到该种蚂蚁的地点，如今却已经变得非常难见到它们了。我立即建议国际自然保护联盟（IUCN）把 *Aneuretus simoni* 列入《红皮书》（*Red Data Books*）中，使它成为早先被正式鉴定为濒危物种的数种蚂蚁之一。

与美国生活脱节

我的野外探险至此告一段落。我再度登上票价低廉的意大利客轮，前往意大利的热那亚，研究意大利昆虫学家艾默利（Carlo Emery）采集到的蚂蚁标本，它们被保存在当地的自然博物馆中。接着我又搭乘火车行经瑞士和法国，最后抵达英国的伦敦，沿途探访各家博物馆收藏的蚂蚁标本。这就是我以青年学者身份进行的欧洲之旅：探访世界上的重要蚂蚁标本收藏品。当其他哈佛人大谈异国文化的种种经历时，我回忆的却是我在日内瓦和巴黎亲眼看见的奇特蚂蚁标本。

1955 年 9 月 5 日，我飞抵纽约，然后转搭火车赴波士顿。最后这 4 小时的火车旅程成为我一生里最漫长的 4 小时。我反复阅读当期的《生活》（*Life*）杂志，也只能稍微放松一点点而已。终于，我扑进了勒妮的怀抱——那时的我，身穿卡其服和笨重靴子，理着平头，体重整整轻了 9 公斤，而且皮肤还因服用抗疟疾药物奎宁而泛黄……不过这一切都无所谓了。

我回到剑桥家里，对呼啦圈热潮、红遍大街小巷的克罗克特（Davy Crockett）系列影片、名媛曼维尔（Tommy Manville）的第九次离婚，以及1955年其他的西半球新闻事件，全都一无所悉。我没有听到尼克松（Richard Nixon）副总统所说的："诚恳是只存在于电视上的品性。"我也与当时的男士休闲服时尚脱节——包括穿着紧身套头棉衫、V字领衫，以及软鹿皮套头衫，以简洁的搭配组合营造出欧洲风格。在离家的10个月中，美国文化对我来说，开始逐渐退至不重要的边缘地位。不过我还是很快就恢复常态，办法是到"白塔"（White Tower）快餐餐厅吃个10美分的汉堡，以及连续看几个钟头的电视。

6个星期后，勒妮和我在波士顿的圣塞西莉亚教堂（St. Cecilia Church）成婚。我们搬进"绿堡"（Holden Green）居住，那是学校的教师宿舍，坐落在剑桥和萨默维尔（Somerville）的边界上，是哈佛大部分年轻夫妇的起跑点。有许多年轻的绿堡住户搬进搬出，同时也有一些年长的绿堡老住户露出一副希望永远待在绿堡和哈佛大学的模样。

斯坦福大学的热情邀约

1955年，我获得哈佛大学的博士学位。次年冬天，哈佛大学生物系愿意聘我担任助理教授。我的主要任务是协助老教授真菌专家威斯顿（William H. Weston），一起为非科学背景的学生开创全新的生物学课程。系主任卡彭特，也就是我博士论文的指导教授，耳提面命提醒我，这份工作的聘用期只有5年。5年后我还是有获续聘的可能，但仍然不会是终身职位。这样的话，我是否还对这份工作有兴趣呢？

当时我已发出 30 封求职信，而且也已经收到佛罗里达大学及密歇根大学的聘书，两所学校给我的都是终身职位。因此，就像现今大部分大学和学院要求的一样，哈佛大学的这份工作对我来说，只要在头几年有杰出表现就能赢得终身职位的保证。

哈佛大学提供的暂时职位并未令我担忧。我还年轻，只有 26 岁，很想在这个拥有世界一流标本及图书馆的地方留久一点，好扩展我的研究计划。于是我接受了哈佛大学提供的职位，开始准备教授我的第一门课程。

然而，第一年才过了一半我就开始神经衰弱了。和所有大型大学里的助理教授一样，我觉得自己随时可能被替掉。而且很显然，我的确随时都可能被替换掉。在勒妮的协助下，我开始准备另谋新职。我打算提早进行这件事，以免等到 5 年任满后还得公开拍卖自己。很幸运的是，1958 年春天，距离任期届满还有 3 年多的时候，斯坦福大学准备聘用我担任副教授，而且还是终身职位。这项邀约完全出人意表，那是来自斯坦福大学生物系主任特威蒂（Victor Twitty）的一封信，措辞平直而且肯定，并没有任何犹豫的询问，也没有提出要我亲自去一趟或给个试讲以供他们参考品评的要求。特威蒂语气肯定：“我们提供这份工作，你愿意来吗？”

过了没多久，斯坦福大学教务长特曼（Frederick Terman）亲自来到哈佛大学生物学实验室我的办公室拜访我。同行的还有另一位年纪较长的男士，特曼介绍说那是斯特林（Wallace Sterling）先生。

当两位访客都坐定后，我向斯特林询问道：“你也在斯坦福大学工作吗？”

特威蒂代他答道：“是的，他是校长。”

两位男士先给了我一点儿时间恢复镇定，然后语调平顺地开始解释，斯坦福大学生物系希望我将来能够前往帕洛阿尔托（Palo Alto）建立全新的昆虫学计划；而现任的昆虫学教授是甲虫专家，不久后将要退休。我听了非常兴奋，斯坦福大学就相当于美国西岸的哈佛大学，而加利福尼亚州在20世纪50年代又是有名的黄金州。“到这片充满机会的地方来吧，并且也协助我们一同成长。”他们这样对我说。据我所知，有好些学者都响应了美国西部的召唤；那年年初，《时代》（*Time*）杂志还撰文报道过，来自东部历史悠久的大学的科学家及学者正流行着一股西进的风潮。

尘埃落定

对于斯坦福大学的允诺，勒妮和我都觉得非常兴奋。对方想聘用我的主要原因，在于我的昆虫学专长以及我的“蚂蚁狂”——我超热爱蚂蚁。就当时的标准来说，薪水也相当不错，年薪7 500美元。此外，校方还打算协助我们购房，这项政策在哈佛大学真是前所未闻。第二天早晨我告诉卡彭特我打算去斯坦福大学。我说：“多谢您长久以来的照顾。”但卡彭特说：“先等几周再做决定吧，我们且看看哈佛大学能有些什么动作。”

接下来那两个月，哈佛大学生物系教授以及人文暨自然科学院教务长邦迪（McGeorge Bundy）开始审查我的资格，并讨论是否要对我开出和斯坦福大学一样的条件。在等待消息的期间，我心中不断翻来覆去想着这件事。直到现在，哈佛大学都还是采用这种方式来聘用自己的年轻教员来担任终身教职，只有当外校来抢人的时候，哈佛大学才有正面响应；而且即使如此，还是可能回绝掉一些很有希望的年轻人。

这儿的聘用程序看起来好像比梵蒂冈（Vatican）以西的所有事务都要来得沉重、迟缓，通常要花上一年或更久时间才能完成。不过，他们对我的案子倒是格外施恩，步调加快许多。最后我接到邦迪给我的聘书，而且我也决定要留在哈佛大学。如今每逢天寒地冻的剑桥1月天，我穿越坎丁斯基（Kandinsky），走在装点着汽车污渍和狗尿的雪堆上时，心里不禁提醒自己：新英格兰的冬天的确令人难受，但是为了在全球最佳的蚂蚁收藏地点附近工作，这也算是合理的代价。

最初的感动

接受哈佛大学终身职位聘书已经35年，我的年龄也已经和当年在第一学期的9月的早晨，陪我走进伯尔堂（Allston Burr Hall）开始授课的威斯顿教授一样大了，而我依然还在教授这门专为非主修科学的学生所开的生物学入门课程。

我之所以对重复教这门课程很满意，并不是因为终身教职带来的安逸而止步不前。相反，我之所以会这样做，是因为我发现哈佛大学部的学生才智惊人；再说，每一年和他们接触，也能带给我一些新东西。大部分学生都能与我分享我个人心底永不止息的波动，以及乐观的理性主义。教授非科学背景的学生是尤其重要的投资。因为我知道，他们将会带着在大学温室环境里最初的承诺，进入各大领域，比如法律界、政府机构、商业界以及艺术界。此外，有些学生未来还可能转读生物学（这的确发生过）。

我对这些学生讲课时采用对待知识分子一视同仁的态度，提醒自己，不要忘记他们未来可能达到的水平。1992 年，由大学部学生组成的大学部教育委员会（Committee on Undergraduate Education），推选我为院内杰出终身教师，把“列文森奖”（Levenson Prize）颁给我。事实上，我为非科学背景的学生讲授生物学还有比较自私的理由：如果不把日程表塞得满一点儿，大学教授的中产阶级生活方式，很容易就会使人变得心思迟钝，缺乏创造力。

生物学界的苦行僧

1958 年，我暂时放弃田野生物学，转而加强实验室和博物馆里的研究工作。我的主要目标在于分类，并分析新几内亚和邻近亚洲的热带地区、澳洲以及南太平洋地区的蚂蚁。我开始从事一些平凡无聊的工作，需要大量的描述。这项工作费时、琐碎，必须以事实为中心，但这些原因加总起来，它在我心目中显得极具美德。

现在，且容我稍稍离题来解释一下分类学带来的特殊满足感。这是一种技巧，也是一门知识的本体，完全建立在一位经年过着苦修般劳累生活的生物学家脑袋中。分类学家在众多生物学者当中享有机械师以及工程师的地位。他们深知，要是缺少那些特殊研究所累积的专门知识，许多生物学家的研究工作都得喊停。唯有他们能够鉴定出研究选定的物种到底是哪种生物："喔，这是步甲虫科的，而且是 *Scarites* 属！"这样的专家能够透彻了解文献里有关该物种一切已知的资料。不论是文献还是博物馆标本，他都能够立刻看出何者是已知的发现，何者是令人兴奋的未知生物。生物学家要是不知道生物的学名，就会迷失方向。就像中国人所说的："名不正，则言不顺。"

还有更多值得一提的。熟练的分类学家绝不只是博物馆里为标本贴标签的人而已，他是世界权威，通常也就是该类生物唯一的世界权威；同时他也是这 100 种或 1000 种生物的大总管兼发言人。其他的科学家会来拜访他，以便走入他擅长的分类领域——例如鲨鱼、轮虫、象鼻虫、松柏植物、鞭毛虫、光合细菌等等，这一长串名单可以涵盖超过 100 万种生物。

分类学专家不只是知道分类，同时还必须精通该分类群在生理学、行为学、生物地理学和进化史等各方面的细节，不论是对已发表的数据还是未发表的数据，都是如此。分类学家的谈话中常会出现类似下面的内容："想想看，我在洪都拉斯真的看到过一种淡红色的线蚓科蚯蚓（enchytraeid），它恐怕正具有你要找的无脊椎动物的血红素。"又或者是："不对，不对，那个科的蛾类主要产于智利南部的温带林。这些种类还没有人研究过，但是国家自然博物馆里有相当丰富的收藏，那是 1923 年由汉斯莱（Hensley）探险队带回来的，我们去一探究竟吧！"没有任何计算机光盘或百科全书能取代这种分类专长。

有一回（1993），我到日本接受有关分类学的奖项，会后还获得了另一项殊荣，与著名的虾虎鱼（gobiid fish）分类专家明仁天皇畅谈一晚。我很快就进入了话家常般的舒畅谈话中，倾听他讲述虾虎鱼以及日本其他濒危的鱼种；他和他的家人也询问我关于蚂蚁的问题。整个过程就仿佛是哈佛大学的研讨会。其间某些时刻，我几乎（但从未完全）忘记自己正在和何人说话。

准备讲故事

1958 年，我坐在生物实验大楼的一楼办公室里，不时抬头望望窗外，瞄一瞄那座印度白犀牛的纪念铜像。心中觉得，回来从事这类工作就好似待在暂时还算安全的专业领域里。分类学保障了一连串扎扎实实的成果，为我赢得了研究补助费以及其他各项专业薪俸。

29 岁的我发表过或正在付印的专业论文已达 55 篇。当时我的心态也已经全然专业化了。我明白，每一位年轻科学家都需要像这样证明自己有能力发表论文。否则的话，美国国家科学基金会（National Science Foundation）和古根海姆选委会（Guggenheim Selection Committee）就会把他的计划申请书给扔到一边去。但是，这名年轻科学家若真的拥有创造力的话，他一定不会老是窝在安全港不走。他会不断地下注在有风险的题材上，保持警觉性和冲劲儿，当某次冒险尝试显露出一丝希望曙光的当儿，立即采取行动。

那么，我要赌的又是什么呢？答案是，大自然里高度的生物多样性。它们是我平淡无奇的日常研究中意外蹦出来的产物。在我对蚂蚁生物学的认识日益累增之际，一些空泛的想法，比如概念、定义、尚未发展完全的模式（我想不起最适当的用词）等等，开始在

我的心里如凯尔特（Celtic）的大雾般飘进飘出。我的白日梦大多和生物多样性的起源有关，但它们的命运大都一样，最后被证明只是些不重要、无吸引力的想法，然后自然而然地消失殆尽。

然而，其中却有少数想法幸存下来，在我每天的白日梦中茁壮成长。之后它们变成了一则故事，一则我开始反复说给自己听的故事。我准备把它们也说给别人听。我开始想象，这些故事印成书是什么样子？这些故事听在一大群心存怀疑的听众耳里，又会是什么情况？我默默排练、编辑，并且表演。我是个讲故事的人，分类、整理各个真实的故事，并且用梦想来填补空当。之后，我会试着在一群真实观众面前粉墨登场。

老伙伴布朗

我最早的一项建树是评论亚种（subspecies）。亚种已是全球生物学界里有关生物品种的一个正式分类。评论的合著人就是比我年长 7 岁、当初鼓动我到哈佛大学念研究生的布朗。1952 年，我们几乎每天午餐时都聚在一起谈天说地，同时也一块儿思考和进化生物学相关的问题。没多久我就从布朗的严苛论调当中察觉到他是位脾气暴躁又很好斗的科学家。最令他快乐的事情莫过于替学术圈要人的声誉涂上几许可疑的色彩。

他喜欢把所有科学观念分为两大类：被他热情拥抱的一类，以及被他讪笑的一类。不过，热情归热情，他依然专业得没话说（现在仍然如此）。此外，他骨子里还是个无产者，深深痛恨傲慢和矫饰。每当校园里的某些显要教授走近时，他就会顽皮地一笑，举起一支想象中的测量计，假装读道："红色危险区！超过安全标准！"如果不从事科学研究，布朗可能会是位喜欢用俏皮话来讽刺连长的陆军上士，又或者是位待在工厂里头、身上沾满油污的工程师，整日忙着替无能的管理单位补破洞，同时也一肚子牢骚。

在比较动物学博物馆里忙了一整天之后，他喜欢到附近酒馆和一群工人阶级的劳动者喝啤酒。我不肯和他一起去，还令他颇为不悦。"你真没法完全信任不喜欢喝啤酒的人。"他似乎从来没有想到，他自己就是所谓“统治阶级”里的一分子。不过，这也没什么大碍，他的批评通常都一针见血。大部分时候，管理层的确十分无能。

这一年，当我们开始合作时，他早已注意到“亚种”这件事。这是值得仔细审视的主题。全世界的分类学家都把亚种当成是客观的分类，而且也都认为亚种是进化的关键步骤之一。且参考一下他们的逻辑：物种会分为亚种，而我们必须假定这是千真万确而且客观的事，因为只要时间够长，亚种自然会进化为新的物种，而物种原本就是真实而客观的。在当时（其实现在仍然还是），分类学家会替亚种取一个正式的拉丁学名，例如白头海雕（*Haliaeetus leucocephalus*）就被分类学者区分为两个亚种：南方白头海雕（*H. l. leucocephalus*）以及北方白头海雕（*H. l. washingtoniensis*）。

亚种需不需要学名？

基于某些一时还说不清的原因，布朗和我觉得亚种看起来似乎不够实在，也不够严谨。于是我们开始审视真实的案例，对确认亚种的逻辑推理好好地探了个究竟。结果证明，亚种的根基比我们原先想象的还要脆弱。我们发现，亚种的地理界限通常很难甚至不可能划分出来，因为，用来区分亚种特征的方式并不一致。只要借用一个假想的典型例子，就能很快让人明白这种不一致的特性。

假设某种蝴蝶的色泽会由美国东部向美国西部发生变化，体型大小则由美国北部往美国南部递减；此外，靠近美国中部某些地区的蝴蝶后面的翅膀上还会出现一条额外的横纹。像这样，分类学家从一份几乎是无限长的分类特征名单中选择所要使用的分类标准。接下来，这种蝴蝶就得按照以上所选定的特征来区分亚种。如果选择的是颜色，你就会拥有东方与西方两个亚种；如果选择颜色加体型，那么就会存在四个亚种；若再把后翼上的横纹算进去，亚种数目又要再倍增一次。因此，亚种的定义实在很粗率。

1953 年，我们发表了一篇报告，建议不要为亚种订定正式学名。[1] 我们声称，因地理不同而产生变异是事实没错，但是我们要做的应该是逐个地分析特征。如果把焦点集中在特征上，而非集中在可能只是由特征编造成的亚种上，应该能获得更丰富的信息。

我们这篇有关亚种的评论在分类学界的期刊上引发了一阵辩论风潮。多年后，当争论逐渐平息，舆论早已悄悄转到我们这一方。从那以后，由三个词组成的正式亚种学名出现得比较少了，而且大家也越来越强调存在于物种内的各项独立变异特征的性质。

话虽如此，现在我却明白了一件事：1953 年，布朗和我太过夸大了。某些种群其实还是可以按照几组遗传特征来明白区分的，而且这些特征的变化方式也很一致，并非随意乱变。不仅如此，当科学家想提及一些重要但分类地位仍很模糊的种群时，亚种分类通常也是非常方便的速记法。举例来说，佛罗里达山狮（Florida panther）到底是什么？它是几近绝迹的亚种，是曾经广泛分布于美国的一系列种群中的幸存者，如今却因为和原产于南美洲、后来投放进佛罗里达南部野地里的美洲狮杂交而发生变异。在此，科学家拥有十足的理由采用能够引起人们注意其遗传差异的方式来谈论佛罗里达山

1 E. O. Wilson and W. L. Brown, “The Subspecies Concept and Its Taxonomic Application,” *Systematic Zoology* 2(3) (1953): 97-111.

狮，他们采用了十分清晰的名称，以美洲狮的“*Felis concolor*”（佛罗里达亚种，或品种，反正意思都一样）称呼它。

谈不成亲家

之后不久，布朗和我又提出了第二项概念上的新发现。这一次倒没有引发什么争议。我们在生物多样性里找到了新的现象，并把这一现象称为“性状替换”（character displacement）。性状替换的过程恰恰和杂交的过程相反。在杂交的过程中，两个物种在相遇的地方交换基因，结果彼此的后代变得越来越相似。但是在性状替换过程里，两个物种在相遇的地方相互排斥，就好像携带同极电荷的粒子相遇时一般。我最早遇到的这项神秘效应，是在我博士论文的题材毛山蚁属的蚂蚁身上。利用午餐的闲谈时间，布朗和我一同探讨这个现象的可能原因；我们也遍查文献，看看能不能在其他不同物种的生物上，找到类似模式。

我们发现，英国鸟类学家拉克（David Lack）早在 1947 年，研究加拉帕戈斯群岛上的达尔文雀鸟时，就已经描绘过性状替换的现象。到了 70 年代和 80 年代，普林斯顿大学的格兰特（Peter Grant）和他的妻子罗丝玛丽（Rosemary），以及他们的学生，也曾针对加拉帕戈斯群岛上的同一类雀鸟进行过相当详尽的长期田野研究工作，其中也包括性状替换现象。于是，这一小群雀鸟竟然受到进化生物学历史上三桩最佳的田野调查研究的青睐，分别由达尔文、拉克以及格兰特提出。

布朗和我于 1956 年发表的这篇报告，最大的贡献在于我们指出了这种生物间彼此驱逐的效应，广泛出现在动物界，而且根据我们研究的物种证据，这个现象若非基于竞争，就是基于主动避免杂交所引起的。[1] 我们俩打响了“性状替换”在生物学界的名气，同时也为它取了到现在依然通用的这个名字。

此外，我们也了解到，物种之间可以借由性状替换在生态系统中让彼此更加紧密、稳固。物种间进化出的差异越大，彼此因竞争或杂交而让其中一方灭绝的机会也就越小。避免竞争或杂交的相互调节效果越能发挥，那么，能够无限期共居一地的物种数目也就越多；因此，生物多样性也将变得更加丰富，这就是群落整体进化的结果。

1959 年，生态学界老前辈，耶鲁大学的动物学家哈钦森（Evelyn Hutchinson），就在他那深具影响力的文章《向圣罗沙利亚致敬——为何有如此多种动物？》（“Homage to Santa Rosalia, or Why Are There So Many Kinds of Animals?”）中引用了我们所提出的“性状替换”，作为其中一个关键论点。他在这篇文章标题中提出的问题，后来成为部分生态学家的入门开端，他们开始试着以更具定量性质的词语来分析生物多样性的基础。他们会问：为何佛罗里达拥有的蝴蝶物种是这几种，而不是其他种类？同样的问题也包括特立尼达的蛇类和澳洲的有袋类等。

单是提出这些问题，就已预示了他们愿意更深刻地了解物种的形成以及灭绝的努力；到了 80 年代，这类想法已经成为生物学界的热门话题。

---

1 W. L. Brown and E. O. Wilson, “Character Displacement,” *Systematic Zoology* 5(2) (1956): 49-64.

文明的猎人

在20世纪50年代末期，我对理论越来越感兴趣；但是在我心灵深处，依然执着于一个基本的自我形象：一名身在神秘森林里的猎人，如今想要搜寻可以带回家的战利品不只是动物，还包括想法。

身为一名博物学家（真实但较隐晦的说法是“文明的猎人”），我注定会更近似于机会主义者，而非解决问题的人。我内心里的那个男孩，依然决定了我的职业生涯方向：我只想成为第一个发现某些事物的人，任何事物都可以；这些事物越重要越好，次数越多越好，让我先拥有它一会儿，之后再拱手让给别人。

我得承认，我还是具有某种程度的不安全感，但同时又野心勃勃。我渴望借由科学上的新发现，给自己以肯定与支持。如今坦承这一切已经不会令我发窘，但是在我年轻时则会。所有我认识的科学家全都渴望自己的研究受到公正的肯定。“受人肯定”就是他们的金银财宝，这也是为何他们会一边小心守护着自己的排名，一边小心翼翼地计较他人应得的排名。新知识除非能社会化，否则不能算是科学。科学文化可以这样界定：以精心给予的公平赞誉来保障可经证实的新知识，并随之流传。

我相信，科学家可以粗略分为两大类：为了力争上游而从事科学研究的那一类，以及为了研究科学而力争上游的这一类。只有后者才是能够终身活跃在研究领域的科学家，我就是其中之一。而且我猜想，和我同属后者且献身科学的同僚们，可能也是受到某种童年梦想的驱策，而且他们的梦或许比我猜想的更接近我的梦，因为进化生物学已经成为博物学探险家的最后避难所。

北方？南方？

在这期间，我待在进化生物学里的冷门领域中，探寻抽象原理。由于我过去在动物地理学方面累积过一些经验，我深深迷上了“进化源头”（fountainheads of evolution）这个想法。“进化源头”是指种群兴起之处，同时也是种群播散分布到世界其他角落的起点。最早认真探讨这个现象的是古生物学家马修（William D. Matthew），他于1915年开始这方面的研究。当时他是美国自然博物馆古无脊椎动物馆的馆长，后来担任加州大学伯克利分校的古生物学教授。

在一本名为《气候与进化》（*Climate and Evolution*）的书中，马修为哺乳动物以及其他脊椎动物建构出一幅有关形成优势的景象。马修建议读者看一看地球的北极区域。在那儿，欧洲、亚洲及北美洲的距离如此接近，几乎可以视为单一的超级大陆。根据他自己找到的证据，以及前人对哺乳动物化石的研究，马修大胆提出一项假说：占优势的动物类群是在这块超级大陆上兴起，之后再向外传播，向南方发展，取代了原本控制热带亚洲、非洲及南美洲边缘区域的其他动物类群。到了我们这个时代，他指出，胜利者包括鹿、骆驼、猪，以及人类最熟悉的鼠科动物。至于输家，则撤退到了边缘地区，例如马、貘以及犀牛等。就像一位纯正的雅利安人（Aryan）生物学家一样，马修认为，占优势的种群之所以具有超强竞争力，是因为它们能够适应严酷的、不断变动的北纬地区的环境。

接下来达林顿带来了另一项令人意外的新发展，最早是在1948

年为《生物学评论季刊》(*Quarterly Review Biology*)所写的文章中问世，后来又出现在他于1957年出版的详尽专著里，这本书是《动物地理学——动物的地理分布》(*Zoogeography: The Geographical Distribution of Animals*)。

达林顿写到，马修只说对了一半，他研究过的化石遗址太过偏向北半球，因为在古生物学发展的早期，大部分的采集集中于北半球。达林顿指称，在《气候与进化》发表了30年后，我们拥有更多的化石可供观察，而且这些化石来自世界各地，包括马修所谓的“边缘地区”。此外，我们必须更仔细地审察现存物种的分布证据，尤其是对鱼类、蛙类以及其他冷血无脊椎动物，大部分的新证据都有办法从这些动物身上取得。

当我们把所有零零散散的数据集合起来时，就可以看出真正严峻的进化考验，并不是位于北温带的陆地上，而是位于欧亚非大陆的热带区域。因为，在过去大约5 000万年间，一群群脊椎动物兴起于这片广袤的温室地带，包括亚洲南部、撒哈拉以南的非洲；到了最近的地质年代，大部分中东地区也囊括在了这欣欣向荣的区域内。然后，最占优势的动物类群继续向北方挺进，到达欧洲及西伯利亚，通过白令海峡（这道地理屏障曾经一度因海峡隆起而失灵）进入美洲新世界。

目前居住在北美洲或欧洲的人，只需要环顾身边占优势的动物分类群，例如鹿、狗、猫、鼠、蛙、蟾蜍，以及每个人童年时都很熟悉的其他常见动物，人们就会发现，这些动物正逐渐侵入（而非退出）那些气候更严寒的地区。

有心插柳

有关动物优势种以及动物世代轮替的想法，令我深深着迷。在地球的陆地上有一个进化中心，而达林顿所找到的位置似乎比马修所找的更准确。但是不论是哪一种说法，都没有回答另一个重要问题：造成生物优势种的本质到底是什么？说得更详细些，究竟是什么样的遗传特质，会使得一群物种散布到新的地点，同时还压倒了当地旧有的原生物种？尤其是原生物种会被赶跑更是令人迷惑，因为原生物种在入侵者出现之前，早已历经千年甚至百万年的时间，来适应它们所占据的栖息地。

在我刚开始从事自己的生物地理学研究，并且撰写新几内亚以及邻近区域的蚂蚁论文时，我对于“形成优势种的起因为何”这个问题并不很清楚。但是，马修和达林顿预先指点了我，让我早做规划，虽然他们自己从未直接提出这个问题。

如今回想起来，我发现当年需要的只不过是把一小组数据摆进该有的地方，好让这个问题在我潜意识中的某个地方凝聚成形。之后，再受到马修和达林顿所提出的神秘征服者原型力量所驱使，我创作出一个暂时性的剧本、一则故事，以及一句能完全捕捉它的词语，就像莎士比亚的诗中所写的那样：

当想象力露出

未知事物的形态时，诗人的笔

自会将它们转换成形，而且还将为缥缈的虚无

赋予一处居所，以及一个芳名。

我提出了这个问题，结果得到了很具说服力而且得以验证的答案。就在我埋头做分类苦工期间，我把各种蚂蚁在特定时期的地理分布区域，都一一随手画在纸上，于是累积了一大堆数量可观的数据。因此，我很清楚自己在讲些什么。马修和达林顿曾把他们的想象发展成为较粗糙的解答，但分类层级只到达动物的科别及属别；而我对西太平洋蚂蚁的了解，却是史无前例的详尽，虽然它们并不是地球上主要的陆生脊椎动物。

在我全套的研究方法中包括：在蚂蚁的生活地区搜集大量资料，比如蚁窝的位置、群落的大小、吃何种食物，以及其他任何我觉得有用的数据（或者说我希望它们能在某天、某时发挥某种功用的数据）。就因为我觉得所有的数据本身就具有价值，所以我在田野中好像是一个真空吸尘器，把标本一扫而光，接着又在博物馆里继续进行近距离的观察研究。我的终极目标是要找出有趣的进化模式。但是，即使没有这些高层次的目标，我依然会不停地进行观察和描述的工作，直到最后。

进进退退的进化循环

不过，终究还是有个模式浮现出来了。只要你观察得够认真，进化生物学永远会产生新模式，因为其中蕴含了成百上千个变量以及模式，等待着人们来发现。

当我逐一标出各种蚂蚁分布的地理范围时，这个模式就变得很清楚了。我看出，其中某些蚂蚁正处在入侵新几内亚以及东美拉尼西亚群岛的早期阶段；至于其他种类的蚂蚁，显然是早期入侵时留下的生存者，这回则被打散，最后只能局限在各个小岛上。于是，它们当中的某些种类被分割成许多小种群，进化成当地的特有种。不过，总括说来，后者的种群很显然是在萎缩之中，它们的种群东一点、西一点地散布在岛屿的洼地上。但最后有一小部分会开始再度扩张，这一次出发地点为新几内亚。我渐渐明白，这整个进化循环，从扩张、入侵，到进化为当地特有种，最后再萎缩撤退或重新扩张，正是马修和达林顿所设想的世界性生态循环的缩影。

能够在这个小模型里发现同样的生物地理模式，当时真令我惊讶不已，虽说事后回想起来，似乎本来就是不证自明的事。但我当时就是不曾想到这样的结论。

1959 年 1 月的某个早晨，当我坐在靠近生物实验大楼入口处的办公室里把新近绘好的地域分布图按照可能的顺序来排列，由早期进化到晚近进化，只不过几分钟光景，这个想法忽然就在我脑海中形成。谁先来，谁后到？我不时还抬头望一望窗外那巨大的犀牛金属雕像，以及陆陆续续进出这栋大楼的学生与教职员。我的心思飘忽不定，游走于家里、博物馆、田野、讲堂……我低头看看地域分布图，然后又抬起头，就这样，在某个节骨眼上，这个模式忽然变得很明确，而且也是唯一可能的模式。

发现了“前进与撤退循环”后，我几乎立刻又理解了另外一个生态循环。当我回想扩张及撤退的蚂蚁时，我顺手画下记忆中在新几内亚的那趟长途跋涉。我发现，扩张中的蚁种（也就是占优势的蚁种）都很能适应生态边缘的栖息地，而这类地方的蚁种却很少。这些区域包括大草原、季雨林、雨林低地边缘的阳光地带，以及充满盐分的海滩。它们之所以称为生态边缘地区，不只是因为蕴含的蚁种较内陆雨林少得多，同时也是基于单纯的地理位置因素。这些地区坐落在河岸或海岸边，是最容易让物种借由风力或海上漂浮的植物，由一座小岛散播到另一座小岛的好地点。

此外，我也察觉到，若以居住地的观点来看，生态边缘区的物种也是适应性最强的物种。因为，它们只需面对少数竞争者，就能在生态上获得“释放”，能在更多的栖息地中存活，而且还能繁衍出其他情况下难以产生的高密度种群。看起来这类蚂蚁似乎不只是能够更轻易地向各地迁移，同时它们还倾向于压迫旧有的土生蚂蚁，迫使对方退回到内陆雨林区，降低对方向外播迁的能力，并使对方的种群碎裂成小片状，进而进化成特有蚁种。

分类群循环

我知道，我手上有了生物地理学法则的崭新雏形，虽然离完整了解还差得颇远，而且只局限于蚂蚁这类动物，然而，这个概念至少是建立在扎实的数据上。我一把收起地图，跑到隔壁办公室去找当年古巴行的老伙伴韦伯斯特，把一沓纸张摊在他桌上，开始述说我的新剧本。他的看法如何？“蛮合理的，”他说，“看起来不错，恭喜你啊！”但是到底他真正的看法如何，这并不重要。我实在太自得其乐了，无暇忧心。

接下来那几个月，我写了一篇非常详尽的文章，分别呈给我认为在动物地理学方面最具权威的几位进化生物学家：布朗（Bill

Brown）、达林顿、遗传学家杜布赞斯基、迈尔以及资深昆虫学家爱默生（Alfred Emerson）、林德罗特（Carl Lindroth）和齐默尔曼（Elwood Zimmerman）。这是通往论文发表的途径，尤其对年轻科学家更是如此。而这些大人物也全都回信道："可以，没什么明显的瑕疵。"

我将这种现象命名为"分类群循环"（taxon cycle）。且让我先解释一下，所谓的"分类群"可以是亚种、物种，也可以是一群不同物种，例如整个属，因为它也经过分类确定具有共同血缘。举个例子，北美灰熊（*Ursus horribilis*）是一个物种，也是一个分类群；而 *Ursus* 属也一样，虽然它包含了灰熊以及其他的所有熊，比如黑熊、棕熊等，但它们彼此的亲缘关系足够近，所以可以合理推测它们拥有近期的共同祖先。据我推测，如果这项法则适用于物种，那么，它应该也适用于其他位阶的分类群。

我在先后两篇报告中，把原先的分析又精练了一番。我写到，扩张中的物种具有某些与边缘栖息地生活相关的固定特质。[1] 它们的群落较常见，而且它们比较喜欢把蚁窝筑在泥土中，而非枯木或垂落地面的树木枝条中。这类工蚁身上的刺也较多，那是它们在边缘栖息地的空旷处御敌时的武器装备。它们判断方位的依据，较常以兵蚁留在地面的气味痕迹作为依据。

然而，上述这些特质并不能算是优势的根源，它们只不过是针对边缘栖息地生活所发展出来的适应行为。我并没有理论基础可以

---

1 "Adaptive Shift and Dispersal in a Tropical Ant Fauna," *Evolution* 13(1) (1959): 122-144; "The Nature of the Taxon Cycle in the Melanesian Ant Fauna," *American Naturalist* (1961): 169-193.

推测真正存有所谓特殊的“优势基因”——一种强力灵液，流动在这群蚂蚁武士的血液之中。在该区动物群的历史中，真正造成影响的只有一个偶发事件：形成优势种的蚂蚁逐渐适应了边缘栖息地，而边缘栖息地正可作为很有潜力的扩散中心。就像某些岛屿居民一样，某些蚁种之所以能形成优势种，只不过是因为它们有办法渡海而已。

分类群循环现象引导我重新思考另一个非常古老的概念，它与大自然的平衡有关：当某个物种发达之后，另一个物种终究必须离开。但是，这类的替换很少这般精准；事实上，进化中也根本没有什么事物是精准的。

用统计学的方法来归纳，会使得这项法则更为精确。假设有 100 种动物侵入了另一群生态习性相近种群的生活空间（例如，夜行性的食果蝠或为兰花传播花粉的蜜蜂），那么，就会有大约 100 种类似的动物消失，但也有一些在特定时空下，物种数会扩张的例外。

当我发现美拉尼西亚群岛中每座岛屿的面积大小，与我在上面找到的蚁种多寡之间，存在着简单关联后，我心中更加确信了一项法则：岛屿面积越大，物种的数量越多。当我以对数坐标标出这些点的位置之后，它们所形成的线条十分接近直线。我把这种“面积—物种数”关系曲线简单表示为：$S = CA^z$，其中，S 代表岛上发现的物种数，A 为岛屿面积，C 和 z 则为常数。

1957 年，达林顿曾经提到，类似的关联性存在于西印度群岛的爬行类及两栖类动物中，但是他并没有用方程式来表示，而是写成一条通则：岛屿面积每增加十倍，岛上物种数即增加一倍。举例来说，牙买加岛上有近 40 种爬行类及两栖类动物，而附近的古巴岛则有 85 种，且后者面积约为前者的 10 倍。在许多应用案例中，他这种解释方式的确让人比较容易理解；但是，对数方程式还是较为精确且也是较具弹性的表达方式，因此一般说来也更准确些。

当时我并没有马上抓住其中的含义，但是，借由达林顿和我所界定的这种“面积—物种数”关系，很快就能够深刻理解物种多样性的平衡。然而，为了清楚、贴切地解释我如何迈出接下来的另一步，我得先描绘一下整个生物学界以及哈佛大学生物学系里曾经发生的一些事情，尤其是 20 世纪 50 年代及 60 年代的事。

第 12 章

分子大战

现在，我可以不带一丝讥讽地说，才华出众的敌手真是使我受益不浅。虽然令我受苦，毕竟他们是我的敌人，但是我亏欠他们大大的人情债，因为敌手令我精力倍增，而且还驱策我踏上新征途。我们的富有创造性的生涯中，很需要这类人物。如同英国哲学家密尔（John S. Mill）曾经说过的："当旷野中没有敌人时，老师和弟子都会昏睡在岗哨上。"

生物学界的暴君

沃森（James Watson），DNA 结构的发现者之一，正是我生命里的一位负面英雄。在 20 世纪 50 年代及 60 年代，他还年轻时，我发现，他还真是我见过的人中最令人讨厌的家伙。

他于1956年进入哈佛大学，担任助理教授，而我也是在那一年开始担任同样的职务。沃森当时28岁，只比我大1岁。他带着自己的信念来到哈佛大学，认为生物学必须转换成由分子及细胞所主导的科学，而且生物学还必须改用物理及化学语言来重写。他认为，从前所建立的“传统”生物学（也就是“我的”生物学）中充斥着一批批才智平庸的人，这批人没有能力把研究主题转换成现代科学，只能扮演集邮者一般的角色。沃森还用强烈的轻蔑态度对待生物系24名教员中的大部分人。

在系务会议上，沃森轻鄙的态度更是射向四面八方。他特意避开寻常的殷勤及礼貌性对话，显然是认为这样的态度只会鼓励保守派留在四周。大家之所以容忍他的恶劣态度，是因为他曾经有过重大发现，以及这项发现所带来的结果。

在20世纪50年代及60年代，分子革命已经开始以山洪暴发之势横扫生物学界。沃森年纪轻轻即已赢得历史性的声名，顿时成为生物学界的卡利古拉（Caligula，罗马皇帝，生前即命令臣民称他为神）。他享有特权，能够想到什么就说什么，态度随性而且极端不敬，并且还期待对方一定要把他的话当回事儿。在他心里，显然他是“诚实的吉姆”——这是他回忆录手稿的标题，后来才更名为《双螺旋》（*The Double Helix*）。很少有人敢公开要求沃森把话讲清楚。

生态学成为禁忌

对我来说，沃森的姿态尤其令人痛苦。有一天，在系务会议上，我很天真地建议道，系里需要更多年轻的进化生物学者，以平衡发展；最起码我们应该把现有的人数从一名（就是本人）增为两名。我告诉洗耳恭听的教授们，史密斯（Frederick Smith）是作风新派、很有潜力的种群生物学家，最近才刚被哈佛设计研究生院（Graduate School of Design）从密歇根大学那儿挖过来。我大略讲述了一下史密斯的优点，并指出教授环境生物学的重要性。我提议，按照系里的标准程序聘用史密斯成为生物系里的一员。

沃森轻声哼道："他们疯了吗？"

"什么意思？"我是真的听不懂。

"只有疯子才会想要聘用生态学家。"这位分子生物学界的活神仙如此答道。

好一会儿，屋内一片死寂。没人开口为这项提名案辩护，但也没有人附和沃森的话。系主任雷文（Paul Levine）出面终止了这个话题。他说，这项建议并不是当务之急，等到书面数据齐备后，我们或许会再找个时间来审查这项提名案。当然，后来我们并没有这么做。一直等到分子生物学家离开生物系，自创新的学系之后，史密斯才获聘成为哈佛大学生物系的一分子。

开完这场会后，我穿过生物实验大楼的中庭，返回比较动物学博物馆。巴洪（Elso Barghoorn）从背后赶上我。他是资深的进化生物学教授，也是全球最重要的古生物学家之一，是发现前寒武纪微化石的学者，同时也是位正人君子。

"威尔逊，"他对我说，"我想我们不应该再采用'生态学'这个词，它已经变成脏词了。"果然不错，接下来那10年间，我们多半不再用"生态学"这个名词了。但是，我后来才领会到这桩事件中所蕴藏的人类学含义——当某个文化准备消灭另一个文化时，统治者首先要做的，莫过于“在官方场合禁用其母语”。

分子生物学独大

分子战争已经开打。生物系里有一小批生物化学家及分子生物学家，在行事态度及思考哲学方面，或多或少也加入了沃森的阵营。这群人包括不久后（1967）即以生物化学方面的研究荣获诺贝尔奖的沃尔德（George Wald）；蛋白质化学先驱埃兹尔（John Edsall），他资历很深但年纪颇轻，经常微笑、颔首，却又高深莫测；再者就是新近由加州理工学院挖来、才华横溢的年轻生物物理学家梅塞尔森（Matthew Meselson）；以及雷文，他是在20世纪50年代，除了沃森和我之外，唯一获哈佛大学聘用的终身助理教授。雷文很快就摒弃了种群生物学，开始独个儿大力鼓吹新教义。好个热心的变节者，我心里这么想。

教职员会议上，我们聚在一起，形式拘泥而紧张，就好似贝都因部落（阿拉伯游牧民族）的酋长，团团聚在一口引发争议的水井边一样。我们用老方法（即《罗伯特议事规则》）把威望、教授任命以及实验室空间，依序拿出来讨论。我们全都意识到，会议上的争论并不寻常，不是学术式的。教育哲学家赫金斯（Robert M. Hutchins）曾经说过，这类争辩非常可悲，因为其中多是没意义的事。令人头昏脑涨的权力争夺战充斥在生物系里，而我们就像是个微观世界。

哈佛大学里的传统主义者起先非常支持这场革命。我们都同意，系里需要更多分子生物学以及细胞生物学的人才。人文暨自然科学院院长以及连续多位教务长也都很快被说服，同意教员比例需要大幅调整的看法。于是，分子生物及细胞生物学者在生物系内的人数迅速膨胀。曾经有好长一段时间，他们都保有8席教授任命案中的7个席位。

没有人能怀疑他们的成就是否相当，至少整体而言是如此。

最大的问题是，没有人知道该如何阻止他们继续霸占生物系，甚至最后消灭生物学中其他重要的学科。

困坐敌人阵营

我的处境尤其尴尬，因为我的办公室和实验室就位于生物实验大楼中，这儿正是物理及化学进攻的桥头堡，如今里面蜂拥着成群经费充裕的分子生物学家。我发觉，这里的气氛非常紧张，令人沮丧。当我和沃森在走廊相遇的时候，沃森从未主动打过招呼，即使走廊上只有我们两人也是如此。我很为难，不知是否也应该假装没看见他（这是不可能的），或是自取其辱地继续坚持南方人的礼貌（同样也是不可能的）。最后，我决定低声咕哝一句寒暄词，草草带过。

沃森那帮人待人的态度从漠然到冷淡不一，除了沃尔德之外，他具有堂皇气派的架势。他是很友善没错，但另有一种自视甚高以及屈尊俯就的做作神态。在我们少数几次谈话的过程中，我始终没法甩掉一种感觉：他好像是在对我身后坐着的上百位观众发表演说。

事实上，在20世纪60年代末期，他的确是把在大批听众前发表政治及道德演讲当成他的第二项专业。在哈佛大学校园混乱达到最高潮的时期，沃尔德总是能站在成群活跃的学运分子面前，扮演最佳演讲者的角色。他是属于那种非常优雅、脱俗的知识分子，那种会率先发动革命而后又第一个走上死刑台的人物。对于我们这门科学的未来，他完全赞同沃森的看法。“生物学只有一种，”有一次他这么宣称，“那就是分子生物学。”

我在这群分子生物学家中的地位，并未因 1958 年我比沃森早几个月获得终身教职这个事实，而稍稍提高。虽说那完全是时机上的意外事件（斯坦福大学主动邀聘我，而哈佛大学为了反制，也连忙聘用我），而且我也认为无论如何，他都远较我更值得获聘，但我可以想象沃森对这件事的感受，一定糟透了。

怪杰沃森

其实我根本算不上认识沃森这个人。在他任职哈佛大学的 12 年以及稍后一段时间里，我们直接面对面对话的次数不超过 6 次，而且史密斯任命案已经算是其中一次了。

1962 年 10 月，我向他道贺：“恭喜您获得诺贝尔奖。全系都与有荣焉。”他答道：“谢谢。”谈话结束。另一次，在 1969 年 5 月，他向我道贺：“恭喜您获选为国家科学院院士。”我回答：“多谢了，沃森。”我很高兴他这么有风度。

不过至少这个人并不狡诈。就某个层次而言，沃森显然觉得自己的作为都是为了科学着想，而直言不讳正是科学最需要的行事方式。道理就像“要做蛋卷，必须先把鸡蛋打破”一样。我只能确定一点，假使他的发现没有这般神奇的话，他在哈佛大学只会被当成天才怪人，而他的诚实真话大部分也会被看成差劲的判断，而遭到公开驳斥。然而，大家都对他洗耳恭听，而且部分年轻同事还群起效仿他的态度，这些都是因为他和克里克（Francis Crick）解开了 DNA 的分子密码，这远远超越了我们其他人所有过去的成就，以及预期会达到的成就。

他俩的成就像闪电般出现，仿佛来自上帝的知识。在这出戏码里，创造生命的普罗米修斯（Prometheus）就是沃森和克里克，而且他们也不只是因为运气好。沃森和克里克拥有超凡的智慧和创造力。这一成就更加独特地诠释了一种科学的行事方式——如沃森在一次采访中所说的——其他有条件的人，都没兴趣全心投入这个难题中。

双螺旋的冲击

对于那些不曾在 20 世纪 50 年代早期研读生物学的人来说，恐怕很难想象，发现 DNA 结构对于我们领会世界运作的方式，带来了何等重大的冲击。那不只是涉及遗传学转型的问题，它同时还为所有生物学科注入了化繁为简的信心。这项发现暗示：最复杂的程序可能比我们想象的还要简单，它悄悄地把野心和胆识送进年轻生物学家心中，同时还建议他们：现在就试试看，快速且深刻地切入生命之谜中吧。

当我在 1951 年来到哈佛大学读研时，大部分生物化学家之外的人士都深信基因是一群难以驾驭的蛋白质。我们都认为，它的化学结构以及它指挥酶合成的方式，必须等到下个世纪才有办法解开。话虽如此，越来越多的证据显示遗传物质为DNA，一种较大多数蛋白质都简单得多的大分子。1953年，沃森和克里克证明了配对现象确实存在于双螺旋里，而且它也符合孟德尔遗传定律。“它并没逃过我们的法眼，”他俩在1953年写给《自然》杂志的信尾这样调侃道，“我们马上就要发表的这项专一性配对假说，为遗传物质的复制提供了一套可能性很高的机制。”

很快，人们又发现这些碱基配对所形成的密码竟如此简单，甚至连小孩都看得懂。这类暗示再加上其他一些启示，在个体生物学以及进化生物学界激起阵阵涟漪，至少在年纪较轻也较具雄心的研究人员心中是如此。假使遗传现象能简化为一串分子字母，而且字母种类只有四个，成千上亿个这类字母就能描绘出全体生物；那么，简化并加速分析生态系统以及复杂的动物行为，不就也有可能达成了吗？

在哈佛大学研究生中，我算是对分子生物学早期进展最为兴奋的人之一。沃森是自然科学界年轻人心目中的英雄，是骑马入城来的年轻神枪手。

态度转变

很可惜的是，沃森本人和他的分子生物学家党羽，却对我所安身立命的生物学战区缺乏远见。从他们所有的声明中，我能筛检到的只有革命式的标语：且把所有这类老式思想全都除去，看看会出现什么样的新秩序。

他们这般缺乏眼界，当然令我觉得非常失望。1968 年，沃森当上冷泉港实验室（Cold Spring Harbor Laboratory）的主任时（他在哈佛大学的教职仍一直维持到 1976 年），我对朋友说了一句尖酸的评论："我连柠檬水摊子都不会交给他管理。"沃森证明我错了。10 年之内，他借由激励、提高奖励等办法，以及选择并吸引最具天分的研究员，硬是把这家原本就已经很著名的机构，提升得更有水平了。

一个全新的沃森渐渐在我心中形成。1982 年 10 月，在哈佛大学生物实验大楼五十周年庆的接待会上，他一路排开满屋子的人群，向我走来，称赞我于当天下午一场演讲中信口开河说出的一段话。当时我是这么说的："哲学的历史大半是由头脑中的失败模型所构成。"事后我发觉，我的措辞正是他 20 年前会用的那种先发制人式的批评语。难道我在这期间受了潜移默化的影响了吗？没错，也许有一点儿。我从来没法抑制自己对这位仁兄的激赏，他以勇气和高调大胆的姿态取得了他的成就。沃森和其他分子生物学家为他所属的时代注入了新的信念：自然科学界里的法则也可以简化。这是属于自然主义的胜利；同时，对我个人来说，我在 20 世纪 70 年代试图把全新的社会生物学（sociobiology）系统化，以便把生物学引进社会科学当中，部分的动机也是来自这个信念。

"进化生物学"这名词如何？

当年分子革命引发的冲突，最终也被证明促成了另一个正面的效果。20世纪50年代末期，系里的气氛实在太令人窒息了，以至于大伙儿已经没办法在一般的会议中拟定哈佛大学生物系的未来。于是个体生物学及进化生物学方面的教授准备另谋出路。我们自组了政策讨论会，进行非正式的会面，并讨论我们自己的学科，首次开始思考我们未来在生物科学界里的地位。这样的发展令我想起另一条人类学法则——当野蛮部落成长到一定的规模和密度时，他们就会分裂，其中一群人会移居到另一块新领土上。例如巴西及委内瑞拉的亚诺玛莫人（Yanomamö）。据判断，他们分裂的时刻，就在彼此械斗频率大增后不久。

到了1960年秋天，我们的政策讨论会已经固定化，成了一个新生的“宏观生物学委员会”（Committee on Macrobiology）。

“宏观生物学”，真是个怪名字。1960年，我们认识到像动物学、植物学、昆虫学，以及其他以生物群体为中心的学科，都不再能反映生物学的实际状况了。生物学现在已经被横向切割，其依据为生物的组织层次，也就是所谓的分子、细胞、个体、种群以及生态系统等。换言之，生物学探讨生命的方式有了九十度的大转变。专家们越来越不在意获得鸟类、线虫或真菌等个别物种的全面知识（包括它们的多样性）。专家的焦点越来越集中在研究一两种生物组织层次的通则。为了这么做，许多人只好把全部精力放在一小部分物种身上。全美国的大专院校也据此重新制订研究及教学计划，将生物学系划分为分子生物学系、细胞生物学系、发育生物学系，以及种群生物学系，再不然就是和上述分支大略相同的其他学系。

在这段转换期间，也就是大约从20世纪60年代持续到70年代，“进化生物学”这个用语流传得相当广。它的用意是把个体以上的生物组织层次和环境、动物行为以及进化等学科结合在一起。虽然我承认自己的记忆不见得完整，而且也没有深入研究整个来龙去脉，但是我还是相信，“进化生物学”这个名词是由哈佛大学带动起来的，搞不好还是从我这儿源起的。我记得，我是在 1958 年自个儿编造了这个名词，并将它填入哈佛大学的工作计划中，作为下一年度授课的课程名称。从那之后，“进化生物学”就在哈佛大学校园内流传开来。

1961 年某个秋日，那时我已经讲授进化生物学这门课三年了，我坐在哈佛大学新建的植物标本馆大会议室中，与辛普森隔桌对坐，等待宏观生物学委员会里其他的成员前来参加我们的例行会议。辛普森是公认的当今最伟大的古生物学家，当时已是他在哈佛大学任教的最后几年。我主动跟他搭讪，这是很必要的，否则我们就只能干坐在那儿，沉默地你看看我，我看看你。因为“奇奇”（GG，我们用他名字的缩写昵称他）几乎永远不会主动开腔。他很害羞，极端自律，全神贯注于研究工作。我猜他是想要省下和别人谈话的每一分钟，以便将其投入到论文或著作的撰写上。他坚持拒绝担任委员会的职务，不愿收研究生，而且他的授课时数即使以相当宽松的哈佛大学的标准来看都算非常少。

那一天，我对他提出很具挑战性的问题。当时我正为该如何为我们那强敌环伺的生物学找个适当的名称烦恼着。我们都同意，“宏观生物学”这个名词很糟。“古典生物学”也不必考虑，因为我们的分子生物学敌手正是这样称呼它的；简单的“一般生物学”或是“真实生物学”呢？两个都不好；“种群生物学”？蛮正确的，但是范围太狭窄了。那么，我说道：用“进化生物学”如何？这样就可以全面照顾到了。既然进化是生物学的中心组织概念，无法用物理及化学方法来探讨，那么，把它用作学科名称的一部分，或许可以成为以后这一学科独立的护身符。我试着向其他成员解释这一点，大家都很赞成。于是，1962 年秋天，我们正式成立了“进化生物学委员会”。

哈佛大学的“压力锅”

在哈佛大学生物系全面分裂的时刻来临前，我们和分子生物学派系间的冲突热度日增，冲突主要环绕着人事任命案打转，经历了一次又一次的痛苦案例。哈佛大学教职员在科学界是很有名的“压力锅”（在大部分时间和议题上都是如此），因为校长和院长们决意维持高质量，使得人才选拔步步为营，同侪间彼此竞争终身教职的压力因此更为强化。这种情况大半要归咎于哈佛大学的盛名。

我们全体一致关心的目标非常明确：在每个候选学科中，选出全世界最好的人才；或者，至少是能够在最前线苦干实干的工作狂型老手。院系和行政部门总是在盘问：他的发现有何重要性？哈佛大学现在需要他这个学科的人才吗？他真的是该学科中最优秀的吗？结果，半数以上的助理教授在有机会接受考验之前，就已确定无缘获聘终身教职，或是被迫离开。这就是哈佛大学生物系于 20 世纪 50 年代末期到 60 年代初期的情况。任何一方阵营所推荐的人选，另一方阵营都会明确表示怀疑，并仔细盘查。

这日益升高的张力，不只是因为两方阵营的利益冲突。双方间的裂痕已经深入到生物学的定义问题上。分子生物学家信心十足，相信未来属于他们。他们认为，如果进化生物学也想立足于未来，那么势必得完全改头换面。而这一点可以靠他们或是他们的学生来办到，由下往上，从分子到细胞再到生物个体。他们传达的信息很明白：让集邮者回到博物馆去吧。

进化生物学家可不打算臣服在这一群连红眼蜻蛉和蝼蛄都分不出来的“试管操作员”的手下。我们反驳道，在分子生物学的未来还没有成形，甚至也无法证实它们将主导生物学未来的当下，就要我们先放弃个体、种群以及生态等各种学科及其方法论，真是太愚蠢了。

我们受到威胁，不得不破天荒地重新思考我们在知识上的正统性。无论是走廊上的对话还是行政会议上，我们都试图在制订未来的研究及教学计划方面达成共识，希望这些计划能向世界凸显、表明个体生物学及进化生物学的最佳面向。然而，在分子派大胜的头几年里，我方的地位却十分羸弱。此外，我们又因各自兴趣与所求不同，而再度遭到分割。

进化生物学委员会里的成员大多数都太专门化、太局限于自己的范围，或是太过软弱，以致没法起而反抗。在系务会议上，他们神情木然地坐着，宁愿谈论一些较不重要的事情，比如谁将负责教授基础课程？阿诺德植物园（Arnold Arboretum，哈佛大学的植物园之一）的地位如何？我们是否应该积极参与那个新成立的“热带研究组织”？

至于分子生物学家，他们很少会阐述生物研究的哲学。对他们来说，未来的研究显然将通过他们的激进方式进行。他们嘴里虽然不说，但是心怀强烈的嘲讽：算一算诺贝尔奖得主吧！

迈尔和辛普森是新综合理论的巨擘，我少年时代的偶像（顺便提一下，他们都不是诺贝尔奖得主，因为诺贝尔奖不颁给进化生物学界的人），但他们似乎都很不愿意在系务会议上公开提出这类中心议题。我想，部分原因在于分子学派所表现出来的态度——从漠视到轻视。何必招惹他们，把眼前这种令人不快的局面弄得更糟糕呢？由于进化生物学派缺乏强有力的政治才能，我们的潜在结盟也渐渐松散。当时号称最杰出的两位个体生物学家之一的格里芬（Donald Griffin），他是动物声呐的发现者，也很早就被分子派学者的论调说服。有一次，他在会议上宣称，我们全都是进化生物学者，不是吗？我们在各个层次所学得到的，难道不都有利于增进进化学知识？著名的昆虫生理学家威廉斯（Carroll Williams）则始终维持友善的中立态度。他是谦恭有礼的弗吉尼亚绅士，成年后的时光虽然几乎全在哈佛大学度过，但是他连那口弗吉尼亚口音都没变过，他坚持保留旧日系里的礼貌态度。

然而，有一点比个性更重要，那就是摆在眼前的事实：进化生物学者没法提出大把最新突破来和《自然》《科学》以及《美国国家科学院院刊》（*Proceedings of the National Academy of Sciences*）内连篇累牍的分子生物学及细胞生物学新进展一较短长。

另类词典

那个时代的气氛鲜活地呈现在一封我写给斯洛博金（Lawrence Slobodkin）的信函中，发信日期为 1962 年 11 月 20 日。斯洛博金是年轻的进化生物学者，也是我新结识的好友。他很勇敢地从密歇根大学来到哈佛大学，发表一场生态学的演讲。我在信中写道：

> 你如果知道这件事一定会很高兴，所有的学生，不论是研究生还是大学部学生，几乎全都对你赞不绝口。他们发觉该主题的内容以及你的个人风格都非常有意思……至于教员同人们，反应就没有这么热烈。他们急着宣称，你的原创性高得令人不安，你的论调和数据说服力不够。这类反应的起因很复杂。我个人的印象是，其中有很大部分起自对生态学的古老偏见，这套滥调包括：生态学不够“扎实”，或没有经过严格的实验证明。要是换成知名的生物化学家，讲述较“扎实”的主题，但是发表的也是类似的演讲，那么，这些教员同人们一定会大大赞扬演讲者的灵活想象力及过人胆识。

我又想到，还有最后一条社会行为准则，使得事态发展不致太离谱——当受压迫的民族无计可施时，他们只有寻求幽默感。1967年，我编了一份《分子生物学词汇表》，很快就传遍全美生物系所，而且广受好评——进化生物学者的好评——因为它抓住了征服者趾高气扬的神韵。以下就是表中的部分词语，为了制造出前后连贯的效果，我把原先按字母排列的顺序调动了一番：

> **古典生物学**（Classical Biology）：生物学中尚未以物理及化学名词加以解释的那一部分。古典生物学家喜欢宣称，古典生物学里有许多分子生物学家不了解的内容；但是那也不要

紧，我们认为，那些内容很可能正是最不值得去了解的东西。总之，古典生物学一点儿都不重要，因为到了最后，它终会全盘被物理及化学词语解释清楚。届时，古典生物学将脱胎换骨成为分子生物学，那时它才值得去了解。

显赫的发现（Brilliant Discovery）：刊登在生物学主流期刊上的研究结果。

生物学主流（Mainstream of Biology）：我和我的朋友们所研究的主题。另外也号称“现代生物学”以及“21世纪生物学”。

青年才俊（Exceptional Young Man）：具有显赫发现的新近分子生物学家。

一流水平（First-rate）：研究生物学主流的生物学家水平。

分子生物学（Molecular Biology）：生物化学里替代了古典生物学的那一部分。分子生物学里有相当大的比重是由做出显赫发现的一流水平的科学家所担纲。

三流水平（Third-rate）：古典生物学家的水平。

相信我，诸如“一流水平”“显赫的发现”“生物学主流”等词，确实经常挂在那些分子生物学家的嘴边。经过30年的演变，分子生物学和进化生物学的区别已拉近了许多。在我写这本自传的时候，专门研究群体生物的学界独行侠——分类生物学家（systematist），很不幸地大都被新领域的入侵者排除在大学院系之外。而这一点，可以说是分子革命所造成的唯一也是最糟糕的结果。

被排挤到边缘多年的生态学家，由于大众对全球环境危机的共识，再度卷土重来。至于分子生物学家，就如同他们所保证的，的确完成了不少革命性的研究，只要能够有分类学家协助鉴定生物的身份，他们就有办法做出重大贡献。幸存的进化生物学家则按照惯例运用分子数据来继续达尔文的议题。两派人马有时也会友善地相互对话。的确，如今由两大领域人马共同携手合作的小组越来越多，一同在现今可以被公平且安全地称为主流生物学的学科中，创造一流水平的研究成果。此外，你在走廊上不经意间听到的分子生物学家的语词，也变得较为朴实而精致。只有死硬派的原教旨主义者依然认定，由种群到生态系统这种较高层次的生物组织层次，也能用分子生物学来解释。

对街的吸引力

但是我在 60 年代时，还没办法预测到今日的大和解局面，那时的我正置身于紊乱之中。更糟的是，我的实验室还困在生物实验大楼的分子生物学家及细胞生物学家群体中，他们增生之快，简直就像大肠杆菌或他们实验室培养的微生物一般。

在距我办公室 30 米处，则是思想截然不同的一个世界——资深进化生物学家的专属天地。他们大多是掌管哈佛大学的“附属机构”（Associated Institutions）的教授，例如比较动物学博物馆馆长、植物标本馆馆长、植物博物馆馆长、阿诺德植物园园长以及哈佛大学林场的场长。我对他们真是嫉妒得要命。他们可以退回自己的标本收藏间及实验室中，继续享受历史悠久的捐款资助。这些捐赠的来源都与 19 世纪一些名闻遐迩的英国人有关。

我最渴望的莫过于搬进建筑物对面的比较动物学博物馆，并在其中担任昆虫馆的馆长。我渴望置身于志趣相投的进化生物学环境，身边净是些学生以及志同道合的同事，而且再也不必在走廊上和分子生物学家相遇。然而，在迈尔担任馆长期间，我却拖延了这项搬家申请超过 10 年。

或许是因为我太胆小，我总觉得这位大人物对我特别严厉和冷淡。另外，我们之间还存有 25 岁的年龄差距，我对他有如对父亲般的敬畏。这是从我 18 岁把他的《分类学和物种起源》大作奉为圣经之后，就已经形成的。现在我们已经结为好友，我可以坦诚地跟他谈论所有……嗯，大部分的事情；虽然在我撰写这本书时，他已 90 岁高龄，但仍然充满活力。

不过，当时我却觉得，到他的大楼里要求一间避难室，是非常鲁莽的举动。那时我自尊心的脆弱程度，现在看起来简直是毫无道理。我总觉得迈尔对我的评价一定很低，我不敢冒被他拒绝的耻辱的风险。我认为他会答应我的要求的概率绝对不会超过 50%。

直到新馆长“毛球”克朗普顿（A. W. Crompton）上任——正如他的小名所暗示的，是相当好说话的人——我才敢要求加入比较动物学博物馆。“毛球”马上邀请我搬进博物馆新建的实验室中，他说：“威尔逊，你真让我开心了一整天。”而且没过多久，他就指派我担任昆虫馆馆长。

我绝对相信，分子生物学家同事也同样乐于见到我离开。因为即将迁出前的某一天，当我正坐在书桌前时，普塔什尼（Mark Ptashne），这个怪团体中的年轻神勇骑兵，事先没打一声招呼，就径自领着营建顾问进入我的办公室，开始测量将来要如何安装仪器设备。

一本鼓舞我的小书

到了这段时期，我已经对生物学的未来有了全面性的观点。我想要的已不只是博物馆内的避难室、能保护眼力的标本观察工具、钉满标本的收藏柜抽屉，以及前往巴拿马田野调查的来回机票，我想要的是在年轻进化生物学家之间掀起革命，我想要脱离老一辈新综合理论的范围，建立新东西。

我暗忖，这件事可能会由我这一辈的学者付出最大的努力来达成，参与的人要像最好的分子生物学者般能干，且野心勃勃。我心里并不清楚要如何着手建立这项志业，但是很显然，最先需要的莫过于新奇的视野，而新奇的视野来自年轻有野心的学者。于是，我开始密切注意，其他大学里是否有和我志趣相投的同好。

事实上，一个松散的派别的确开始形成。1960 年 1 月，科学教科书主要出版社何莱温公司（Holt, Rinehart and Winston）的编辑顾问来找我，要求我审订斯洛博金新写的一本小书手稿，书名为《动物种群的成长与调节》（*Growth and Regulation in Animal Populations*）。当我合上这份手稿后，我对斯洛博金的明快风格以及他研究生态学时所采用的演绎方式兴奋不已。

他创建了一些很简单的数学模型，以描述种群动态的基本特征，之后又详述了这些方程式的前提和条件，以追问新的问题。他指出，像生长、年龄结构以及竞争等复杂的现象，是可以分解开来的；只要用最起码的推理，通过科学中传统使用的假设演绎法设计出实验，就可以分解了。他更进一步指出：来自自然选择进化的解释，可以大大增进这些假说以及实验结果的丰富程度。

斯洛博金并不是第一位提出这类鼓舞生态学言论的科学家，但是他那明晰的风格，再加上教科书形式暗示的权威性，处处都使这些想法更具说服力。它让我顿悟到，在这本书出现之后，生态学才算真正编入了进化理论当中；如今斯洛博金正指示了一条这样的路。同时，他也提出（或是我由他的书中读出），如何把生态学串联上遗传学以及生物地理学。为什么我说遗传学呢？因为进化就相当于种群遗传上的变迁。至于要提到生物地理学，是因为在遗传上能适应某环境的种群，其地理分布决定了有哪些物种可以在该环境中共存，而群落就是通过遗传变迁以及物种通过环境交互作用组织起来的。遗传上的变迁以及交互作用，可以决定哪些物种能够生存，哪些物种将会消失。于是，如果想要了解进化，就必须把种群动态涵盖进来。

有了这层领悟后，我心中不禁激起一丝希望：斯洛博金可能会成为进化生物学界的领军人物之一。于是，我写了一封热情洋溢的报告给编辑。不久后，我直接和斯洛博金联络上，向他提议：现在是时候让更详尽的种群生物学教科书问世了。我问他有没有兴趣和我合写一本。在这个合作案中，也许他可以负责介绍“种群动态学”（population dynamics）和“群落生态学”（community ecology）；而我则增补遗传学、生物地理学以及社会行为学。这些素材将写成一本中等程度的教科书，同时这本书还将推介崭新的进化生物学研究方法，这个方法奠基在生态学以及数学模型上。

斯洛博金说他很有兴趣，他将和我讨论这件事。过后不久，我俩在剑桥碰面，筹划我们未来的工作。我们讨论的程度之细，甚至连未来个人所要负责的章节标题形式，都预先订出来了。

科学哲学家

那时，斯洛博金还是密歇根大学的助理教授。身为贫瘠的美国生态学界的明日之星，他稍后转往纽约州立大学石溪分校（Stony Brook），在那儿建立了新的进化生物学研究计划。他在研究方面的声誉，主要奠定在一连串令人兴奋的研究上，这些研究在我们碰面前就已萌芽，并在后续几年开花结果。他专攻“红潮现象”（red tide phenomenon），也就是有毒的双鞭毛藻（dinoflagellate protozoans）周期性的种群暴增，以致毒害到鱼群及其他海洋生物的现象。他首创利用弹式量热器（bomb calorimeter）来测量生态系统中营养级间的能量转移。在这个理论中，他详加解释了存在于“精明的捕食者”（prudent predator）和“高效的猎物”（efficient prey）间的平衡关系概念。

认识他这些年来，我每次看到他都觉得他的外表很引人注目：一头红发，要么脸颊刮得干干净净，要么很戏剧性地蓄了一团大胡子，像大熊般的身躯展现出学者的轻松自在。他并不习惯于开怀畅笑，倒是偏爱笑中带刺的格言。他聊起天来显得全神贯注，而且防备心很重。此外，对于年轻人来说，如此喜欢概括科学及人类的状况，也算是某种程度的怪异。

身边伴着这种朋友，是会受到潜移默化的影响的。他常扔出一些离题的词句和黑色幽默片段，活像故意要把听者弄糊涂似的，尤其是在结束谈话时混用的那种哲学家式的深奥言辞。这种风格的收尾暗示着：我们对这个主题的嘲讽不只如此，还有更多；看看你有没有办法自己想出来。

斯洛博金其实是位哲学家。我不禁把他想成一个通过科学生涯的进展来达到他的科学哲学目的的人。在那儿，他将成为教皇、祭司，以及博物学的阐释者。我有些朋友抱怨说，他的个性中有种装腔作势；也许就某种程度而言确实如此，但是我依然很欣赏斯洛博金的细致、敏锐的心思，也很喜欢和他相处。虽然我们两人的文化背景天差地别，但是这使我更觉得他这个人有趣。他是出生于纽约的知识分子，是犹太人，不论就气质还是风格来说，距离我在 60 年代早期依然自认的“汗流浃背的田野昆虫学家”差异都大得不能再大了。

耶鲁大师哈钦森

斯洛博金深受哈钦森的影响，哈钦森是斯洛博金在耶鲁大学进修博士时的指导教授。哈钦森与斯洛博金的差异，就和哈钦森与我的差异不相上下，也非常近似于斯洛博金与我的差别：我们三人刚好可以形成一个等边三角形。

哈钦森出生于 1903 年，他的父亲为英国剑桥大学彭布罗克学院（Pembroke College）的院长。所以说，哈钦森可以说是地道的英国高层学界的产物。就像牛津剑桥中的奖学金研究生一样，博士学位对哈钦森而言从来不是问题，而且他也把自己训练成惊人的博学之士。他崇尚自由且兼容并蓄，事实也证明他的确很有才智，而且能将诸多碎片拼成宏观概念。哈钦森似乎从没碰到过任何他不喜欢或派不上用场的数据，不论用在哪里，他总有办法做成一段摘要，或至少写成一条注脚。

哈钦森是以田野昆虫学家的身份开始学术生涯的，专攻水生的半翅目昆虫（true bug），尤其专研仰泳蝽科（Notonectidae）的虫子。他背井离乡做研究，远达中国的西藏及南非。之后，他转而率先研究湖泊中的藻类及其他浮游植物。他把研究领域又扩展了，包括这类水体中的生物存活所需的营养链及营养级。他可以算是第一批学成生物地理化学（biogeochemistry）的学生，这是涵盖陆地、水体及生物分析的复合学科。然而稍后，在他于 1945 年当上耶鲁大学动物学系教授后，他的研究兴趣又转向种群动态的进化，而这个学科也成为斯洛博金的专长领域。

哈钦森的洞察力非常深厚而且具有原创性，虽然这两个形容词因为滥用过度，听起来似乎有点平凡无奇，但事实上，即使尊称他为进化生物学之父，他也当之无愧。“哈钦森生态位”（Hutchinsonian niche）就是他最具影响力的创见之一。和其他成功的科学创见一样，哈钦森生态位的概念也很单纯，只要几个项目就可以很有效地描述某个物种的生存状况。例如，它存活及繁殖所需的温度范围、它的食物范围、它最活跃的季节、它每日进餐的时间等等，这张列表的长度生物学家可以随心所欲地无限拉长下去。

物种被视为生存在以各种生物质量（biological quality）来界定的空间中，而各种生物性质都拥有独立的尺度。简单地说，生态位相当于一个多维空间。

哈钦森非常独立自主，以致依然能不受分子生物学派高奏凯歌的影响；至少我从没听到他像沸腾的哈佛大学生物系同僚一样抗议过。他在晚年，非常优雅地由田野生物学家转变为一代宗师，顶着稀疏的白发，睁着一双长耳猎犬般的大眼，安然地坐在他的办公室中。在他身边，有只加拉帕戈斯巨龟的填充标本。

在长达约 30 年的教学生涯中，哈钦森训练了 40 名日后成为全球最佳生态学家及种群生物学家的博士生。他们包括狄维（Edward Deevey）、埃德蒙德森（Thomas Edmondson）、克劳普弗（Peter Klopfer）、莱伊（Egbert Leigh）、洛夫乔伊（Thomas Lovejoy）、麦克阿瑟、奥德姆（Howard Odum），当然，还有斯洛博金。他们似乎全都十分崇拜、爱戴这位恩师，而且也从他的典范中汲取能量与动力。他们分布在全美各地，成为生态学众多新兴领域的代言人，对美国生物学界产生了关键性影响。

学者老爹

我和哈钦森的多位学生结为朋友后，曾经问过他们，哈钦森到底是用什么来激励出这群杰出的学生的。答案总是千篇一律：没用什么，他什么也没做，只除了欢迎所有的研究生在想见他时，随时走进他的办公室。

哈钦森总是赞美学生做的每件事，而且总有办法以他内在的洞察力，在刚刚开始的研究提案中找到一些优点长处。有些时候，他高高超越我们之上，别的时候，他则独自漫游在遥远的领域；他热爱惊异的暗喻以及奥秘的例证。哈钦森成功地避开了因为被人过度了解而招来的蔑视。他鼓励学生开拓属于自己的旅程。

我很高兴，能在他 1991 年过世之前，多次到耶鲁大学演讲，亲自见到他，并接受他的祝祷。他会喃喃地说道："太棒了，威尔逊，做得好，非常有意思。"头还在佝偻的双肩中轻轻地点着。好个聪慧的人类加拉帕戈斯巨龟。我从没见过这样一位慈祥和蔼的学者老爹，待在他身边真是非常愉快。我渐渐明白，那些过度慷慨的赞美，并不见得会让我们的性格变得软弱，因为哈钦森的学生也会相互批评，我也一样，这让我们大多时候得以避开重大的盲点。

哈钦森和斯洛博金正是今日所称的进化生物学家。在我转型的那几年，他们使我也尝试成为进化生物学家。通过他们，我体会到环境科学可以和生物地理学以及进化学的研究啮合得多么紧密，而且也对自己在进化生物学方面的表现越来越有信心。他们激励我要更加接近物种平衡的中心问题，而那果真成为我在 20 世纪 60 年代的主要研究路线。

当时的分子战争，则逐渐沉寂于模糊的结论之中。

第 13 章

麦克阿瑟与地理生态学

1961 年，我到纽约巴尔的摩饭店参加美国科学促进协会（American Association for the Advancement of Science）举办的会议。在会议休息期间，斯洛博金跑来告诉我说，有个人我一定得结识，而且还应该邀请他加入我们的出书计划，请他负责种群生物学的部分。当时距离我和斯洛博金初次碰面讨论出书计划已有两个月。他说："这个人叫麦克阿瑟，是地道的理论学家，非常聪明。我想，我们还需要一位数学底子更好、更接近于纯理论的人，来帮我们完成这本书。"

结识麦克阿瑟

这位麦克阿瑟是宾夕法尼亚大学（University of Pennsylvania）的助理教授，那年他 30 岁。他于 1957 年在哈钦森门下拿到博士学位后，到英国牛津大学跟随鸟类学家拉克做了一年的研究，麦克阿瑟很快就开拓出一段光灿的学术生涯。然而，不论是斯洛博金还是我，那天在等着见他时，都没预料到他竟然有这么聪明，短短10年中，他的影响力几乎能与哈钦森匹敌。

麦克阿瑟大大拉近了种群生物学和群落生态学与遗传学的距离。他重新设置生态学、生物地理学以及遗传学的某些关键参数，把它们嵌入基本理论的共同架构中。在20世纪60年代这决定性的10年间，他为整合种群生物学所做出的开创性贡献，没有人能比得上。1972年，麦克阿瑟被致命的肾癌打倒，成为一位传奇人物。如今备受中生代进化生物学者艳羡的奖项，就是受邀前往美国生态学会发表一场“麦克阿瑟演讲”（MacArthur Lecture）。

那天，他真的加入了斯洛博金和我。他是一位身材瘦削、个性谦虚的年轻人，说话腔调虽然是美国式的，却拥有英国式的谨慎、低调风格，这也许是从牛津那儿习得的。他表示，合写这本书是很吸引人的点子，我们应该探讨得更深入些。不过他当天头痛，想要回家休息。我们握握手，然后他就走了。

重温旧时梦

写书的事将近一年都没有进展。不过，那是我的错。为了回归田野调查工作，我把写书的计划完全搁在一边。热带地区再度发散出魅力。我心灵深处有个梦想不断翻腾，传说中的南美黄金国埃尔多拉多（El Dorado）依然还在那儿，可望而不可即。我一定得去。

1961年2月，勒妮和我一同赴特立尼达，我们住在一位名叫奥萨·弗里格特（Asa Wright）的冰岛裔寡妇家。她的春山庄园（Spring Hill Estate）坐落在北部山区的艾里马山谷（Arima Valley）近山顶处。那儿已经变成世界各地博物学家及赏鸟专家乐于逗留的中途休息站。支离破碎的雨林顺着山谷往下延伸到西姆拉（Simla），那儿有毕比建立的研究站。当时这位伟大的博物学家已走到人生最后几年，我很高兴有机会面见他本人。勒妮和我偶尔会与他及能干的西姆拉研究站助手克瑞恩（Jocelyn Crane）一同进餐，欣赏他的朋友吉卜林（Rudyard Kipling，1907年诺贝尔文学奖得主）送他的银质烛台，并且就在这样一处曾经有众多一流热带博物学研究成果诞生的地方，畅谈热带博物学。

当时，那块热带地区滋养了好些奇特的知识分子。我们坐在春山庄园安装了纱窗的游廊上，倾听另一位很有名的访客迈纳茨哈根（Richard Meinertzhagen）上校讲故事。他原本是维多利亚女王手下的军官，第一次世界大战时，与劳伦斯（T. E. Lawrence）在中东并肩作战。事后，我特别去查看劳伦斯的著作《智慧七柱》（*Seven Pillars of Wisdom*），果然在里面找到迈纳茨哈根，而且就正好出现在他对勒妮和我所讲述的情节中。迈纳茨哈根此番来到春山庄园，是为了观察附近一只洞穴中的油鸱（oil bird），顺便搜集些当地森林里的果实。这一切，再加上年迈的弗里格特太太对待特立尼达土著的殖民式态度，处处使我们觉得时光仿佛倒流了50年。

另外还有些趣事值得回味，而且这一次我可以和勒妮一同分享。有一天，庄园里的一头宠物驴子漫步逛过春山庄园的游廊，走进房门大开的餐厅。它的蹄子在硬木地板上发出咚咚巨响，而且嘴一伸，就开始大嚼原本是为众人下午茶预备的巧克力蛋糕。女仆动作飞快地将它赶了出去。过后没多久，当勒妮坐在游廊一角等我从野地回来时，她忍不住去偷听弗里格特夫人对这桩新闻的反应："喔！我的老天，威尔逊夫妇知不知道这件事？"

"他们不知道，夫人。"女仆扯了个谎。

这头驴子晚上被拴在游廊上的一根柱子上，傍晚时分，附近林子里的吸血蝙蝠经常会来"造访"它。到了早晨，它的臀部或腿部，就会出现一两条干涸的血痕。遭到蝙蝠吸血是这块地区的牲畜经常遇到的老问题，此外，蝙蝠还会捉兔子。曾经有好多次，我和迈纳茨哈根入夜后坐在游廊上，备好手电筒，热切地等待吸血蝙蝠的造访，但我们从未撞见过任何一只。这就是吸血蝙蝠厉害的地方，它们总是神出鬼没。

勒妮和我在这里住了两个月后，启程前往苏里南（Suriname），增加一些南美洲的田野调查工作。我们搭乘货轮由西班牙港出发，先到铝土矿重镇蒙戈（Moengo），然后再折回首都帕拉马里博（Paramaribo）。我们寄住在一间供膳的宿舍里，当时我正往南探测林地，远达赞德瑞吉（Zanderij）。之后，我们先返回春山庄园待了一阵子，然后才前往多巴哥（Tobago），继续最后三个月的旅程，从6月到8月。

待在炎热的气候下，闻到植物霉烂的气味，令我有重返家园的自在感；虽然勒妮可不这么觉得，尤其是她得知有吸血蝙蝠之后。新发现来得非常容易，就和我每每在热带森林里碰到的情形一样。我在苏里南采到一窝高挂在树上的巨大、原始的刺针家蚁族蚂蚁 *Daceton armigerum*，而且也率先研究到它的社会组织。另外，我在特立尼达

中部的大洞穴中，重新发现真洞穴蚁中的 *Spelaeomyrmex urichi*，而且证明该种蚂蚁同时也生活在苏里南的开阔林地，因此不能算是绝对性的洞穴蚁。我一向秉持机会主义精神，东探探，西探探。

忧虑天分不够高

然而，在这趟田野之旅的早期，也就是我刚开始在特立尼达展开工作时，却发觉热带地区不再是乐园了。令我惶恐的是，我这辈子第一次落入沮丧的情绪中。我又开始忧心忡忡地想起生态学及进化学的广阔天地，以及我这位年轻进化学者迫切需要的观念革命。我憎恨自己对博物学热情降低这件事。我很担心自己在数学方面的缺陷；我很确信，未来的进化生物学原理一定会写成方程式，以量化模型来表达最深刻的洞见。我开始着手弥补我的缺陷，坐在特立尼达及多巴哥岛的游廊和海滩圆顶阁中，自习微积分、概率理论以及统计学。进展相当慢，我的天分不够高，我更加担忧了。现在，我已经是个 30 岁的人了，时间和主要的机会就要失去——或者说，看起来似乎如此。我是否会错失即将来临的行动？

8 月底，勒妮和我回家后不久，买了我俩生平第一栋房子。那是一栋小巧的二层楼房，位于列克星敦郊区，在剑桥西边约 16 千米处。房子总价 1.9 万美元，约为我当时年薪的两倍。我们在这趟年度轮休旅程中，尽量节省，也只不过存到第一期房贷的下限 3 000 美元。这时，我们的婚姻进入第五年，总算有扎根的安全感了。我对自己的工作以及我很可能下半辈子都会留在哈佛大学这件事，越来越觉得有信心。于是，我的数学焦虑症也不治自愈。

过后没多久，麦克阿瑟和斯洛博金到哈佛大学来跟我会合，我们开了一天的会，重新计划我们的种群生物学著作。我们制订出大纲，分派章节任务，然后分头努力。

正如我对斯洛博金的欣赏，我觉得麦克阿瑟的个性甚至更迷人。在接下来的谈话和交往中，我们发现彼此的共同兴趣多得惊人，其中之一是我们都热爱生物地理学，也就是研究植物及动物地理分布的学问。这一门我终身沉浸其中的传统学科，当时正一片混乱。

事实上，应该说是大混乱，因为这个主题的内容是生物学所有学科中实质范围最广的。而且，它还涵盖了整部地球生命史。

数学家兼博物学家

1961 年，当麦克阿瑟和我开始把目标放在生物地理学上时，它的内容大多仍停留在“描述”的阶段上。其中最有意思的理论为“马修—达林顿的优势及汰换循环”（Matthew-Darlington cycle of dominance and replacement）理论。另一方面，生物地理学的主旨也包括以下这类主题，比如西印度群岛上的动植物区系起源——不论是经由一度连接列岛和大陆间的陆桥迁徙而来，还是偶然借由水路或风而迁移进来。生物地理学似乎已经成熟得足以接受种群生物学领域中的新兴思想。我把档案中的一些曲线拿给麦克阿瑟看，这些曲线表达了各个岛屿面积与生活在上面的蚂蚁或其他生物物种数多寡间的关系。我把我的“分类群循环”及“物种平衡”理论说给他听。

很快，麦克阿瑟就对这些数据及相关主题产生了浓厚的兴趣。当我们的讨论越来越深入，而且也扩及家常闲话以及个人趣事逸闻后，我们变成了很要好的朋友。我俩在攸关科学合作成败最重要的背景方面，相当接近。麦克阿瑟虽然出身于马尔波罗学院（Marlboro College）数学系，而且拥有极为突出的数学天赋，但是他的心思则放在了鸟类学研究上。

麦克阿瑟的职业是博物学家，而且只有当他带着望远镜和田野考查手册，直接走进大自然搜寻新发现时，似乎才是他最快乐的时刻。他的职志在于扫描大自然千头万绪的一切，并且经过消化整理，然后在他自己以及其他人心中，概略记下大自然的基本理论形貌。同时身兼数学家及博物学家，他实在是相当独特的，只有他的恩师哈钦森能相企及。他的兴趣不像哈钦森那般广阔，但是能更快、更深入地参透策略点。他和伟大的英国数学家哈代（G. H. Hardy）在气质及思想方面都颇为神似，而且他们的信念也相同：“数学家相当于观念模式的制造者，而评断模式的标准在于美感与严谨度。”麦克阿瑟最希望的，是发现美丽的生命的真实模式。

麦克阿瑟在聊天时提到，顶尖的科学研究中，有很大一部分都是来自针对自然现象发展出的新分类法则，也就是那些能够提出假说以及新数据搜集范围的研究。“艺术，”他喜欢引用毕加索的话，“就是帮助我们看清真相的谎言。”

他的方法论见证了一位天生博物学家的坚韧：他知道自己在说什么，而他更关心的是大自然这幅锦绣帷幕，以及他自己对大自然的独特见解，却不在乎旁人对大自然或对他个人有何看法。

麦克阿瑟观察鸟类时极有耐性，而且也具有鸟类学家的专业技能。只要有机会，他就经常往热带地区跑，并且对博物学数不清的相关数据也极感兴趣。从事这些活动而累积下来的大把信息，以及数据背后交互作用模式的剧本，全都成为麦克阿瑟理论研究的灵感来源，他利用这些理论来描述生物多样性的起源。

生物系的奥斯本教授

我们初次碰面时，麦克阿瑟还是宾夕法尼亚大学的助理教授，但是很快就升为副教授，然后是正教授。后来他转到普林斯顿大学，在那儿没多久就被封为“生物系的奥斯本教授”（H. F. Osborn，曾任普林斯顿大学比较解剖学教授）。

麦克阿瑟的举止态度谦虚而令人愉快。身高中等，英俊的长方形面孔，碰到你时，他会把眼睛睁得大大的，坦然一笑，令人疑虑尽消。他说话的声音是单薄的男中音，语句、段落完整，在强调比较重要的发言时，头会微微上扬，并伴随吞咽的动作。他的仪态冷静，善解人意，暗示着他在智力上的高度控制能力。和大部分学者专家的过度饶舌相反，麦克阿瑟用词精简，使得他的话语拥有一股非蓄意设计出来的权威感。其实，他本质上很害羞，最无法忍受不小心犯错却被人逮个正着。然而，他很了解自己在同侪中的地位，而且对自己的地位也很有安全感。虽然他天生慷慨，而且也很能赞美他人，在私下谈话的场合，对于他认为重要的研究，几乎能给予哈钦森式的赞词；但是，他也会毫不犹豫以近乎残忍的精确态度描述他人的小缺失及弱点。不过，我从不觉得其中含有丝毫恶意，他只是喜欢对科学家分类而已，同时又经常因为对那些人失望而显得稍微消沉。

除了超凡才智外，他还拥有不寻常的创造动力以及雄心。他把家庭（太太贝茜及四名子女）排在一切事务之上。接下来，排列顺序依次为自然界、鸟类以及科学。

有一天，我们在佛罗里达的狭长珊瑚礁区散步时，我告诉他，我和其他几个人正一同努力，要在里格努维他礁岛（Lignumvitae Key）进行环境保护工作，这是佛罗里达州仅余几座拥有较未受到人为破坏的加勒比海森林岛屿之一。他听了之后，反应热烈得令我惊奇；之前我甚至连想都没想到要对他提这件事。他宣称，抢救濒临危险的栖息地，胜过创造重大的科学理论。

折棒模型

麦克阿瑟以两篇能够显露他非凡能力的文章，展开了他的科学生涯。第一篇发表于1955年，他提出了预估动植物群落稳定性的方法，采用的是信息论。他把一项截至当时为止还仅能用字句描述的观念转化成公式。很快，在1957年，他又提出著名的“折棒模型”（broken stick model），用来描述鸟种的相对丰度。

若想要了解他的研究方法的精华，得先假想有这么一大群混合的鸟类，例如鸣禽，生活在某座森林中，我们以一根棒的长度来代表它们。如果这根棒长1米，代表10万只鸣禽，那么，棒的每0.01毫米的长度可以代表一只鸟。假使这根棒是由10种鸣禽组成的，我们就把这根棒随机分为10段，而这10段棒的长度也是随机的，并且让每一段棒的长度代表某特定鸟种的数量。这么说吧，假设某物种拥有200毫米长（棒的20%的长度），那么就代表了该物种有2万只个体。另一种鸟拥有5毫米长，也就相当于500只个体。总之，依照每一段棒的长度，就可以推算出它所代表的鸟类数量。

由于每一段棒都是不相重叠的（也就是物种不会相互重叠），而且全部10种鸣禽的数量分布，将等于真正的鸣禽在森林里相互竞争所分得的资源，因此，它们不会共享森林里的资源，而每种鸟类获得的一段棒也是随机变化的。此外，每种鸟类的生态位也是独一无二的。假使我们发现，真实的鸣禽数量的确按照这种分配来部署（说得更专业些，假使它的“物种丰度分布”符合折棒模型），我们就可以肯定，这些鸣禽的确因争夺资源而相互隔离。

除了排他形式的折棒模型之外，还有没有其他替代方案？麦克阿瑟提出的另一个模型是生态位重叠模型：物种获得的一段棒的长度依然随机决定，但是物种彼此能相互重叠；换句话说，不同种的鸟并不会因竞争而相互排挤。不过，由于生态位重叠模型能够吻合某组鸟类数据，而且麦克阿瑟也承认，生态位重叠模型比第二个替代提案更接近实际状况，所以他得出结论道：竞争在决定鸟类丰度方面，似乎扮演着举足轻重的角色。

这个由折棒模型分布推演出来的竞争假说，后来曾引起多方争论，连麦克阿瑟本人最后都摒弃了他的方法论式的研究（我猜这是因为还不够成熟）。然而，即使渐渐淡化，他所提出来的这个观念仍然是生态理论中的突破。麦克阿瑟用了 3 页的篇幅，将群落生态的中心问题拿来和用数字表达的竞争假说相比对。这种做法和从前的理论家不同，从前的理论家只是将同一个概念转化成更含糊的文字。

麦克阿瑟在为这个议题定性时采用的方法是：先测试各种符合逻辑的可能性，然后才做一抉择。在这个研究案例中，他证明了即使是大自然中最深奥未解的秘密，也可能被飞跃的想象力给解开，只要这类研究能提出明确的假说即可，但先决条件是，这些假说必须能通过实际田野数据的验证。

从此，这种“多重假说”（multiple working hypothesis）的方法被引入成为生态学的其中一种研究方法，用来探讨与群落有关的问题。麦克阿瑟 1957 年的论文为他日后一生的研究工作定下了基调。不可避免的，他整体的研究方法（不只是先前提到的折棒模型）也曾被某些生态学家公允地批评为“过度简化”。但是，这个缺点一旦摆进漫长的历史中，就显得并不很重要。它是通往正确方向的一大步。不论它符不符合某个问题的应用，至少它激励了一整代年轻种群生物学家的士气，而且还成功转换了一大部分的生态学内容。它使得我们思路更清晰了。

物种平衡论

当麦克阿瑟和我的谈话内容越来越广时，我表达了我个人的三项信念：第一项，生物地理学快速进展的关键在于群岛，群岛内的群落是受海水隔离的不连续单位，因此能以多重假说的方式来研究。第二项，所有的生物地理分布，包括动植物区系的历史在内，均可作为种群生物学的一支。最后一项是，岛上物种的平衡状态有某种可量化的模式可循。麦克阿瑟立即表示赞同，而且马上开始把他的抽象能力应用到我给他的一组组数据上。我把我们的谈话和信件浓缩为下面几段文字，以表达“物种平衡论”（species-equilibrium theory）产生时的关键步骤。[1]

威尔逊:

我认为，生物地理学能够成为一门独立的科学，其中有些很惊人的规则还没有人解释过。譬如，岛屿越大，生活在上面的鸟类或蚂蚁种类也越多。如果你从小型岛屿，比如印度尼西亚的巴厘岛（Borneo）、龙目岛（Sumatra），到大型岛屿，比如婆罗洲、苏门答腊，看看会发生什么现象。岛屿面积每增加 10 倍，岛上物种的数量就约略增加 1 倍。事实证明，我们手上握有的大多数动物或植物物种的良好数据，均符合上述说法。

还有另外一件令人迷惑的事。我发现，凡是有新种蚂蚁由澳洲或亚洲传入位于两者之间的群岛，如新几内亚及斐济，它们一定会

1 This account was first presented in my essay collection *Biophilia* (Cambridge, Mass.: Harvard University Press, 1984).

消灭原先生活在该地的某种蚂蚁。就物种层次而言，这个模式非常吻合达林顿和辛普森的观点。他俩曾经证明：某类哺乳动物（比如一整群鹿或一整群猪），会倾向于置换掉南美及亚洲的同类型哺乳动物，并占满同一个生态位。因此，降到物种层面来看，伴随着散布全球的一波又一波的置换，大自然似乎也一并产生了某种平衡。

麦克阿瑟：

没错，一种物种的平衡。这看起来很像是每座岛屿就只能拥有这么多的物种，因此若有某个新物种进驻该岛，并在上面繁衍生息，那么另一种老物种只好步向灭亡。我们且把这整件事当成物理的程序来看。

想象这个岛屿先是空无一物，再逐渐填满物种。这只是个假设，但它很可能会使我们理出一些头绪。当更多物种安顿下来之后，它们在岛上灭绝的概率也将增大；换个方式来说，也就是当更多物种涌进这座小岛后，岛上任一物种的灭绝概率都会增大。现在，我们来看看初来的物种。每一年各物种都有一些种群借由风力或浮木被带到这个岛上，或者像鸟类靠自己的能力飞越抵达。而原本生活在岛上的物种越多，每年抵达的新物种就越少。

原因很简单，因为岛上物种数变多，就意味着没登上该岛的物种数变少。当岛屿上的生物爆满后，物种灭绝的速度会往上升，而物种迁入的速度则往下降，直到两者达到同一水平。

就定义来说，这就是动态平衡的现象。当物种灭绝和物种迁入的速度相等后，该岛屿的物种数就会维持恒定，虽说组成动物群的物种可能产生持续稳定的变化。

操纵一下这些上升、下降的曲线，看看会出现什么变化。假使岛屿面积更小，物种灭绝的速度就会上升，这是因为每个物种的种群都变小了，所以比较容易灭绝。假使树梢间只栖息了 10 只某种类的鸟，那么它们在某一年间灭绝的可能性将高过有百只鸟的情形。

但是，新物种抵达的速度并不会受到太大的影响，因为即使是和远方大陆距离相近的岛屿，面积大小也可以有很大的差异，但看在向它们航行过来的生物眼中，变化并没有太大。结果，与大岛相比，小岛能更快达到物种的动态平衡，因为其上能生存的物种数比较少。

现在再来看看“距离”这个变量。岛屿距离生物源（大陆）越远，例如夏威夷和亚洲的距离，就比新几内亚和亚洲的距离来得远，则每年抵达的新物种越少。但是灭绝的速度维持不变，因为一旦有新的动植物迁入岛上并在其上繁衍，则该岛是近是远对它们就无所谓了。于是，你可以预期在较远的岛屿上，能找到的物种数量会较少。这一切都不过是几何问题而已。

数周时光匆匆流逝。我们坐在麦克阿瑟起居室的壁炉边，面前的咖啡桌上摊满了字条、笔记和图表。

威尔逊：

到目前为止，进展还不错。当岛屿较小以及距离大陆较远时，鸟类及蚂蚁的物种数确实会下降。我们把这两种趋势分别称为“面积效应”（*area tffect*）及“距离效应”（*distance tffect*）。暂且先把它们当成是已知的事实。我们怎么知道这两者可以证实平衡模型呢?

1962

UNIVERSITY of PENNSYLVANIA

PHILADELPHIA 4

The College
Division of Biology

ZOOLOGICAL LABORATORY
38th Street and Woodland Avenue

27 april

Dear Ed,

I find I have far less time than I had expected and haven't finished the statistics on bird species vs. islands. (Although for Sunda group, no. of bird sp = 23.796 + .008535 (elev) − .021057 (Distance) + .006170 ($\sqrt{\text{area}}$)) [← in sq miles]

But I did want to tell you my ideas about a model of number of species so that you can improve it while I am away. Early in the fall I will get back to the analyses and we can compare notes.

Basically, unless immigration and [local] species extinctions are much rarer than I guess, they must about balance:

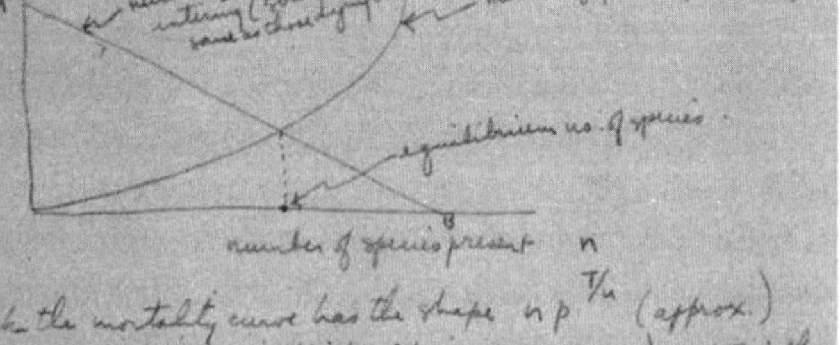

basis?

I think the mortality curve has the shape $np^{T/n}$ (approx.) where p is a probability of individual dying (about .5) and T is the total number of individuals (proportional to area)

我的意思是，其他人几乎都会建议用另一个理论来解释面积效应和距离效应。假使我们宣称，如果我们获得的结果与该模型所预测的相符，我们将会犯下逻辑学家所谓的“肯定后件的谬误”（Fallacy of Affirming the Consequent）。只有一个办法可以避开这个僵局，那就是去搜集唯有我们的模型才能预测出来的结果。

麦克阿瑟:

好的，我们在纯抽象理论上已进展到这个程度——让我们再继续下去。试试看这一个：把灭绝和迁入的曲线画出来，它们相交之处即是平衡点，而且它们都是简单的曲线，倾斜的角度也很相似。就像是解基本的微分习题一样，你能够看出一座岛屿达到 90% 物种数满载量所需要的年数，应该会大略相当于物种达到平衡时的数量除以每年灭绝的数量。

威尔逊:

让我们来看一下喀拉喀托岛（Krakatau）的情形。

寻找实证

喀拉喀托是一个小岛，坐落在苏门答腊和爪哇之间。1883 年 8 月 27 日，一场火山大喷发，把岛上的生物全部清扫一空。事件过后一年内，各国的科学家，主要是荷兰人和印度尼西亚人，然后是德国人，都开始亲临此地，探访这座被“还原”的岛屿。

他们针对重返这片光秃火山坡的鸟类、植物及其他生物，做了一些零星但蛮有用的记录。其中有关鸟类的资料最为完整，于是我们针对鸟类发展出基本的平衡模型，认为应该会在大约 30 个物种时，全岛达到平衡。到达这个水平后，动物群应该每一年都会失去一个当地物种（也就是在岛上灭绝），同时也获得一个新移入的物种。那些早期研究人员搜集到的数据显示，鸟类群的物种数果真维持在 30 个左右。但是，每五年才会替换一个物种，而非每一年。

究竟是我们的模型预测偏离了五倍，还是这样的差异来自采样错误？这个问题没有办法回答。这时我们看出，需要有重复的数据使平衡理论变得更严谨。1965 年，我前往佛罗里达群岛，预备利用最小岛屿上的昆虫及其他节肢动物，设计一套实验系统。那又是另一则故事，一则很不寻常甚至可以说是诡异的田野生物学的冒险故事，这要留到下一章再叙述。

湖滨结盟

当麦克阿瑟和我研究岛屿生物地理学计划时，我们这些年轻种群生物学家组成的松散组织，逐渐成形。1964 年 7 月底，我们当中的五个人聚集在麦克阿瑟位于佛蒙特州马尔波罗（Marlboro）的湖滨小屋，讨论我们每个人手边的研究课题，以及这些研究在未来可能会对种群生物学有些什么样的贡献。

除了麦克阿瑟和我之外，另外还有莱伊，他是年轻的数学家，对于动植物的群落结构特别感兴趣，后来进入史密森尼热带研究所

（Smithsonian Tropical Research Institute），担任研究科学家；雷文斯（Richard Levins）则是当代很有名的种群生物学家，后来进入哈佛大学公共卫生学院任教；还有路翁亭（Richard C. Lewontin），他是理论及实验遗传学的明日之星，在 1973 年进入哈佛大学，成为动物学的阿格西教授（Agassiz Professor of Zoology，以哈佛大学著名古生物学教授命名）。另外还有两位仁兄，虽然没能亲自参加湖滨聚会，但是都与我们保持密切的联系，他们是斯洛博金和范瓦伦（Leigh Van Valen），范瓦伦是芝加哥大学的古生物学家与进化生物学家。

在这片宁静的北方森林散了两天步之后，大伙儿原本不大的野心，现在却扩大了，我们想要把进化生物学提升为基础更扎实的理论种群生物学。每人轮流描绘手上正在进行的较特别的研究。接着大家一同讨论，如何使该主题朝向中心理论发展，并进而与之结合。

除了麦克阿瑟和我当时进行得很顺利的岛屿生物地理学之外，我认为自己还应另外从事蚂蚁及其他社会性动物的研究。我声称，一个动物社会就相当于一个种群，而且把它的结构及进化当成种群生物学的一部分来研究，应该是可以办得到的。

早在 1956 年，我就和我的学生阿尔特曼（Stuart Altmann）讨论想法，想找出能解释灵长类和昆虫社会的通则。而且我们甚至已经采用“社会生物学”这个名词来形容这类研究。但是我们并不知道该如何着手，两人的合作也没什么进展。我希望借由现在这个“马尔波罗学圈”（Marlboro Circle）的集思广益，能提供给我一些新线索。其他人的发言都很令人鼓舞，但是我并没得到多少现成的线索。英国理论生物学家汉密尔顿（William Hamilton）讨论近亲选择（kin selection）以及利他行为（altruism）的论文就在当年发表，只可惜我们中还没有人看过它，而那正是社会生物学的基石。

带着信心离去

要如何来推动社会生物学，以及类似（甚至重叠）议题的进展？在我们海阔天空的自由交谈中，“团队创作”的想法蹦了出来。我们可以模仿一群法国数学家的做法，他们于20世纪30年代以“尼克拉·布尔巴基”（Nicolas Bourbaki）的名义发表文章；或许我们也可以用“乔治·马克西明”（George Maximin）的名义发表一系列短文？

“马克西明”并不是为了纪念罗马帝国时代那位军人皇帝马克西米努斯，而是按照优化理论中“极小中取极大”来命名的；“乔治”则是随意取的名字。有了马克西明，我们认为我们将可达到匿名的双重目标：既可避免太过自我以及对作者的嫉妒，同时又能无所畏惧地表达团队所允许的大胆言论。

不过，马克西明这个点子很早就夭折了，它是设计不良的科学怪人。8月中旬，麦克阿瑟在信中对我坦言他对这件事有极度的疑虑。他认为，我们每一个人还是应该各自为自己的想法负责任，以及享有信誉。另外，斯洛博金从一开始就不喜欢这个点子，他说，马克西明让别人听起来太像是阴谋小集团的名字。我得承认，我心里也和他有同感。就这样，由于马克西明个人的癖好，他注定要早夭。

麦克阿瑟对自己的能力尤其有信心，因此他不要束手束脚地做研究。他似乎深信，只要灵感一来，不论是独自还是在团体中，他都能够有新的想法；而斯洛博金方面，则非常反对把理论整合起来，也反对太过依赖数学模型。

至于我自己，先天气质上就和马克西明不合拍，我愿意自个儿做研究，或顶多和一位伙伴搭档。因此，这个计划就此消失，主谋者也各忙各的去了。

我们日后再也没有结成团体，但是我们从马克西明残存的魂魄中获益良多。我不能代表其他人发言，但是我相信，我们全都带了一股信心离开，那是对于进化生物学未来发展的信心，以及对于我们自己的信心。

到了那年年底，麦克阿瑟和斯洛博金的关系渐行渐远。麦克阿瑟在某封信里告诉我，斯洛博金正处在反理论的情绪中。当时斯洛博金曾说了一句被广为引用的话："大自然自会打败理论。"（Nature defeats theory.）8 月时，麦克阿瑟退出了我们三年前共商的生物教科书写作计划。当时斯洛博金的进展还很少，而我也好不到哪里去，因为我那时一直分神忙着照顾其他六七个计划。结果，这本书很快就步上马克西明的后尘，被我们遗忘得干干净净。我们再也没有提起过它。

1966 年，麦克阿瑟和生态学家康尼尔（Joseph Connell）合写了供大一新生使用的入门教科书，结果斯洛博金写了极严厉的书评，把这本书狠狠抨击了一番。他非常反对这本书表现出的科学哲学思维。麦克阿瑟对这件事也相当愤怒，认为这是不必要的个人敌意，他深信是思想开倒车的人误解了他。"我想我能说出马铃薯为何会长在田里，而且也能指出它们长在哪里，"他对我自嘲，"但是这批人则说不好，他们还想知道这些马铃薯的形状和大小。"

岛屿是关键

不过，这件事完全没有影响到我和麦克阿瑟的合作关系。我深深相信化繁为简的威力，而且之后可以再借由分析来重建细节。1964 年 12 月，我提议合写一本有关岛屿生物地理学完整详细的书，目标在于创造新模型，此外还要尽可能地设法把我们的推理模式扩及生态学科中更多的其他领域。麦克阿瑟立刻就答应了。这时他十分醉心于这个主题，而且已经开始自称为生物地理学家，而非生态学家。在这个领域中，有他最想发现也最有可能获得阐释及定义的模式。他在 1972 年独力完成一本书，书名定为《地理生态学》（*Geographical Ecology*）。

马尔波罗聚会后两年，麦克阿瑟和我断断续续搜集蓬勃发展的岛屿生物地理学的资料。我们研究岛屿、湖泊以及其他被隔绝的栖息地中的物种平衡现象。我们根据他人发表的数据，追踪喀拉喀托岛及其他曾被“毁灭”的岛屿上生物重新进驻的过程。我们检视生态位的性质，以及各物种因应播迁及竞争时的进化适应。我们由下往上，一个物种接着另一个物种，逐个考察动物及植物要用什么样的方式，才能最有效率地彼此交融，以创造出多样化的生物群落。

1967 年，当我俩合著的《岛屿生物地理学理论》（*The Theory of Island Biogeography*）出版时，几乎博得各家科学期刊的一致好评。有些书评人甚至宣称，这是生物学上的一大进步。四分之一世纪之后，在我提笔写这本书时，它依然是最常被引用的进化生物学研究之一。《岛屿生物地理学理论》同时也对保护生物学（conservation biology）产生了重大的影响，这主要是基于几个现实的因素。

全球自然栖息地受人为破坏的程度越来越严重，使得自然栖息地的面积不断缩小，而且彼此之间也越来越孤立，这使得自然保护区在定义上就相当于“岛屿”。因此，有关岛屿生物地理学的理论就成为很有用的工具，可用来将保护区的面积大小和孤立程度对保护区内生物多样性的影响，化为具体的概念。

1967 年我们书中的部分内容遭到后续研究者的摒弃（当然有充分理由），而另外也有些部分被修改得很厉害。后来的研究人员加进了一些很有力的新见解，以及我们那时不可能得到的明确数据。然而，我依然认为下面这句话不算夸大其词：麦克阿瑟和我完成了大部分我们希望达成的任务。我们在种群生物学的内在连贯基础上，整合了（或者起码算是开始整合了）生物地理学以及生态学。

20 世纪 60 年代及 70 年代，一群同时主修生态学及数学博士学位的新潮种群生物学家，在美国、加拿大及英国等地兴起。他们赢得了分子生物学家以及细胞生物学家的尊敬，而且研究经费也曾经相当充裕（70 年代末以及 80 年代学术圈面临不景气之前）。他们和马尔波罗圈的众前辈拥有同样的野心和乐观态度。我之所以能在这个阶段也扮演起某种角色，与其说是因为拥有特殊天分，倒不如说是因为我人在哈佛大学的关系。

我于 1958 年所开的“进化生物学”课程，已于 1963 年更名为“种群生物学”，而且焦点也更集中在基本理论上。起先我以为我失败了，因为我在建立模型时，范围推得太广了。有一名大学生在一本未经检查、用语常常十分刻薄的学生刊物里，抱怨我的课好像乏味的数学占卜术。对于某些人来说或许如此，但是我后来发现，我的授课方式曾对许多学生造成重大影响，而且还因此吸引了好些人投入种群生物学，作为他们的终身职志。这些学生包括当前此领域的领军人物：博塞特、科恩（Joel Cohen）、凯斯特（Ross Kiester）、罗夫加顿（Jonathan Roughgarden）、辛伯洛夫（Daniel Simberloff）以及舍尼（Thomas Schoener）。1971 年，博塞特和我合写了一本小小的自习用教科书《种群生物学入门》（*A Primer of Population Biology*），这本书后来流行了 20 多年。

把握临终岁月

1971 年春天，麦克阿瑟在亚利桑那州的田野调查旅程中，感到腹痛。回到普林斯顿后，他得知自己患了肾癌。受癌细胞侵袭的那颗肾脏立刻被摘除，然后他开始接受化学治疗。但是为时已晚，医生告诉麦克阿瑟，他只剩下数个月或顶多两年的生命。从这之后，麦克阿瑟把他的生活安排得更紧凑。他完成了最后一本书《地理生态学》，并且远赴亚利桑那、夏威夷及巴拿马，以进行更多的田野调查工作；同时，他在学校里继续指导学生。他又展开了新的理论研究，这一回是和梅伊（Robert M. May）携手。梅伊是十分聪慧的澳大利亚籍物理学家，不久后就加入普林斯顿大学任教。由于受到麦克阿瑟的影响，梅伊转到生物学领域，而且也发展成为世界最具影响力的生态学家。后来，他转到英国牛津大学，成为皇家学会教授（Royal Society Professor）。

麦克阿瑟在 1972 年普林斯顿大学秋季班开学之初，身体状况还很不错。当癌细胞蔓延到肺部后，他经常咳嗽，但是依然能够进办公室，和学生及朋友简短交谈。10月初，他的健康情况急转直下。这时，我已联合好几位美国资深的进化生物学家，包括克劳（James Crow）、达林顿、哈钦森，以及奥德姆（Eugene Odum），合力提名麦克阿瑟角逐美国国家科学奖章（National Medal of Science）。得知他时日无多后，我们赶紧加快努力。麦克阿瑟通过哈钦森，谢谢我们为他提名，他说："我很高兴，我的朋友认为我很优秀。"《地理生态学》才刚刚出版，而他正等着看第一批书评。

10月30日，星期一下午，普林斯顿大学生物系主任包纳（John Tyler Bonner）有事来哈佛大学，顺便到我办公室小坐。他告诉我，麦克阿瑟的情况非常糟糕，距离大限的时间是几小时或几周都有可能。当时，麦克阿瑟心里最记挂的，除了他的家人外，就是美国国家科学奖章和书评这两件事了。我连忙放下手边所有的工作，开始查询这两件事。负责颁奖的国家科学基金会评审委员那儿，没有什么进展，但是两篇连在一起的《地理生态学》书评即将刊登在《科学》期刊上，书评人分别是舍尼及布尔曼（Scott Boorman），两人都是很有分量的种群生物学家。我打电话给负责书评的编辑利文斯顿（Katherine Livingston），她说她会把书评直接寄给麦克阿瑟。

最后的畅谈

但是，书评还是来得太晚了。第二天早晨，我打电话到麦克阿瑟家，一位听不出是哪国口音的外籍护理师说他正在睡觉。下午两点，我又试了一次，这回是麦克阿瑟来接电话了。他的声音相当虚弱，但是很平静。他咳个不停，而且通话期间有两次不得不暂停下来，更换了姿势，才能继续讲话。

我很感安慰的是，他的头脑依然很清楚，而且也很镇静。我问他有没有看到《科学》期刊上的书评，他说还没有。我连忙翻出布尔曼的手稿（当时他正在我的手下做研究），念给他听。这篇文章很长，很详尽，而且赞美有加。麦克阿瑟听得很入迷，好几次中途打断我，和我讨论文中提到的技术观点。他说："布尔曼显然非常聪明，不知道舍尼对书的评价是不是也这么好？"我对他保证说是的，我曾经看过手稿，舍尼在探讨完建立模型的一般方法后，宣称麦克阿瑟的书是这个领域里集关键之大成。他听了之后说道："不错，这要比斯洛博金对我那本基础生物学教科书的评语好得多。"

"你有没有国家科学奖章的消息？""没有，我只知道有 18 人获得提名，而获奖名单要等 11 月 7 日总统大选完毕之后才会揭晓。"麦克阿瑟很失望。我察觉到，他似乎很在意自己在生物学上的地位。接下来我们开始天花乱坠地闲扯。我们的谈话内容及语调一直很平常，并没有认真谈到他的健康情形；我们谈话的形式就仿佛他还有好多年可活似的。他渐渐疲累了，安静下来。后来大部分的谈话都是我在说，我害怕让他离开。我喋喋不休，谈到老朋友昆虫学家霍德伯勒（Bert Hölldobler）下学期就要来哈佛大学任教了；比较动物学博物馆的新实验室开张了；还有，路翁亭在美国科学促进协会举办的芝加哥会议上，提出的政治宣言以及他向美国国家科学院辞职这件事，被喧嚷得人尽皆知。我们还谈到最近一项建议案，把食蝇霸鹟（kiskadee）视作百慕大的有害鸟类，并打算加以消灭。在我说话时，麦克阿瑟喃喃表示赞成。

巨星陨落

末了他说："我们聊得已经够多了，该休息了。"我们说好了要保持联系。他的妻子贝茜事后告诉我，那天晚餐时，麦克阿瑟很平静，也很快乐。他特别提到《科学》期刊上对他赞美有加的书评。第二天清晨，他在睡梦中过世，没有痛苦，没有挣扎。

如今我再也想不出来，还有哪一位知识分子，在他创造力如此丰富的生命骤然中断后会对他人造成这么大的损失。我真心希望，在他临终前的那段时光，已经知道自己在生态学历史上的永久地位。我欠他的债是无法计算的，他使我在这一生中，至少曾经一度有幸参与了第一流的科学研究。

第 14 章

佛罗里达群岛实验

我们还能上哪儿去找更多的喀拉喀托岛呢?

1963 年，我和麦克阿瑟发表了第一篇有关岛屿生物地理学的文章后，这个问题一直盘桓在我脑海中长达数个月。我们好像变魔术似的，变出了颇合理的物种动态平衡图像，显示新迁入的物种自然会与走向灭绝的旧物种取得平衡。但是，我们能提出的直接证据非常少。地球上并没有多少地方可供生物学家研究大规模的生态平衡。

喀拉喀托岛的大小相当于纽约曼哈顿岛，甚至还要更大些，岛上所有的生物都因火山爆发而被完全摧毁，像这种规模的事件至少一百年才碰得上一次。而且，等到冒烟的火山岩冷却后，可能还需要再花上一百年来观察生物聚落重新形成的完整过程。我们要怎样才能更快搜集到数据，譬如说，在十年内?

我不停思索这个问题，想象各式各样的情节版本，最后得出的答案是：一座岛屿生物地理学实验室。

我们需要一组群岛，能在上面自由创造出小巧的喀拉喀托岛，并且可以随意观察岛上生物重新拓殖的情形。

我的梦想不只限于寻找生物地理学的新实验，有一股更平凡的欲望驱使我重返田野，再一次享受年轻时代那种亲自操作、充满动感的快乐。我希望自己还是个机会主义者，在无数动物与植物间穿梭，观察，触摸。我需要一处让我下半辈子能以博物学家及科学家身份沉浸其中的地方。

不过，我不能再选择以前喜欢的那种地点和方式。我不能再回到新几内亚去拼命了，因为上那儿研究一趟，至少得远离剑桥好几个月，但是我在哈佛的职务又把我绑得紧紧的。另外，我也已经开始进行蚂蚁社会行为的实验工作，这可是需要设备良好的实验室才可以完成的。这些实验相当成功，不能半途而废。另外更不用说的是，我现在已经成家了，除了勒妮，还有新生女儿凯瑟琳。

灵机一动

在这个世界上，我要怎样才能一边探测岛屿野地，同时又不至于离家太远？还有，如果我真的找到这样一处地方，我又该如何把它变成一座实验室？只有一个办法能解决这问题：缩小系统。与其依赖像喀拉喀托那种面积有数百平方千米的寻常岛屿，而且通常有人居住，不如选择小巧些的，最多几百平方米的岛屿。

当然，这些地方不可能供养得起哺乳动物、鸟类或任何体量超过小蜥蜴的陆生脊椎动物。用狭隘的生态眼光来看，脊椎动物学家甚至不会把它们唤作“岛屿”。但是，这些小岛能供养为数众多的昆虫、蜘蛛以及其他节肢动物。对于蚂蚁或蜘蛛来说（体量仅及鹿的百万分之一），一棵树就仿佛是一座森林；这类小动物终其一生的活动范围可能只有一个餐桌那么大。一旦我将观察的规模按这种方式缩小后，我发现，美国本土就拥有数千个这类迷你岛屿，它们散布在海边，也散布在内陆的湖泊或河流中。

我想，我找到了完美的答案。探测这类地方能够同时满足我在情感以及智能方面的需求。研究的对象是蚂蚁这种我最了解的动物，我将能大大加快生物地理学研究计划的进程，而且不论成败，我仍然能留在哈佛大学以及家人身边。

这就是我要的

在选择我的“实验室”地点时，我比较偏爱海边，远胜过湖泊、河川——这纯粹是个人美感上的抉择。我仔细研读地图上大西洋及墨西哥湾沿岸的岛屿，从缅因州最东南角的奎迪海得克萨斯州立公园（Quoddy Head State Park），一直查到得克萨斯州最南端的帕德里岛国家海滨公园（Padre Island National Seashore）。同时，我也研究了波多黎各附近的小岛，如果是搭飞机，这样来回距离仍然不算远。最后获选的地点很快就脱颖而出：佛罗里达群岛，如果再加上佛罗里达湾北边的群岛以及西南边的大陆海岸，看起来真是挺理想的。

接着我又翻出了更详细的航海图及照片，想再研究详尽一些。这些岛屿的面积大小各异，从只长一棵树，到一平方千米或再大点的都有。它们的孤立程度也各不相同，每个岛和最邻近岛屿的距离从数米到数百米不等。岛屿上的树林很单纯，通常全是由红树林（red mangrove trees）组成。岛屿的数量更是多得不得了，佛罗里达州南部大沼泽地西边的群岛，就拥有非常贴切的名字“万岛群岛”（Ten Thousand Islands）。这些岛屿几乎全都可以当日抵达，只要搭早班飞机，由波士顿飞 4 小时到达迈阿密，然后租车沿着一号公路开往岛礁群，再换搭小船就可以到达想去的小岛。

1965 年 6 月，我飞到迈阿密亲访我那新岛屿世界。同行的还有勒妮和女儿，女儿才一岁八个月大，刚会走路、说话，还会拉扯任何会动的物体。我花了十个星期探察湾内的红树林小岛，沿着斯托克岛（Stock Island）和舒格洛夫岛（Sugarloaf）一路往北探到基拉戈岛（Key Largo）。我的精神非常亢奋。我又来到我想去的地方了。

每天早晨，我驾着租来的小摩托艇驶出码头（船身大约 4 米多长），沿着筑好的水道，穿过红树林，驶进开阔的佛罗里达湾。我逐一探访一个又一个的小岛，涉过长满海龟草（turtle grass）的浅沼，水流有时清澈，有时则因底部石灰泥被搅动而呈乳白色，尤其是在起风的日子很常见。一天当中，大约只有一两次能远远看到一位渔夫或一艘快艇驶向大海，至于我所看中的沼泽群岛区，则鲜少有人踏入。

这儿距离美国一号公路不到两千米，一号公路贯穿岛礁群，向南延伸到基韦斯特（Key West），交通繁忙得很。公路旁罗列着嘈杂的汽车旅馆、房车公园、游乐场、小艇码头、钓具专卖店以及快餐店等。然而，这些沼泽地和小岛除了能听见交通工具的隆隆声之外，本身有着十足的原始风味，可以说是一片处女地。红树林的商业价值很低，只有博物学家或逃犯，才想要穿梭在这片黏胶似的烂泥地中，攀爬在红树林纠结的气根及树干上。因此，我完全拥有它，我再一次得以深入了解一处远较所有人为事物更复杂、更美丽的世界。

我深入这片岛屿区域，仔细探察节肢动物的栖息地。有时，小树林中央会突然出现一小块稍隆起的空地，上面盖满了气根和海藻。有时，我会发现自己站在喧闹的苍鹭、白鹭以及白顶鸽的巢穴下面。我竟日漫游在一块又一块的陆地间，采集标本，研究航海地图，一边把感想记在笔记本上。我的旅程绝对称不上是世界级的航程，但我心里满足的程度则不输给英国海军小猎犬号航程中的达尔文。

我通常就坐在小船里吃午餐，一边窥看小岛边缘产量丰富的海洋生物。位于低潮线下的红树林气根上，盖满了密密实实的藤壶、海鞘、海葵、海蛤以及红红绿绿的海藻。成群的金梭鱼在泥岸盘错的树根及满布海草的洞穴间钻进钻出。我是不是应该当个海洋生物学家呢？不过，现在考虑这个已经太迟了。我觉得很安适。我的耳中只听得见鸟鸣和浪花拍打小舟的声音。偶尔，一架飞机由头顶嗡嗡飞过，提醒我：大梦仙，醒醒吧，你的生活可全得依赖那些你想避开的人工产品呢！

我在遍生红树林的小岛上果然找到了我想要的东西。树上满是各式各样的小动物：蚂蚁、蜘蛛、蜈蚣、树虱、蟋蟀、毛虫，以及其他的节肢动物。它们当中许多都繁殖得非常兴旺，而这正是建立生物地理学实验的首要条件。而且，从一丛红树林到另一丛红树林，居住在上面的动物种类也会跟着改变。就蚂蚁来说，模式很符合竞争排挤理论。岛屿面积若在某个定值以下，有些蚁种的群落似乎就会妨碍别种蚂蚁安身立命。在这个缩影模式中，我看见了一丝研究的希望。如今不必千里迢迢从太平洋某个小岛奔到另一个小岛，也

不用费时数月或数年去研究鸟类分布情况，我只要驾着这艘4米多长的小船，穿梭在众多的小岛间，就可以进行为期仅数天或数周的节肢动物分布研究。

那么，要怎样才能使这些红树林小岛变成迷你版的喀拉喀托岛呢？我看不出有什么捷径可走，只好寻找一些替代之道。我决定继续研究红树林，但是也要再另外选些没有树林的岛屿，因为栖息其上的生物会更容易绝灭。我曾听说在海龟岛（Dry Tortugas）附近，不长树木的沙地岛屿经常闹水患，而且上面的低矮植物常被飓风席卷得一干二净。假如我能在飓风来袭的前后，好好察看岛上生态，就可能观察到动物重新拓殖的过程，以及之后是否真能达到平衡。所以，姑且把加勒比海上的飓风当成火山爆发吧——最起码，这值得一试。

期待飓风来袭

我拜访了大沼泽地国家公园的博物学家罗伯森（William Robertson），向他说明我的计划。罗伯森经常前往海龟岛研究乌领燕鸥（sooty tern）。这是一种能够长距离飞行的鸟类，它们在佛罗里达群岛最偏远的地方筑巢。罗伯森认为我的计划可能可行，并邀我加入他下一趟的研究旅程，由大沼泽地小镇码头弗拉明戈（Flamingo）出发，调查邻近区域。等我们在杰弗逊堡（Fort Jefferson）地牢似的房间中安顿好之后，就换乘另一艘更小的船，前往海龟岛附近更小的岛屿。我纵入浪中，攀爬每一座小沙岛，随手记录上面的植物及节肢动物。我的笔记本很快就写满了。现在，我只需要静静等待超级飓风刮过，就可以开始研究下一阶段动物重新拓殖的过程。

很幸运（就生物学家的观点来看是很幸运），接下来那 10 个月里，共有两次大飓风吹袭海龟岛。1965 年 9 月 8 日，“贝茜”（Betsy）飓风以高达每小时 200 千米以上的速度横扫杰弗逊堡。威力较弱的“埃玛”（Alma）飓风则于 1966 年 6 月 8 日抵达。如我所期望的，它俩一前一后把规模最小的沙岛上的植株刮得干干净净。

然而，这个时候，我的计划却已有所变动，转向了另一个更大胆的策略。

我们的实验为何一定得受限在几个随机分布的遥远小岛上？还有，为何我们要依赖通常每十年才吹袭海龟岛一两次的飓风？这种方式无论如何都不能让我们完全控制实验条件。于是我想到，为何不在沿着一号公路近旁的红树林岛屿中选择地点最理想的小岛，然后全面喷洒杀虫剂？这么做应该可以杀光岛上所有的昆虫和其他节肢动物。我们可以挑选不同面积以及和大陆距离不一的岛屿来做实验。另外那些不喷杀虫剂的小岛，仍然可以沿用相同的研究方式，或许可以当作对照组。

新伙伴辛伯洛夫

在这节骨眼上，也就是 1965 年秋天，辛伯洛夫加入我的行列，和我一起合作。这名研二的学生有着崭新的视野和激励人心的勤奋，使得“将红树林小岛变为实验室”成为可行的计划。辛伯洛夫已经充分准备好要放手一搏。他念哈佛大学本科时，主修数学，毕业成绩非常优异。接下来，他原本可以轻易在数学或物理学领域创出一番局面，然而当他修过“自然科学五”（Natural Sciences 5）这门由沃尔德所开的著名的非主修课程后，就认定了这一门科学更合他的志趣。

大四时，他跑来找博塞特和我谈话，问我们说，假如有那么一个人，他有一颗坚决的心，但是大学相关背景的训练极薄弱，这个人是否也适合念生物学研究生？当然适合，我俩的反应完全相同，而且尤其适合数学家。你如果现在踏入种群生物学领域，将会在建立模型以及定量分析方面，对这个新学科有很大的帮助。你要全力投入接受生物学训练即可。

1964 年秋天，辛伯洛夫在我的支持下，开始修博士学位。我不大愿意用“在我手下攻读”这样的说法，因为在接下来那几年，我从他那儿学到的东西，并不少于他由我这儿学去的。我们很快就变成了名副其实的合作伙伴。

最起码辛伯洛夫看起来就很适合从事田野生物学研究，他肌肉结实，带着几分好战的神气，却又处在一副懒洋洋的轻松姿态中，他很像是那种通过常春藤盟校橄榄球四分卫选拔赛，主修微积分或中国史的学生，然而却因为太投入课程，所以当不成运动明星。就像那个年代里头脑聪慧的学生一样，他也是个激进的左派分子，对所有的威权均抱持怀疑的态度，但是比较偏向于在思想层面而非行为上的激进主义者。这些对我来说，都不成问题。在 1965 年，所谓的公民运动仍然只停留在理想主义的阶段，同时也只是到密西西比州危险的小路上接受勇气考验而已。

辛伯洛夫的赌注

一提起古巴，我们两人都觉得很失望。到现在，这个地区在历史上的地位也只有核冲突而已；至于越战，当时还在缓慢增温中。佛罗里达群岛刚好夹在霍姆斯特德（Homestead）及基韦斯特两个军事基地之间，因此，这整块区域都弥漫在军事活动的气氛之中。那年夏天，我生平第一次看见“绿色贝雷帽”特种部队（Green

Berets），只见一小排军士以战备队伍行经在基韦斯特的市街。我心底原本对军队的崇拜以及政治温和派的信仰，如今却都被难以释怀的疑虑给压了下去，这份疑虑主要是因美国当时的走向而起。

不久后，辛伯洛夫和我就开始说些有关约翰逊总统（Lyndon Johnson）的刻薄笑话。每当载运军舰指挥官返回岸上老家的直升机由我们头顶上空呼啸而过时，我们都会报以愤恨的一眼。我们蹲踞在红树林枝干上，采集蜘蛛和蟋蟀，试着了解生态系统的组成。起码有十多架直升机被专门派来监视我们的计划，但是一百个人里面，也找不到一个人能了解我们究竟在做什么。在那个时代，军事安全的重要性还是远远超过环境安全。我们完全不知道这种差别，可能在何时以何种方式修正，也从未奢望有一天能看见自然生态在全国性事务的排序上，提升到和科技旗鼓相当的位置。我们俩只是庆幸，能有机会获得国家科学基金会的经费赞助，同时也庆幸能够来到这里，置身于优美的大自然中。

辛伯洛夫可是以职业生涯做赌注来参加这个计划的。我们的研究并没有明确的未来，因为在这之前，从来没有人尝试过类似的研究。万一我们没法将小岛上的节肢动物消灭干净，麻烦可就大了。又万一我们没法为岛上找到的各种动物定出学名，我们的数据价值也将一落千丈。还有，万一清除干净的小岛，生物群落重新建立需要花上10年、20年，甚至更长的时间，才能达到有研究价值的程度，那么辛伯洛夫势必得重新找题目，才能完成博士论文。校方要求研究生要在最长不超过六七年之内，达到所有取得学位的资格，其中也包括一篇完整且相当精辟的论文。

大部分研究生都会选择风险较低的计划，这些计划必须一方面崭新得足以产生有意义的结果，同时又不能太脱离已知的知识，以及被验证可行的技术。辛伯洛夫完全没有这方面的保障。然而，1965 年 9 月，他还是要南下佛罗里达群岛，开始他的第一个步骤：选择实验岛屿。

帮我们杀虫，好吗？

接下来那几个月，我们的分工更细密了。辛伯洛夫整日在佛罗里达湾广阔的海面上操劳，肌肉变得更结实了，皮肤晒得黑黝黝的；而我则负责统筹整个计划。在我的具体工作中，内容真是千奇百怪。为了完成计划，我们首先得雇到专业的杀虫专家。很幸运，迈阿密有一大堆除虫公司。我联络上的头两家公司，接电话的人都操着一口极浓的南方口音，而且显然也都认为我要不是在寻开心，就是个疯子。接着第三次尝试，我找到全国除虫公司（National Exterminators）的副总裁田瑞克（Steven Tendrich）先生。

他操一口北方腔调，我心里生起一丝希望，小心翼翼地问他能不能想办法用短效性杀虫剂来喷洒佛罗里达湾中的红树林，将其中的昆虫全部消灭干净，至于树上的蜗牛或其他对该化学药剂有抗药性、体型较大的小动物，我们可以自己动手清除。田瑞克毫不犹豫地说可以，他应该可以接下这种工作。这样吧，给他一点时间来研究后勤作业问题。不过，他也把话说在前头，虽然这工作看起来可行，但是秋季前他没办法处理太多野外工作，因为夏季的迈阿密业务最为繁忙。

找到了能为我们杀虫的人之后，我和辛伯洛夫一同拜访国家公园服务处的环境保护巡查员沃特森（Jack Watson），希望他同意让我们消灭岛屿上所有的动物群。大部分中选的岛屿都位于大沼泽地国家公园（Everglades National Park）以及大白鹭国家野生动物保护区（Great White Heron National Wildlife Refuge）的范围内，部分管辖权正归沃特森所有。申请将联邦保护区里的动物种群消灭掉的许可，听起来好像是天方夜谭，但是事实上很简单。

沃特森毫不犹豫就答应了，只要求我们定期向他做汇报。我们在公园服务处的主要联络人罗伯逊（Bill Robertson），也同样赞成这个计划的基本理论和做法。他很清楚，我们选中的这些小岛，只不过是散布在佛罗里达湾中数百座红树林小岛中的一部分，它们所供养的物种和其他岛屿上的物种并没有什么两样。

我们向沃特森及罗伯逊保证，绝对会好好保护岛上的植物，而且我们也衷心期盼在“灭除动物群”之后，树林间能重新聚满昆虫及其他节肢动物。辛伯洛夫和我还指出，由这个实验得到的结果，日后将有助于拟定公园管理政策。我们的热诚很具说服力，而我们也从未遭到来自政府官员或社会大众的反对。

分类学家总动员

最后，我开始联络能够协助我们鉴定红树林小岛动物群的昆虫及节肢动物学家，这项任务得分别于喷洒药剂前以及动物群落重新拓殖的过程中完成。结果我发现，这才是最困难的任务。在全美国境内，有能力鉴定佛罗里达群岛昆虫的动物学家，顶多只有几百名。而且这项研究对他们来说也会很复杂，因为其中许多我们想追踪的动物，都是由西印度群岛，尤其是古巴及巴哈马，迁移过来的。在我们的众多发现中，还包括长疣蛛科的蜘蛛（Hersiliidae，这是美国东部首次的记录），以及许多原本只知道生活在巴哈马的大型的、超长触角的甲虫。最后，我说服了 54 名专家，协助我们为采集到的标本做分类工作。大部分的参与者都非常热心，其中一位蜘蛛专家比提（Joseph Beatty），甚至大老远亲自跑来拜访辛伯洛夫，在田野调查现场协助他鉴定物种。

1966 年春季，辛伯洛夫报告说，他建议选择的那些小岛，不论是要用来灭除动物群，还是作为对照组，位置都非常理想。在喷洒杀虫剂之前，我们先进行全面调查，检查每一平方毫米的树干及树叶表面，挖掘每一道裂缝，探寻枯木碎片下方以及中空的树枝、腐坏的枝干内部。我们把所有能找到的节肢动物都采集了起来。稍晚，灭除动物群后，再由辛伯洛夫挑起繁重的例行性观察工作。为了尽量不去干扰动物种群，他完全靠照相以及对于红树林动物群日益增加的熟悉感，来观察动物重新拓殖的过程。这是件既辛苦又难受的工作，需要同时具有昆虫分类学家、修屋顶师傅以及餐厅卫生巡察员的技能。然而，辛伯洛夫这名在城里长大的数学家，表现得非常好。他忍耐着虫咬以及烈日下漫长的孤寂，这些都是我早先对他保证过一定少不了的。

有一次，辛伯洛夫的小艇马达出故障了，只得留在其中一个小岛上过夜，第二天早晨设法叫住一名碰巧经过附近的渔夫后，才得以逃离该岛。另外，他对于每次都得涉过黏胶似的烂泥，才能登上其中几座小岛，深觉气闷。于是他动手做了一双状似雪鞋的三夹板脚垫，而且还在上面打了些洞，以减轻举起脚时，烂泥对鞋底产生的吸力。没想到当他第一次试穿时，一踩就陷到膝盖那么深，不得不劳动我和另一名同伴把他拉出烂泥滩。从此后，我就把这项发明唤作“辛伯洛夫”。不过，辛伯洛夫似乎并不觉得这称呼很有趣。

风雨中的试验

我不时抽空来到红树林小岛，给辛伯洛夫一点协助。有一次很令人难忘，那天是 1966 年 6 月 7 日，辛伯洛夫到迈阿密国际机场来接我，当时埃玛飓风正在加勒比海中央兴风作浪，行进方向大体朝向佛罗里达。迈阿密和珊瑚礁群岛的飓风警报已经发布了。

第二天早晨我们醒来时，天空乌云密布，风从南方吹来，小雨刚刚开始落下。飓风中心预计将会穿过佛罗里达西海岸，并掠过迈阿密。我忽然想到，这真是难得的好机会，可以目睹飓风刮起红树林沼泽里的动物，把它们送过水面。“被大风刮起”对于小岛来说，似乎是很有可能的动物移居模式。

我提议，我们不妨在飓风过境时，到附近的红树林沼泽地去观看动物被强风刮飞的情景。不知是怎么回事，我现在已经不记得了，当时我竟然没有考虑到我们两人的安全。辛伯洛夫毫不迟疑就同意了。他说：“好哇，可能会看见什么有趣的事。这真是太好了！”

我们两人在那期间都有点儿疯狂。正当风强雨骤、街道人车一空之际，我们驾车前往比斯坎湾（Key Biscayne），并徒步涉入红树林沼泽，这些沼泽位于面对迈阿密的湾岸上。当时，飓风中心正行经西部海岸，向佛罗里达西北方的陆地前进。比斯坎湾的瞬间风速逼近每小时 100 千米，虽然风很强，但还不能算是飓风的程度。我很失望，风还没强到能把昆虫或其他小动物从树上刮走的程度。滂沱大雨中，它们全都安稳地盘坐在枝丫上、树叶间。

我们没看到任何一只动物被风吹走，也没发现任何动物在沼泽边缘的水里挣扎。我说："这样吧，让我们来看一看，假使某只动物'真的'被风吹走，滔天巨浪是否会把它卷到远方的海岸。"我捉起一只蜥蜴，将它扔入约 3 米外的水中。令我丧气的是，它浮出水面，飞快地游回树丛，攀上一株红树林的树干。"嗯，"我又继续说道，"假使一场很猛烈的飓风，把一只蜥蜴吹到离岸很远的洋面上，使它游不回来，又会怎么样呢？"

我们的小实验显示，如果它被刮得太远，它有可能会随便游到距离最近的一座小岛上。辛伯洛夫（雨水正沿着他的帽檐直直流下）也认为这个想法还蛮合理的。

我们这趟暴风雨之旅不能算是一无所获，但是几年后，我俩都认为当时我们真的很幸运。还好那时埃玛只是轻轻拂过迈阿密，否则，我们两人可能会被水冲到远方的海岸，亲身验证我们自己提出的假说。

对硫磷出击

一个月后，我和田瑞克及全国除虫公司的几名员工一同前往佛罗里达湾，准备喷洒第一批实验的两座小岛，“实验一岛”和“实验二岛”，简称 E1 和 E2。辛伯洛夫则在另一个地点忙着准备其他的实验岛屿。我们租了一艘平底货船，载着装备，从舒格洛夫岛的码头出航。半途中，我们遇到一艘出故障的钓鱼船。虽然当时海面状况看起来很安全，但我们还是谨遵海洋法，把船长和两名钓客接上货船，先把他们送回舒格洛夫岛，然后我们再次出发。

我们来到 E1，在这个小岛上喷洒农药对硫磷（parathion）。第二天早晨，我们前往 E2。在这儿我们撞见了好几条铰口鲨（nurse shark），其中一条甚至超过 1 米长，它们在 E2 周围的浅水中游来游去。麻烦来了！喷药工人不肯离开平底船。但是我知道铰口鲨从不主动攻击人，除非被人钓到，或被某些莽撞的渔夫捉住尾巴拖出水

面时。它们的“菜单”里主要是甲壳动物，以及其他善于在水底打洞的小动物。

因此，我志愿站在及腰深的海水中，担任守卫工作，手里握着一支可以驱赶鲨鱼的桨。看到我这般神勇，再加上男性自尊的面子问题，工人们总算愿意下船到 E2 上喷洒农药。

过了好几天，在我已经返回剑桥之后，辛伯洛夫用电话告知有关 E1 和 E2 的综合消息。他已经登上两座小岛，仔细检查过了。他发现，凡是生活在植株表面的节肢动物，都被对硫磷杀得干干净净。但是，部分生活在枯枝、枯干里的甲虫幼虫都存活了下来。我们很清楚，在这种深度的空间中，我们无法得知还有些什么样的动物可能存活。于是我们一致同意，喷洒对硫磷或其他短效杀虫剂是不够的。为了要确切执行实验，我们必须灭除所有的动物，不能有例外。看来，我们得用毒气来熏这些小岛，才能穿透每条裂缝和缺口，把岛上的动物群全给消灭。

试试溴化甲烷

我打电话给田瑞克，问他全国除虫公司能不能烟熏小岛？永远足智多谋的田瑞克，还是一样的反应：为何不能？

他说，在迈阿密常可看见整栋房屋被一顶橡胶似的尼龙帐篷罩起来，然后用烟熏法除去其中所有的白蚁或其他昆虫，不论这些小虫子藏在木材制品内有多深。当然，把这套方法转到四面环水的大型物体上，会稍微困难些。届时，工作人员得在小岛周围竖起鹰架，作为帐篷的支撑物，因为不能把帐篷直接罩在脆弱的树枝顶上。另外还有一件要注意的事情是：毒气剂量必须计算得恰到好处，必须足以杀死所有的动物，但又不能让红树林受到丝毫损伤。否则研究一座充满枯木和落叶的荒岛，就没有任何意义了。更不用说，我早就向国家公园服务处保证过，我们绝对会保住植物的生命。

就这样，我们决定要用毒气。但是，要用哪一种毒气呢？我们想到氰化物，但马上就放弃了。因为在某些情况下，氰化物对工作人员来说可能很危险，例如海面上可能会刮起强风。就算我们处理得很安全，但氰化物由于是水溶性的，所以很可能会杀死红树林气根附近的海洋动物群落，这样的副作用没有人能接受。

田瑞克提议，只要能把剂量弄对，溴化甲烷可能就很适合。田瑞克立即利用迈阿密附近沼泽区里的小型红树林，展开试验。同时，辛伯洛夫则在红树林沼泽中搜寻蟑螂的卵鞘，供田瑞克做不同剂量的试验。因为，蟑螂卵鞘这时正处于昆虫抗药能力最强的阶段，如果能够杀死蟑螂卵，但又不伤害红树林，那么使用溴化甲烷就没问题了。

烟熏奏捷

溴化甲烷在杀灭昆虫和杀死树木之间的用量上相差不多，但是这个剂量还是让田瑞克给找到了。1966 年 10 月 11 日，我们全部聚集在哈尼斯峡湾（Harnes Sound）某座小岛的浅滩上，准备进行第一次测试，这座小岛位于基拉戈岛靠大陆的那一侧，距离来自迈阿密的美国一号公路相当近。当工作人员开始搬运工具时，我们看到鱼鹰和鹈鹕在附近飞翔，苍鹭则在红树林边缘的水洼中捕鱼，这些鱼是随着落潮而搁浅在绿藻床和红树林枝干间的。我们还听说，就在不远处有白头海雕的窝巢。

工人们把鹰架竖好，套上帐篷，并没酿成任何不幸事件。他们通过帐篷边的一个扁平开口，把预先计量好的溴化甲烷灌进去，方式和熏一栋小屋完全相同。然后再将帐篷掀开，好让气体迅速消散，达到无害的浓度。

第二次，我们在小岛上细细翻寻，果真再没找到半只活的动物。即使最会钻孔的昆虫都被杀光了。这下子咱们的实验终于可以正式登场了。然而，田瑞克对整个程序并不很满意。这种方法用在距离高速公路约 90 米的哈尼斯峡湾上的确很有效，但是充当帐篷骨架的金属棍棒又大又笨重，如果要把它们移到距离较远、较难通行的烂泥滩地上，恐怕会很困难。他开始寻找替代的支撑技术。

有一天，他开车经过迈阿密，看到有名高空作业工人正在旅馆的尖塔顶上工作，他心中立刻浮现一道灵感。田瑞克停好车，搭电梯直上旅馆屋顶，在那儿等待这名工人下来。他请教这位姓内文斯（Nevins）的工人，可不可能在一处红树林沼泽区中央，竖起一座像这样的小塔，然后再在索绳上覆盖帐篷。内文斯（另一个乐天派！）回答道："当然可以，有什么不可以的？""执行起来会不会很困难？""不会。"田瑞克马上雇用了他。此后我们果真就是这么做了。剩下来的小岛全都是在内文斯竖起的塔索帐篷下面完成了烟熏的步骤。

拓殖模式浮现

辛伯洛夫继续执行最重要的监看工作。他一连数月都不得抽身，忙着一连串极费体力的例行工作：探访、搜寻以及鉴定。只要找到空当，我也会由剑桥南下，和他一块儿工作。数周之后，大势已定，这个计划将会成功。节肢动物已经开始重新移入这些岛屿定居。蛾类、树虱和其他飞行昆虫最早出现。起先数量很少，但是随着时间的推移越聚越多；长着翅膀的蚁后在飞行婚礼中受精，然后着陆，脱去翅膀，开始繁殖蚁群。

蜘蛛很早就达到盛产，有些是大如银圆的狼蛛（wolf spider）。它们是怎样穿越水面的？既然附近并未发生大型风暴，我们猜这些蜘蛛是像气球一样，利用风力飘过来的。有许多种蜘蛛在遇到栖息地太拥挤，或食物短缺时，会蓄意站在枝干或叶片的突起处，把丝吐到风中，准备迁徙。当丝线越结越长，风所带动的拉力就会增加，直到拉力大到蜘蛛没法站稳身子。最后，吹在丝线上的风将它们带离枝干或叶片。运气好的话，它们会再次着陆，而最好运的情况是，能落在远方一座少有其他蜘蛛和天敌的红树林小岛上。至于那些飘落水中的蜘蛛，很快就会进入鱼腹。

灭除动物群之后的第二年年底，生物群落拓殖的模式已经开始浮现出来。在花了这么多时间做这个实验之后，我们开始担忧会不会有飓风来袭，把我们新生的动物群弄乱，毁掉下半阶段的实验。很幸运，没有任何飓风吹到佛罗里达附近。事实上，直到 1992 年“安德鲁”（Andrew）飓风肆虐南迈阿密和珊瑚礁群岛北部之前，这块地区始终没有发生任何大风灾。过了一阵子之后我们才稍微松懈些，把注意力放得更开阔些，也关心起区域生态学里的其他现象。

我们最主要的计划是，调查所有红树林沼泽区的节肢动物，以便建立所有可能移到实验岛上的动物数据库。我还聘用了我的昆虫学研究生锡伯格莱德（Robert Silberglied），对周边珊瑚礁群岛展开一般性的调查。锡伯格莱德是很有天分的博物学家，同时也是知识渊博的分类学家，他光是用肉眼就能鉴定出动物的种别，而且鉴定的动物类群范围相当宽广。这项调查节肢动物、充满挑战性的任务，简直就像是为他量身定制的。他不畏艰辛地从一座岛屿奔向另一座岛屿，采集到一大堆昆虫及其他节肢动物的标本。

然而，他的惊人潜力最终没能在专业上开花结果，成就一番事业。1982 年 1 月 13 日，他搭乘的佛罗里达航空公司班机，于华盛顿特区近郊的波托马克河（Potomac River）撞毁，他和其他乘客全部不幸身亡。当时正好有一阵冬季暴风雪经过，这桩意外事后归因于机翼结冰。这趟飞行是他巴拿马之行的第一段旅程，锡伯格莱德原本是计划去那儿继续热带生态学研究的。

探访世外桃源

1967 年之后，我们对于佛罗里达群岛的兴趣，开始扩展到环境保护的范围。锡伯格莱德和辛伯洛夫曾听到传言说，里格努维他礁岛是一座长满了大型硬木树林的原始乐园，这座岛位于佛罗里达湾旁边，距离下马泰坎伯礁岛（Lower Matecumbe Key）和横过岛上的美国一号公路都很近，面积有 113 公顷。那儿的森林不曾受到外界干扰，在长满红树林的珊瑚礁群岛中，这是一大罕见景象，很值得前往探个究竟。在那之前，登上该岛的人很少。其中一位是动物行为学家洛伦茨（Konrad Lorenz），他写了一本书《论攻击》（*On Aggression*），书中就曾描述过该岛以及附近基拉戈岛的珊瑚礁。

当锡伯格莱德和辛伯洛夫上岸后，遇到了管理员尼德霍克夫妇（Russell and Charlotte Niedhauk）。这对独居岛上的老夫妇过着隐士般的生活，他们对于岛上所有的访客均心存疑虑，而且大部分的访客也都会被他们很不客气地撵走。但是，当锡伯格莱德和辛伯洛夫告知他们是生物学家，对该岛的生态保护很感兴趣后，立即受到了热烈的欢迎。

当这两人步出管理员的住家在岛上漫步时，证实了传言的内容无误：几乎整座岛屿都被茁壮成长的热带硬木树林覆盖。他们惊喜地发现，自己正置身于一处几乎是原始的栖息地上；这类栖息地曾一度遍布珊瑚礁群岛的北段，然而到了 20 世纪 60 年代，几乎已经完全被毁灭了。

巨大的桃花心木和橄榄科的树高高耸立在其他像是野酸橙（wild lime）、脂檀（torchwood）、牙买加山茱萸（Jamaica dogwood）、boxleaf stopper、无花果（strangler fig）等树林中，以及佛罗里达唯一能找到的南美愈伤木（holywood lignum vitae）的大片林地。这处森林的植物区系共由 65 种树木及灌木组成，全都属于热带及亚热带植物。这里的动物群也同样是珊瑚礁群岛的往日景象。条纹相间如糖果色彩的树蜗牛，活像累累葡萄般吊挂在树干枝丫间；大型蝴蝶包括绚丽的凤蛱蝶、紫斑蝶以及凤蝶，在阴凉小径间穿梭飞舞。当时在美国东部地区已近乎绝迹的白头海雕，则是在此不时出现的访

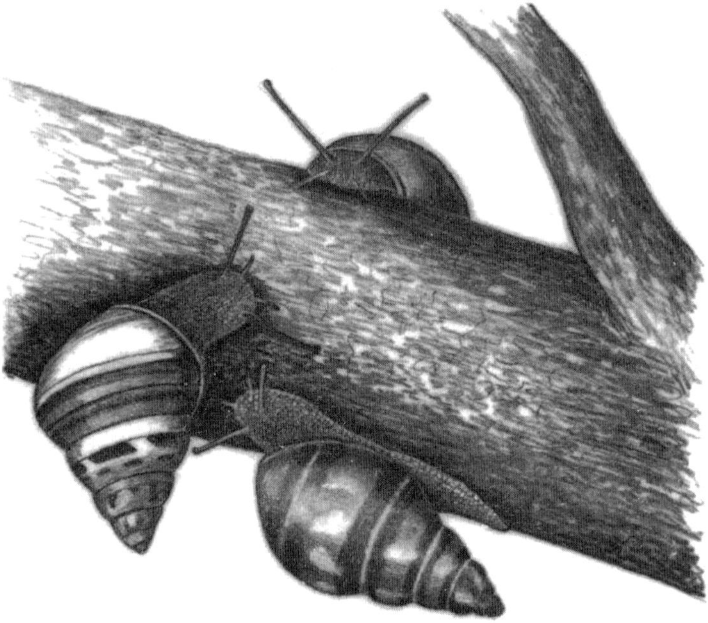

客，而来自巴哈马的蕉森莺（bananaquit），更是常常可见。

专攻加勒比海地区自然志的博物学家凯尔（Archie Carr），在亲访过该岛后提醒我说，里格努维他森林是热带西印度低地森林，而其品质之好，连西印度群岛本地的森林都比不上。如今想在西印度群岛上找到老桃花心木及南美愈伤木的树林，概率近乎为零。

挽救原始乐土

尼德霍克夫妇对于里格努维他岛的未来，抱着近乎偏执的悲观想法。他们解释说，这座岛屿的产权属于好几位富有的佛罗里达人，他们正计划把这座岛卖掉，开发为豪华的度假别墅区。尼德霍克夫妇指出，所有的产权人都只关心发大财这一件事。事后我也承认他们说得没错。

我们这些访客能否帮忙想个法子，维持岛屿的天然环境呢？锡伯格莱德和辛伯洛夫一返回实验基地，就立刻把这个消息通报给我。不久之后，我亲自前往该岛，结果也和他们一样着迷，一样担忧。于是我邀请任职于康奈尔大学的老友艾斯纳，和我一道进行第二次探访。我们合写了一篇文章投在《博物学》（*Natural History*）杂志上，讨论里格努维他礁岛以及它现在所面临的情势。

正当我们开始努力之际，有一天我在迈阿密为佛罗里达奥杜邦协会（Florida Audubon Society）演讲这个主题，令我惊喜的是，一对住在科勒尔盖布尔斯（Coral Gables）的老夫妇，当场认捐了 10 万美元，作为购买该岛的基金。对于抢救里格努维他礁岛来说，这真是跨出了一大步。但是，我们需要更多的钱，因为地主初步开出的金额高达 200 万美元。他们的发言人是一位 70 多岁的迈阿密牙医，他很高兴有环保人士加入竞标行列。他明确表示，地主们一定会尽可能地抬高价格。他宣称，他很乐意看见这座美丽小岛能维持原本的天然风貌，但是，假使我们不加快行动的话，这块地势必落入开发商手中。简单地说，里格努维他生态系统等于是被绑架了。

我赶紧和大自然保护协会（The Nature Conservancy，简称 TNC）的会长理查兹（Thomas Richards）联系，希望能把这场战局导向胜利。当时的 TNC 和现在一样，素以购买环保上的重要土地作为公有保护地而闻名。亲自走访过该岛后，理查兹同意让大自然保护协会也一道努力。接着他联络上佛罗里达公园体系中极具影响力的行政官员瑞德（Nathaniel Reed），请求更进一步的援助。最后，经过长期交涉，终于定出了合理的价钱。这个岛屿由 TNC 及佛罗里达州一同买下，然后成为受到全面保护的州立植物园区。

现在，访客们走过的小径两旁，树蜗牛依然装点在古老多瘤的愈伤木树上，而凤蛱蝶也依然在精致的蓝色花朵以及爆竹形状的黄色果实上盘旋。我相信，社会大众将能永远见识到佛罗里达群岛在史前时代的风貌。

三年完成岛屿实验

与此同时，我们的实验计划继续向前快速推进。到了 1967 年秋天，也就是烟熏小岛后一年，结果几乎已经确定了。两年后，辛伯洛夫和我在一篇学术论文中总结了这桩动物群落重新拓殖以及重新达到平衡的事件：

> 在灭除动物群 250 天之后，除了比较遥远的 E1 以外，所有的岛屿无论是在物种数量还是物种组成方面，都和对照组的岛屿相当接近，虽说种群密度处在较正常值稍低的状态……动物重新移入岛屿的数量曲线，以及对对照组小岛的持续观察，强烈显示出任一岛屿上的物种数都保持着动态平衡的状态。[1]

1 “Experimental Zoogeography of Islands: The Colonization of Empty Islands,” *Ecology* 50(2) (1969): 278-295.

最起码，关于岛屿生物地理学理论的粗略估算，与事实是相吻合的。距离大陆最近的岛屿正如同先前预测的，在烟熏前，拥有最多的物种数，总共 43 种，而在烟熏后一年内，物种数又恢复到接近这个数。距离大陆最遥远的 E1，则拥有的物种数最稀少，为 26 种，而在灭除动物群后也恢复到近似的物种数。其他介于上述两者之间的岛屿，烟熏前的物种数也介于上述两者之间，而且事后也都恢复到原来的水平。

两年后，也就是 1968 年，这些现象依然如故。[1] 此外，正如岛屿生物地理学分布理论所预测的，对于小巧、能快速让动物占满的岛屿而言，动物物种替换的速度相当快。我们在研究期间，还附带观察了许多其他节肢动物的播迁以及早期拓殖的情形，比如蜘蛛、蚂蚁、树虱、蟋蟀以及其他节肢动物。

辛伯洛夫于 1968 年春天完成博士论文。我们只花了三年时间就创造了迷你的喀拉喀托岛，有重复的实验组，也有对照组，并且按照它们过去的历史记录，达成了物种的早期平衡状态。

各奔前程

1971 年，辛伯洛夫和我因为这项岛屿生态实验研究，获得美国生态学会颁赠的“默瑟奖”（Mercer Award），这真是令人欣慰的鼓励。我们大胆采用新方法来探讨生物地理学（这项学问当时被视为

1 “Experimental Zoogeography of Islands: A Two-Year Record of Colonization,” *Ecology* 51(5) (1970): 934-937.

生态学主流之外的领域），而且还成功了。面对一大摞邀他上任的聘书，辛伯洛夫选择了前往佛罗里达州立大学担任助理教授，以便能更接近田野调查地点。之后，他成为享誉国际的生态学家。

辛伯洛夫后来又基于岛屿的面积及形状变化，进行了更多关于红树林岛屿的后续实验。然后他将田野调查活动的范围扩展到其他的生态系统，同时再应用他的数学技巧来完善生态学理论，并发展出新的定量模型方法。不久，他任职的大学就聘用他为“罗顿杰出教授”（Robert O. Lawton Distinguished Professorship）。

我并没有再回到佛罗里达群岛，而我原本的梦想——保护它们成为天然实验室——也逐渐淡去。

一种新的可能性——一道通往截然不同的未来的大门——开始抓住我的想象力：我要让社会生物学变成一门独立的科学，一门范围从蚂蚁涵盖到黑猩猩的学问。

第15章

蚂　蚁

蚂蚁无所不在；黑色的、浅红色的小点点，在地面上，在洞穴里，迂回行进；这种体重仅达毫克、拥有古怪文明的地球住户，日常生活作息全避开我们的耳目。

超过5 000万年以来，蚂蚁一直是极地以及冰封山顶之外在地表上占压倒性多数的昆虫。据我估计，随时都有1 000万亿到1亿亿只蚂蚁存活在地球上，把它们全部的总重量加起来，差不多就等于人类全体的总重量。但是，在这样的等式中，隐藏了非常重大的差异：蚂蚁存活的数量恰到好处，然而人类的数量却太多了。假如人类突然从地球上消失，地表环境当会恢复到人口爆炸前的富饶平衡状态。只有大约一打的生物得完全仰赖人体而活，比如虱子以及寄生在我们额头皮脂腺体里的螨。但是，一旦蚂蚁消失了，地球上将会有数万种动植物也跟着消失，几乎各处陆地生态系统都会因而退化、衰败。

法老王蚁事件

此外，蚂蚁也已深深卷入我们的世界中，这可以从20世纪60年代末发生在哈佛大学生物实验大楼的一桩意外事件中看出端倪。如果允许我用词随便些，我会把这个事件称为“蚂蚁的复仇”。

大麻烦是这样开始的。普塔什尼的实验室是相当活跃的、专门研究基因表现的实验室，里面的助理有一天正要展开例行工作：把糖液滴入细菌培养皿中。但是，这天她没能吸起液体。凝神细看，她发觉窄细的玻璃吸管里塞了一些小小黄黄的蚂蚁。接着大家注意到，这栋大楼里出现更多有关这起奇异入侵事件的细微症状。

午餐或下午茶吃剩的食物总是很快就会被这群黄色小蚂蚁爬满。部分正在繁殖的蚁窝，包括蚁后以及围绕在幼蚁四周的工蚁，也都像变魔术似的出现在玻璃器皿下、信件档案中，或笔记本里。但是，最令人震惊的是，研究人员还发现蚂蚁由培养皿中沾到了放射性物质，使得实验室的地板、墙壁上留下了微弱的放射性物质痕迹。经过一番仔细检查，大家发现有一大群同种的超级蚁群正在这栋大楼里经由墙壁间的空间，向建筑物的四面八方散播。

我有理由相信这次的蚂蚁入侵事件和我有关，它是由我自己的房间开始的。这种蚂蚁名为法老小家蚁（*Monomorium pharaonis*），俗称“法老王蚁”，它是一种源自东印度群岛的恶名昭彰的害虫，专门滋扰世界各地的建筑物。一旦超级蚁群进占医院，工蚁会吃食外科手术切除下来的人体组织，以及行动不便的病人的伤口组织，在此过程中有时还会传播病菌。部分聚落会自己迁移，方法是登上行李、书本、衣物或任何拥有一两厘米容身空间的物品内。来到

“随缘”的目的地之后，它们就迁出，开始繁殖。这样的目的地可以是圣路易市（St. Louis）的花店，或是挪威奥斯陆（Oslo）的公寓，也可以是委内瑞拉加拉加斯（Caracas）的建筑空地。

事后，我们追溯法老王蚁在哈佛筑窝这件事的来龙去脉，认为它应该是由巴西的港口都市贝伦（Belém）的机场搭飞机来的。首先，超级蚁群的一部分先潜入吉尼（Robert Jeanne）的两口木箱子里。当时，吉尼是我指导的博士研究生，现在他已经是威斯康星大学的昆虫学教授了。1969 年，吉尼刚刚结束一段漫长的亚马孙雨林田野调查工作，返回美国。当他回到哈佛大学的生物学实验室，打开行李箱后，发觉这批搭便车的蚂蚁已经在木箱四壁上做窝，而且还四处蔓延。

若想循正规途径消灭一大群法老王蚁，代价可能相当昂贵，而且还得兴师动众一番。这时，对于害虫防治特别感兴趣的昆虫学研究生阿尔帕特（Gary Alpert）设计了很聪明的替代办法。他跑去请教哈佛大学的昆虫生理学教授威廉斯，威廉斯提供了一种化学药品，能仿真昆虫幼年荷尔蒙的作用，使得蚁后不孕，也使得幼蚁无法发育完全，成为成蚁。

阿尔帕特把这种化合物和花生酱混在一起，做成食饵，希望负责觅食的蚂蚁会把它带回窝里，这样就可以散播食饵的破坏力。当时这个方法还只不过停留在实验的早期阶段，但是挺有效的。几个月之后，蚂蚁种群数量开始稳定下降。两年后，它们消失无踪。

然而，法老王蚁的英勇事迹并未就此完结，它最后是终结在科幻小说的扉页中。1983 年，当时还在哈佛大学出版社担任编辑的帕特里克（William Patrick），写了一本小说《螺旋体》（*Spirals*），故事情节灵感就是来自这桩蚂蚁入侵事件。在书中，一种他想象出来的蚂蚁，被人怀疑从实验室带了经过基因工程改造的 DNA 出来，这种 DNA 能引起早衰症，使得患者加速老化死亡。书中基因工程技术关键人物的女儿也死于这种病症，她的童年还没过完就已变成了老妇人。小说结尾，蚂蚁终于洗清罪嫌，原来这名研究人员犯了错误：他从死去的妻子体内抽取细胞克隆出女儿，因此这名女儿的发育过程才会变形、扭曲。

即使没有当上小说的主角，蚂蚁还是很值得瞩目的。我将它们摆在我职业生涯的中心位置，对它们有近乎偏执的关注，而我确实认为这是明智之举。不过，我也得承认，当年它们最吸引我的地方，并不在于它们在环境生态上的重要性，也不在于它们的社会进化故事。这份吸引力来自它们大方地提供给我的新发现。我提出的研究主题中，最重要的就是蚂蚁的沟通方式，这个题目引领我在动物行为及有机化学方面，进行了收获丰富的长期研究。

洛伦茨震撼

我对化学通信（chemical communication）的兴趣起自 1953 年秋天，当时廷伯根（Niko Tinbergen）和洛伦茨前来访问哈佛大学，讲解动物行为学这门新兴科学。20 年后，他俩获得诺贝尔生理医学奖，同时获奖的还有奥地利动物学家弗里施（Karl von Frisch，提出蜜蜂舞蹈语的假说）。

廷伯根最先抵达哈佛大学，他是用词精确、仔细的荷兰裔英国人。他发表了一场动物行为学的演说，其中的重要发现令我深感震撼。然而，由于我的兴趣主要在分类学以及生物地理学上，它们都和行为学有一段距离，因此，我的笔记记得不多，也没有非常注意听讲。

接着洛伦茨大驾光临。他谈起自己从30年代时就开始的研究，一直讲到当时在普朗克研究所（Max Planck Institute）的工作。他是天生就适合站在讲台上的人，充满热情、生气，而且不断地大力请命。他向我们强调的那些词语，很快就享誉行为科学界，比如“印随行为”（imprinting，又称铭印）、“仪式化”“攻击冲动”“满溢”（overflow）等词；还有著名的动物，诸如雁鹅、寒鸦、棘鱼等。他预告了研究行为的新途径。他指出：“本能”再度恢复原来的地位；“学习”的角色被斯金纳（B. F. Skinner）以及其他行为学家过度强调了；我们必须继续向新方向挺进。

洛伦茨抓住了我全副的注意力。那时我还年轻，很容易受感动，马上就响应了他的号召。洛伦茨是在向稳固的比较心理学阵营宣战。他告诉我们，大部分的动物行为都是预先注定的，是由固定行为模式组成的。所谓固定行为模式，是指一系列由遗传预先设定的动作，它们会在动物的生命过程中回应天然环境里的特定信号而逐一展开。它们如果在适当的时间、地点受到引发，将能引领动物经由一系列正确的步骤，找到食物，避开天敌，并且顺利繁殖下一代。动物其实并不需要靠经验来生存，它只需要“服从”本能就可以了。

“服从本能”，这种说法仿佛是令人厌烦的陈腔滥调。“操作制约”（operant conditioning）听起来就时髦多了。但是，洛伦茨特别采用了进化生物学里的逻辑来强调他的研究案例，这点深深赢得我的拥护。他说，每种动物都拥有一套专属的固定行为模式。譬如说，某种鸟类会用特定的方式伸展羽毛，以在同类中吸引配偶，这个动作固定出现在一年中的某个时段；另外有些鸟儿会在适当的地点，筑出适当的巢。固定行为模式是属于“生物学”上的事件，而非“心理学”上的。它们拥有遗传基础，可以分门别类，然后逐个加以研究，方式就跟研究解剖部位或生化反应没有两样，而且也可以以物种为单位逐一研究。

每一种固定行为模式都是由某条特定染色体上的某个特定基因所决定。当一个物种进化为另一物种时，它们也会跟着改变。它们的功能不亚于解剖学及生理学，同时可以作为动物分类以及重建进化树的基础，因为它们同样能厘清物种之间的真正关系。

这位伟大的动物行为学家使我明白：动物的本能属于进化生物学里的新综合理论研究的范畴。而这一点意味着我们也能将动物行为学摆进该领域，并进行相关研究。

洛伦茨这场演讲，再加上我自己接下来数月的苦读，把我引到新的方向。动物行为学家向我揭示的这种现象，正是我早年研究刺针家蚁族时一直尝试要做的。只不过当时的我既缺乏理论，也缺乏词汇。此时，我的思绪开始奔腾。

> 洛伦茨已将动物行为学送还到博物学领域，而这正是我的领域。最适合研究动物行为的人原来就是博物学家，而非那些耍弄过度简化的迷宫和白老鼠的心理学家。

我了解到，真正重要的是固定行为模式，想要了解它，就必须把这种行为当成动物个体对于特定自然环境的进化适应。如果去观察关在笼子里的黑猩猩，就算测试了所有它可能拥有的学习能力，你能见到的永远都只是它预设行为程序里的一小部分，而且即使是那一小部分，也难以弄清楚其中的完整含义。

搞错对象

令动物行为学更为迷人的，是下面这项原则：虽说固定行为模式本身很复杂，但是负责引发它们的信号很简单。就以欧洲知更鸟为例，它们是早期动物行为分析的题材，研究者为英国鸟类学家拉克。雄知更鸟受到春季荷尔蒙的影响，会利用歌唱及展示动作把其他雄鸟驱赶出自己的势力范围。如果这些警告不灵，它就会用翅膀拍打或用喙戳击入侵者。但是，雄鸟的攻击行为并不真的如同我们所见，是被某只雄知更鸟的整体形象所激发产生。它的怒气主要是冲着枝丫间的“红色胸部”而来。因此，一只尚未性成熟、胸部仍是橄榄绿的小知更鸟激不起它们的反应，但是，你只要在线圈上系一撮红色羽毛，就可激起它们的全套反应。

洛伦茨还勾选出其他几个引发的刺激（triggering stimuli）或动物行为学家所称的“释出物”（releaser）的案例。在 1953 年之前，大部分研究的案例都集中在鸟类和鱼类身上，而他本人专攻的也是这两类动物。然而，选择这些动物作为研究对象，暗示了一大偏见：它们的沟通媒介主要在于视觉和听觉。我立刻想到，蚂蚁及其他社会性昆虫的固定行为模式，应该是由化学物质，也就是这类动物能够嗅到或尝到的物质所激发的。早期昆虫学家就已经朝这个方向思考过，毕竟这类动物没法在它们黑暗的巢穴中看清事物，而且也没有什么证据显示，它们能听见在空气中传播的声音。早期有些学者还认为，蚂蚁会以触角及前脚相互碰触，利用类似盲人摩斯电码的方式来沟通。

在 1953 年，我们对蚂蚁接收嗅觉和味觉化学物质的身体构造为何，仍一无所知，只除了一件事例外，英国生物学家卡尔锡（J. D. Carthy）在 1951 年发现，蚂蚁的后肠会分泌某种踪迹信息素（trail substance），并经由肛门排出。然而，还是没有人能确定分泌该分子的腺体为何，确切位置在哪里，或鉴定出踪迹信息素的化学结构。

这种有关固定行为模式以及释出物的观念，令我想到一条途径可以进入未知的蚂蚁沟通世界。这个方法应该是由几个前后连贯的步骤组成的：把蚂蚁的社会行为破解为固定行为模式；然后，再利用试错法，定出是哪些分泌物里含有这种释出物；最后，由该分泌物中区分并鉴定真正起作用的化学物质。

寻找神秘的蚂蚁信号

据我所知，我是唯一一个想到这个研究方法的人。因此，我觉得并不需要急着开始。无论如何，我总觉得应该先完成博士论文再说，而我的博士论文实验，是关于毛山蚁属蚂蚁的解剖及分类，非常累人。

1954 年秋天，博士论文大功告成后，我离开美国前往南太平洋，展开我的蚂蚁生态学研究，以及岛屿生物地理学研究。四年后，我总算在哈佛大学拥有设备良好的实验室，可以开始研究蚂蚁沟通的化学释出物。即使到了那个时候，其他人显然还是没想到这个点子；我的机会相当大。布特南特（Adolf Butenandt）、卡尔森（Peter Karlson），以及卢斯彻（Martin Lüscher）等人是在一年之后才把“费洛蒙”（pheromone）这个词引进动物行为学词汇，以取代原先的用语“外荷尔蒙”（ectohormone）。他们将“荷尔蒙”这个词定义为“动物体内的化学信息素”，费洛蒙则为“动物个体之间的化学信息素”。

我从外来火蚁开始研究，这是从我上大学以来，最喜欢的一种蚂蚁，而且它们也是最容易在实验室饲养的社会性昆虫之一。我新设计了一种人工蚁穴，用树脂玻璃做成小室和隔间，再把它们立在大玻璃平台上。这种设计使得我能持续观察到整个蚁窝，而且我还能自由安排时间，随时进行实验并记下所有蚂蚁的反应。这个超级简单的蚁窝并未使工蚁一筹莫展。一小段时间后，它们就适应了新环境的灯光，以看来很正常的方式执行日常任务。它们很快就繁殖兴旺得犹如住满了小鱼的金鱼缸。

火蚁最明显的沟通形式，莫过于在通往食物的路径上留下气味。兵蚁单独离开蚁窝出外觅食时，走的路径是不规则的。当它们遇到太大或很难一次运完的食物，例如最常见的是死昆虫或蚜虫蜜，这时它们就会以一条较为笔直的路径走回巢中，并且在归途中一路留下气味。于是，部分同窝的蚂蚁就会跟随这条看不见的小路，前往食物所在地。当我由侧边观察觅食蚁时，我注意到，兵蚁在归途上总是让腹部尾端（也就是蚂蚁全身的最末端）触着地面，而且每隔一小段距离，就把尾部刺针突出、拖拉一下。很显然，它们的化学释出物就是由刺针放出来的，方式颇类似墨水自笔尖释出。

现在我得定出这种化合物的源头位置，据我推测，应该是在工蚁腹部的某处。接下来这个步骤，我需要先找到制造这种化学物质的器官，利用它画一道由我制成的人工小径；也就是说，我需要窃取蚂蚁的信号，然后，再借由该信号来对它们说话。

工蚁腹部大小约像盐粒那般大，里面塞满了肉眼难以看清楚的器官；令这件工作更为棘手的是，在这之前，从来没有人研究过火蚁的解剖构造，我只能参考其他蚂蚁的解剖图，再加上一点儿想象力。

我把剪断的火蚁腹部放置在立体显微镜下，然后用微针和钟表师父用的细钳，打开蚁腹，把内部器官一一取出。这些器官虽然非常微小，但大小刚好能让我在不需要使用辅助器械的情况下，解剖它们；假如这些器官再小一些，我就不得不使用显微操作器（micromanipulator），这种仪器又贵又难操作，我一直希望可以不必用到它。如果买了一台这种仪器，而实验又失败了的话，可真的是亏大了。

虽说我的手算是蛮稳定的，但是我发现，肉眼几乎看不见的肌肉自然颤动，一到了显微镜底下，却放大为强烈的抖动。当我把微针和钳子尖端靠近蚁腹时，手部肌肉无法控制地痉挛，会放大成二三十倍之多。不过我还是找到了解决之道：很简单，只要让肌肉痉挛成为解剖技术里的一环即可。把微针和钳子变成小型钻子，利用肌肉的痉挛动作撕开蚁腹，并将体腔内的器官挤压出来。

没错，就是它

这部分工作大体完成后，我再以林格氏液（Ringer’s solution）冲洗每个器官；这里所用的林格氏液是比照昆虫体内各种盐类浓度所调制的人工昆虫血浆。接下来我采用所能想出的最简单、最直接的方法来制作一条人工小径。首先，我在蚂蚁觅食的玻璃板上靠近蚁窝出口的地方，滴几滴糖水，让成群工蚁聚拢过来。然后，当一切就绪，再逐一用削尖的桦木涂药棒捣碎每种器官。接着，我再把棒尖压在玻璃板上，用这些被压扁的半液体物质画出一条直线，这条直线由围聚的工蚁群开始，往蚁窝的反方向延伸。

我先试后肠、毒腺以及塞满大半蚁腹的脂肪体。没有动静。最后，我测试杜氏腺（Dufour’s gland）。这是一种手指形状的微小构造，科学界对于它的相关数据几乎是一无所知，只知道它是通往蚂蚁刺针基部的一根导管，而这根管子是运送毒液到体外的通路。杜氏腺内会不会含有留下踪迹记号的费洛蒙呢？没错，它真的有。

蚁群的反应非常强烈。我原本期待看见几只工蚁很悠闲地离开糖水液，试探着看看新踪迹的尽头有些什么好东西，结果，我得到的却是好几打兴奋不已的蚂蚁。只见它们争先恐后踏上我为它们准备的路径。它们一边跑动，一边左右晃动头上的触角，侦测在空气中蒸发及扩散的分子。走到小径末端后，它们乱成一团，忙着搜寻其实并不存在的奖品。

那天晚上，我完全无法入睡。这个灵感耽搁了 5 年，最后竟然在几个小时内就大有斩获——我找出了第一个与蚂蚁沟通有关的腺体！不仅如此，我还发现了化学通信里的全新现象。存在于该

腺体内的费洛蒙，不只是工蚁觅食时的路标，而且就是觅食信号本身——在觅食过程中，该费洛蒙既是命令也是引导。化学物质就是一切。而生物检定（bioassay）的步骤也立刻变得容易多了。我很快乐地认识到，不必再为了想要得到的结果而费心安排一大堆混杂了众多其他刺激实验的设计。只要先做一个有效且容易测量的行为试验，生物学家和化学家搭档，就可以直接切入研究费洛蒙的分子结构了。假使其他费洛蒙（例如引发警戒及聚集行为的费洛蒙）的作用方式也和踪迹信息素一样的话，我们将有可能在短时间内解出大部分蚂蚁所使用的化学词语。

接下来那几天我一再重复证明该踪迹费洛蒙的效用。在科学研究中再没有比重复做一个实验而实验又每次都会成功更令人愉快的了。当我把路径画到蚁窝入口时，蚂蚁立刻倾巢而出，即使我这么做的时候并没有先提供食物给它们。此外，当我把一滴由许多蚂蚁制成的杜氏腺浓缩液洒落到蚁窝时，工蚁涌出的比例相当高，而且它们显然是为了寻找食物，才散向四面八方。

与火蚁群奋战

接下来我找了哈佛大学的化学家朋友约翰·劳（John Law）来帮忙鉴定踪迹信息素的分子结构。同时，还有另一位很有天分的大学部学生沃尔什（Christopher Walsh），也加入了我们这个研究小组。沃尔什后来成为顶尖的分子生物学家，并当上了达纳法伯癌症中心（Dana Farber Cancer Institute）的所长。

我们算是一个阵容强大的组合，但是遭遇到了意料之外的技术难题：我们发现，不论何时，每只蚂蚁体内杜氏腺里的关键物质均少于十亿分之一克。不过，这问题也并非无法解决。20 世纪 50 年代末到 60 年代初期，正是好几种气相色谱法（gas chromatography）以及质谱分析法（mass spectrometry）初露曙光之时，运用这类技术，可以鉴定百万分之一克的微量有机物质。换句话说，我们总共需要数万到数十万只蚂蚁，然后把它们的踪迹费洛蒙汇集起来，才能够凑足分析实验所需的最低剂量。

我们要上哪儿去找这么多的蚂蚁呢？根据我的田野研究经验，我知道有一种取巧的方法。每当溪流暴涨泛滥到火蚁窝巢时，工蚁就会结成一团紧密的蚁球，漂浮在水面上。它们以肉身搭成一具活木筏，将蚁后及幼蚁安全地包裹起来。蚁群就这样随波逐流，直到触及地表为止。一旦着陆之后，工蚁又会重筑一个新蚁巢。我把这种现象解释给约翰·劳和沃尔什听，然后一道前往佛罗里达州的杰克逊维尔（Jacksonville），这是最靠近波士顿、盛产火蚁的南方城市之一。

我们租了一辆车，驶往该市西边的农田。在那儿，我们发觉沿途的整片草地上到处都散布着60厘米高的火蚁窝。每英亩（约6亩）土地上约有50座蚁窝，而每座蚁窝内生活着约10万只或更多的蚂蚁。我们把车子停在州际公路边，然后把一座座蚁窝用铲子铲起，放进流速缓慢的水沟中。泥土渐渐沉落沟底，每座蚁窝中的大部分蚂蚁都浮出了水面。我们用厨房滤勺舀起骚动中的蚁块，倒入一瓶瓶的溶剂中。

约翰·劳和沃尔什很快就明白了为什么这种蚂蚁会叫“火蚁”：被工蚁刺到的感觉，就好似有根火柴在皮肤附近燃烧似的。而且，只要逮到机会，蚁窝里的每一只蚂蚁都想连续刺你十几下。我们的双手、双臂和脚踝，全都被叮得一塌糊涂，留下又红又痒的伤痕。一两天后，许多伤口还长出一粒粒白色的小脓包。我私下在想，我那两位杰出的同事，或许就是因此而下定决心，将来要留在实验室内从事生物学研究。付出过这些代价后，我们总算满载足够用来分析踪迹费洛蒙的材料，返回波士顿。

然而，即使搜集到足够的原材料，该分子的构造还是难以捉摸。约翰·劳和沃尔什进一步在光谱向量表上分析有效的部分，这时处于数据峰值的最可能是该种费洛蒙物质，含量却低得没法再做进一步的分析。这种物质在分离过程中是否极不稳定？很有可能，但是我们现在已把萃取物都用光了。最后，这两位化学家推测，该物质可能是一种金合欢烯（farnesene），这是植物天然产物中最常见的一种由 15 个碳原子组成的类萜（terpenoid）化合物。它们的量不足以定出确切的结构式，结构式中每个双键都应该有一定的位置。

20 年后，这宗壮举终于由化学家凡德密尔（Robert Vander Meer）以及位于佛罗里达盖恩斯维尔（Gainesville）美国农业部实验室的一个研究小组共同完成。他们发现火蚁的踪迹费洛蒙事实上是多种金合欢烯的混合物，其中之一为“Z, E-α-金合欢烯”，而且至少有两种以上类似的化合物可以增强作用。1 加仑（约 4.5 升）这种混合物就足以招来 1 000 万个蚁窝的蚂蚁，至少理论上是如此。

一种气味，一种动作

自从找出蚂蚁踪迹信息素的腺体来源后，接下来那几年我一直把目标摆在尽可能诠释蚂蚁的沟通语言上。我注意到，单靠一只兵蚁发出的信号，不足以表达食物的量或敌军的阵容。当我更仔细观看火蚁路径后，偶然发现第二种与社会行为有关的费洛蒙，专司大众传播。

像这类信息，只能由一群工蚁传播给另一群工蚁。当许多只工蚁，譬如说 10 只，在极短时间内，重叠画下路径，就能传达出“有一个比单一工蚁路径所显示的目标更大的目标存在”的信号。如果是 100 只蚂蚁一块儿行动，留下的气味又将更为提高。当食物地点已经太过拥挤，又或是已击溃敌军时，蚁群里就只有较少的蚂蚁会留下记号。因此，当过量的费洛蒙蒸发后，信号也随之减弱了，巢中赶来相助的蚂蚁也因而减少。

驱使一大群蚂蚁络绎不绝地前往目标物的信号，准确得令人惊讶。后来有人指出，动物的一大团脑细胞之间存在平行反应，昆虫社会聚落（即所谓的“超级个体”，superorganism）与负责思考的器官大脑正存有类似的现象。我相信，第一位提出这种模拟的是霍夫斯塔特（Douglas Hofstadter），他写了一本书《哥德尔、埃舍尔与巴赫——一条永恒的金带》（*Gödel, Escher, Bach: An Eternal Golden Braid*），是兼具创意与严谨的长篇论述，主要讨论组织及创造的特性。

下面这个问题经常让人提起：脑与超级个体的相似性，是否意味着蚂蚁聚落能够用某种方式“思考”？我认为不能。就大脑的组成而言，蚁窝中的蚂蚁数量未免太少了，而且组织也太松散了。

我继续探究对蚂蚁具有吸引力或警告作用的费洛蒙。在我所发现的这类物质中最单纯的一种，几乎也可以肯定是所有已知费洛蒙中最基本的一种，为二氧化碳。火蚁可以利用二氧化碳来狩猎潜居地下的猎物，而且还可以在土壤中查出彼此的位置。至于最奇特的一种费洛蒙，如果容我采用非专业的一般词语，莫过于“死亡信号”——也就是蚂蚁尸体是用来向巢中伙伴“宣布”自己的新状态的信号。当某只蚂蚁死亡时，如果它没被踩扁或撕烂，那么它就只是垮掉，然后静静地躺着。虽然它的姿势以及缺乏活力的模样十分反常，但是巢友依然无动于衷地从它身边来来往往。辨识的动作需要两三天才会开始出现，而它得经由尸体分解的气味才能完成。只要闻到这种气味，同窝的某只蚂蚁就会抬起尸体，运出蚁窝，把它扔到附近的“垃圾堆”里。

洗干净才准回来

我灵机一动，如果选对化学物质，我应该可以创造一具“人造蚁尸”。把某件物体的气味转移到另一件物体上，应该是可行的。我用风干蚁尸的萃取物，浸泡了几张纸片，结果蚂蚁也把这些纸片运到了垃圾堆里。

回想化学释出物的基本观念，我要问的是：是否任何一种尸体分解物质均能激发蚂蚁的移尸本能？或是它们只对其中一两种物质有反应？我发现，可能很快就能得到答案，因为生物化学家早已鉴定出一长串出现在昆虫腐尸中的化合物。别问我为何有人要做这种研究，科学文献里充满了这类信息，而且不论它们有多么古怪，通常总能在意想不到的时候派上用场。

我自己的研究同样也是很古怪，而且也属于这类案例。在两名新聘助理的协助下，我搜集了一大堆腐烂物质，逐一用小纸片分派给蚂蚁。这些物质包括粪便成分之一的粪臭素（skatole）、腐鱼基本要素之一的三甲胺（trimethylamine），以及其他几种构成人类腐尸气味而且更为刺鼻的脂肪酸。连续几周，我的实验室充斥着一股混合了球队更衣间、排水沟和垃圾堆的怪臭。然而，蚂蚁对这类物质的反应，和人类鼻子与头脑能“闻到”的大相径庭，它们对这类物质的感应相当狭窄。它们只清理被油酸（oleic acid）或油酸酯（ester）类处理过的纸片碎屑。

这些实验证明，蚂蚁并不是基于人类感观中的美感或洁癖等原因，才清理窝巢的。它们只是预先设定好，会对一些范围很窄但很可靠的腐臭起反应。把气味源清除掉，等于是不自觉地维护了蚁窝

的卫生。

为要测试这项有关蚂蚁行为单纯性的结论，最后我想问的是：假使一具尸体活过来会发生什么状况？为了找出答案，我把油酸涂在一些活生生的工蚁身上。结果，巢中伙伴立刻将它们挑拣出来，即使它们拼命挣扎，终究难逃被扔进垃圾堆里的命运。接着这些“活死蚁”开始清理自己，长达好几分钟；它们举起脚来摩擦身体，还用口器清洗触角和脚，之后才敢重回蚁窝。部分蚂蚁再度被逐出，少数甚至三度被逐出，一直到它们把自己完全弄干净，足以证明自己还活着为止。

坐在金山、银山上

崭新的感官世界在生物学家面前展开。我们渐渐完全体会到简单的事实，那就是大部分的动物是以味觉和嗅觉来沟通，而非以视觉及听觉来沟通。数百万种动物、植物以及微生物，拥有的化学信号传递装置花样之多，令人惊奇。动物身上的费洛蒙通常稀薄得令人类难以察觉，而动物制造和使用这类物质的方法却总是如此高妙。20 世纪 50 年代末期，研究蚂蚁和其他社会性昆虫的学者，包括我在内，不超过一打。我们好似坐在金山、银山上，随便往哪儿一看，都能毫不费力地发现新形式的化学信息。

1961 年，我邀请在哈佛大学专攻应用数学的研究生博塞特加入研究计划：我们想要在单一进化架构下，统整所有与化学通信有关的现存资料。博塞特拥有最高端的数学技巧，而那正是我最欠缺的。此外，当时他也是利用计算机仿真进化变迁的先驱研究者。有一天，他带我到艾肯计算实验室（Aiken Computation Laboratory），解说那些高速旋转的磁盘，以及极具未来感的操控仪板，告诉我说，这儿蕴藏着理论生物学的未来。

“现在正是时候，”他提议，“我们可以启航，准备操控强有力的新科技了。”然而，他终究未能征召到我这名博物学家。这些古怪的新文化实在令我头昏脑涨；我觉得自己好似 18 世纪的太平洋岛民，受邀参观英国皇家海军部的军备武器和船舰。

从那之后，能够达到像艾肯计算实验室那样运算容量的硬设备，渐渐缩小为一个小箱子的大小，博塞特仍在他的方向上继续努力，但我始终没有想过要加入他。我可不想在一个没有希望出头的领域里奋斗经年。不过，相反，我把所有能找到的已知费洛蒙的化学及功能数据全都转交给博塞特，让他来为这些费洛蒙设计播散及侦测的模型。他将已知分子（或可能性很高的候选分子）的蒸发及扩散速度一并计入，估算动物要认出这些信号所需的分子数以及分子浓度。

我们得出一系列不同形式的气体扩散方式，以及有关作用空间（active space）的推论。所谓作用空间，是指分子浓度够高、足以激发反应的区域。当费洛蒙由一个定点释放到静止的气流中时，其作用空间为罩住地面的半球形；当费洛蒙释放到风向稳定的风中时，或气流静止但释放源沿地面奔跑时，则作用空间会拉长，呈罩住地面的半椭球形。另一方面，我们也将分子大小当成其中一项作用因子，因为它能影响分子蒸发及扩散的速度。我们证明，当同系列的费洛蒙分子大小增加时，信号的潜在变化也非常戏剧性地呈指数增加了。

我们观察到，费洛蒙要么是能激发立即的反应，要么是能改变动物的生理状态或习性，使它们在相当长的一段时间内，皆受到影响而有所反应。当整个理论终于完成，而且所有证据也都齐备后，我们有了一个结论：动物在进化过程中，由自然选择筛选出适合特殊意义的化学物质。举例来说，充作警戒费洛蒙的分子和负责性吸引的费洛蒙分子相比，分子体积较小，而且需要较高的反应浓度，这使得警戒费洛蒙作用空间的形成和消失都比较快速。其规则可以如此描述：就要传递的特定信息来说，被筛选出的费洛蒙，一定是所有费洛蒙中最有效率的一种。[1]

再一次转型

虽然这项有关费洛蒙一般特性的理论研究进行得十分顺畅，但

1 W. H. Bossert and E. O. Wilson, "The Analysis of Olfactory Communication among Animals," *Journal of Theoretical Biology* 5 (1963):443-69; E. O. Wilson and W. H. Bossert, "Chemical Communication among Animals," *Recent Progress in Hormone Research* 19 (1963):673-716.

是我依然和蚂蚁保持密切接触，并继续推动我的实验室研究工作。后来，我估算出每窝蚁群里的工蚁及蚁后，约采用10到20种费洛蒙来调控它们的社会组织，这个数值会随不同蚁种而变化。但是，这个10到20的变化范围，只是根据资料所得的估计值，而且直到30年后，也就是我写这本书的时候，它依然是估计值。原因在于，除了少数几种最明显的物质之外，比如踪迹费洛蒙及警戒费洛蒙，其他化学物质不论是在生物检测或化学分析上都更为困难。

不久后我认识到，如果想在这个领域保持领先地位，我必须把全副精力投注其中，而且还需要提升自己在组织学及化学上的技术训练。到了20世纪60年代末期，也就是我率先展开粗略实验约10年后，费洛蒙研究领域拥进了一群天分极高的研究者，准备献身其中。于是，我这位35岁的“老人”就抽身退出，只有在看到利用简单技术也有可能快速获得结果时，才会偶尔回来做些化学通信的实验。

现在我们来谈谈1969年。对某些人来说，这是很容易记起的年代，当时法老王蚁正开始窃取分子生物学家的培养基；对于另一些人来说，就在这一年，激进的学生冲入校园及哈佛广场，身上穿着印有革命标语的T恤，高高挥舞着拳头。至于对我来说，这一年标记了另一种重大的变化，我对费洛蒙以及岛屿生物地理学的兴趣，也就是我过去10年来的两大最爱，正慢慢开始消退。然而，那年9月，年轻科学家霍德伯勒忽然跑来生物实验大楼，到我办公室找我。当时他是德国法兰克福大学的动物学讲师，在我的赞助下，来到哈佛大学担任一年的访问学者。于是，我的研究生涯中最扎实和多产的一段合作关系便展开了，这层关系建立在亲密的友谊以及终生献身蚂蚁研究的共同志趣上。

走向社会生物学

虽然我们当年并没有分析得这么深入，但事实上，我们两人碰在一起，正分别代表两种不同的行为生物学文化。这两种文化的结合，很快让我们更加了解蚂蚁聚落以及其他的复杂社群。其中贡献很大的学科为动物行为学，它源自欧洲，是霍德伯勒的专长，这个学科专门研究动物在天然环境下的整套动物行为模式。动物行为学经过两个世代众多科学家的心血结晶后，到了 1969 年已汇成一股颇为普及的传统，由洛伦茨、廷伯根以及弗里施所领导，而且也顺利取得世界性的地位。

至于另外一门基础学科——种群生物学，则是我比较擅长的。种群生物学主要源自美国和英国，其对于行为研究所采用的方法，和动物行为学完全不同。种群生物学的研究对象是整群的个体，看它们如何成长，如何分布在地表上，以及研究种群不可避免的过程，也就是它们如何萎缩乃至消失的过程。现代种群生物学如今也已取得国际地位，试图进一步拓宽研究的时间与空间。此外，这门学问不仅要凭借设计数学模型的严谨想象力，也同样得凭借研究活生生动物的能耐。种群生物学应用的技术比较接近人口学所用到的技术，因为人口学的内容也是以出生、死亡以及个体成员的迁移，来建构整个社会的统计图样。

通往第二个较高层级种群研究途径的关键，在于领悟到一窝昆虫聚落相当于一个种群。有些昆虫群落内的个体总数比全国人口数还要多，例如一窝非洲车夫蚁（African driver ant）便是由一只蚁后外加 2 000 万只工蚁组成。就像要充分了解人类种群一样，唯一的办法就是要追踪个别成员的生与死。

然而，种群层次以及个体层次的整体信息，还是需要动物行为学的襄助才能成就一门完整的科学。这门学问用明确的词语来描述社会组织的核心，由沟通、筑巢，到社会阶级和分工；最终的综合元素则为进化。行为描述以及种群分析都是自然选择的历史产物。把种群生物学、动物行为学以及进化理论全摆在一起，可以形成新学科“社会生物学”的内容。我在 1975 年曾经为社会生物学下了一道定义：“有关动物社会行为与复杂社会组成，此两者的生物学基础的系统研究，称为社会生物学。”

霍德伯勒和我当时正是朝向社会生物学的方向迈进。无论如何，我们两人算是最早期且最重要的昆虫学家，全心致力于研究昆虫。我们刚认识时他 33 岁，比我小 7 岁，但是早已拥有独立见解，深信蚂蚁值得拿来作为科学研究的主题；不论你是想通过动物行为学、社会生物学还是其他生物学科来研究，都无不可。不过，话虽如此，我们还是在两人的日常谈话中，预见到动物行为学和种群生物学是研究社会行为的互补途径，而且还拥有相互结合的潜力。

既然我俩拥有共同的志趣，这件事原本可以就此先暂告段落。第二年年底，霍德伯勒返回法兰克福，在德国展开他预想中的终身学术志业。然而，大约就在同个时候，哈佛大学人文暨自然科学学院院长邓洛普（Jahn Dunlop），决定要增加行为生物学领域的教师阵容。他让我管理招聘委员会，授权我们任用 3 名新的教授。结果，在过滤了众多信件以及来自顾问学者的评估后，我们公认，霍德伯勒博士正是全球无脊椎动物行为研究领域中最具潜力的年轻科学家。于是霍德伯勒获聘担任哈佛大学的教授。他接受了这个职位，于

1972 年重回剑桥这块宝地。

此后，我们共用比较动物学博物馆新建实验馆的第四层楼。我们经常接触，而且在教学及研究计划方面的合作频率与日俱增。然而，天下无不散的筵席。16 年后，也就是 1989 年，霍德伯勒回到德国，这次是去巴伐利亚的维尔茨堡大学（University of Wurzburg），对方邀请他为新成立的波威利生物科学研究中心（Theodor Boveri Institute of Biological Science）草创一个完全以社会性昆虫为研究主题的特殊学系。当时，他在自己的祖国已经享有很高的名望。德国就像大部分欧洲国家一样，对于生态学及其相关学科越来越有兴趣，但是在这方面的代表性则很弱。霍德伯勒兼具行为学及种群生物学的背景，使他分外够格担任全国性领路人的角色，直到我写这本书时，也依然如此。1991 年，他荣获德国最高科学奖章“莱布尼兹奖”（Leibniz Prize）。

科学家中的科学家

在美国居住了近 20 年，霍德伯勒深深爱上了亚利桑那州的群山，那是他和家人的避暑胜地；另外，他也深深爱上了美国西部的乡村歌曲。然而这名新美国佬在骨子里依旧是个巴伐利亚人，他为人实际、可靠，热诚幽默，知变通，综合起来看正好与一般人刻板印象中的普鲁士人相反。每当德国民族性格成为讨论主题时，他就会马上指出巴伐利亚人与普鲁士人的差异。

美国乡村歌手沃森（Doc Watson）的蓝草音乐（bluegrass music），

令他联想到巴伐利亚的民谣乐曲，那是有一回他在路途中发现的。总括起来说，霍德伯勒的根性还是来自大地，是一位地道的博物学家，这可能是天生遗传的。他居留美国这些年，英语的流利程度进步得很慢，而且始终保留着独特的口音。但是，在哈佛大学，这反而是一项资本。因为学生会认为（其实也没错）他们正在接受第一手的德国科学及哲学。学生给霍德伯勒的课堂评比一直都是最高等的。

若单单讲起个性上的强韧，再没有别的科学家比得过他了。霍德伯勒是我认识的人中最诚实的科学家，直到现在依然如此。当我们以闲谈［“好吧，那是——呃——63 秒，觅食蚁刚刚进窝了，记下来了吗？现在我想再回来多谈一些有关亨尼希（Hennig）支序系统学派的原始观念……”］来填塞那长达数个钟头的重复实验时，他仍然非常努力地把笔记本上的每件事实、每项细微差异，以发表报告的方式表达出来，尽可能力求直接和明晰。如果一定要说他有什么值得一提的缺点，大概就是他在工作上的偏执习惯：“非要把一件事做完才能开始下一件事。”有时显得没什么道理，不过这个毛病我也有，而这使得我们两人的相处更融洽。

在科学研究上，偏执如能控制得当，未尝不是一件好事。就某个程度而言，我从没遇到过像霍德伯勒这般渴望设计实验以及评估证据分量的人。许多有成就的研究人员都在“找到了一个设计良好的研究方法，能够重复进行试验，并且得到在统计学上能够令人信服的结果”之后，就止步不前。接着他们会在文献上说道：“我想，在这种情况下，很可能就是这样跟那样。”但另外有些科学家则会退一步问道：“我是不是还能借由另一种不同的实验，更精确地验证这个结论？”如果他们当真完成了第二套实验程序，发现第二个结果和第一个结果相符，那么他们才会下结论："这个证明无误。让我们继续吧。"霍德伯勒正属于第二类科学家。不过，在我们合作期间，有些时候他甚至还会再次停下来问道："有没有第三种方法？"每每令我惊愕不已。有时候，他的确会坚持再找出其他的实验方法。霍德伯勒真是我所认识的唯一一位"三套方法研究者"。

霍德伯勒可以称得上是科学家中的科学家。他热爱科学，单纯把科学当成一种求知的路径。我相信，即使没有观众，没有金钱奖赏，他也一样会从事科学研究。霍德伯勒从不耍政治手腕。假如新得到的数据不符，他马上就会换个方向，他是我认识的科学家里少数几个真正愿意放弃先前假说的人。霍德伯勒夸奖别人的态度也非常谨慎，若研究富有原创性或非常扎实，他会立刻加以褒奖；若研究做得潦草疏忽，他的责难也是非常之严厉。他说起话来的语调十分清楚明确，而且具有十足的道德感，这种态势并非源自傲慢或自大，而是源自他的人文哲学信仰：自我要求的标准若不高，人生将失去意义。

别忽略小节

不过，写到这里，可能会误导出一幅阴郁的霍德伯勒画像。其实他是个很有趣的伙伴，一位我从来没能拥有的小兄弟。休闲时刻，我俩无话不谈，既谈科学，也谈个人私事。他的礼仪、态度，甚至于长相，都很令人信任。年近中年后，他蓄起了胡子，一副小镇居民的快活神情配上短小但肌肉结实的运动员体格——这是他年轻时热爱体操运动的成果。他非常顾家，总有办法找出时间和妻子弗雷德丽卡

（Friederike）一起照顾三个儿子，并且全程参与他们的成长过程。

对霍德伯勒来说，科学并不等于一切。就像我那坚持不屈的工作狂动力一般，他天生就能优游在我无法欣赏的艺术领域，拥有绘画、摄影天分，同时也是很够水平的音乐家。在情绪低落的时刻，我真是羡慕他的多才多艺。

霍德伯勒虽然比我年轻许多，但是他促使我成为更优秀的科学家。我们一道在实验室或田野里进行研究期间，我发觉自己总是渴望能达到他的标准，好让他知道我真的很努力。我天生擅长统整科学知识，这方面我的能力超出霍德伯勒许多；但是我得承认，当我努力解释每件事，将每个片段纳入我的构想（且不论结果有多么牵强）时，我经常会忽略细节。霍德伯勒却从不犯这种错误。不论先天气质或后天训练，他都属于弗里施学派，这个学派的特色在某次我拜访维尔茨堡大学时，就由弗里施的学生，霍德伯勒的老师林道尔（Martin Lindauer），简捷地表现出来。林道尔笑嘻嘻地开口了，这是他谈论严肃主题时的典型表情，他说："要寻找细微小事。"

在哈佛大学共事期间，霍德伯勒和我一直谨遵这条守则。1985年，我俩头一次结伴前往哥斯达黎加进行田野调查。我们由圣何塞（San José）驾车北上拉萨瓦（La Selva），那儿是热带研究组织（Organization for Tropical Studies）的田野调查站。进入热带雨林后，我就开始寻找、鉴定在行为研究方面可能特别有意思的蚁窝。我一心想发掘快速、刺激的结果。其中一个候选物种是很原始的锯钝针蚁属（*Prionopelta*）蚂蚁，我发现它们把窝筑在腐木中。在那之前，从未有人研究过这种活生生的蚁群。我非常渴望能记下这种蚂蚁在社会行为上的关键资料，那种能吻合统整后进化架构的基础数据。

在霍德伯勒的协助下，我全力投入这项工作。我们记下蚁群的大小、蚁后的数量、分工的情形，以及工蚁捕猎哪些昆虫和小动物。譬如说，我们就发现它们很喜欢一种长得很像蠹鱼的小虫双尾虫（campodeid dipluran）。在我们工作期间，霍德伯勒的注意力全放在锯钝针蚁窝巢内的通道墙面上，那里有厚厚的一层老茧丝状物质覆在上面。他半是对我说半是自问："这究竟代表什么意义？"

"没有意义，垃圾罢了。"我回答，"等新的成蚁出茧后，窝中蚂蚁就会把这些丝状老茧扔弃，而且它们甚至懒得另寻不同的垃圾堆。""不对，不对。"他说道，"你瞧，这些碎片就好像贴在画廊墙壁上一般光滑。"他继续追踪，靠着他自己的细心观察，以及返回哈佛大学后，借由扫描式电子显微镜的帮助，证明这些茧丝的确是具有壁纸的功用。它能使蚁窝中的潮湿墙壁干燥许多，因此也更能保护发育中的幼蚁。蚂蚁利用贴壁纸的技术来控制气候，这真是前所未闻。

此外，霍德伯勒又说："你瞧，有些觅食工蚁走得特别慢，它们拖拉着后脚走路。"而我，同样也不当一回事。我响应道，某些蚂蚁个体经常走路拖拖拉拉或行为怪僻，并没有什么特别的原因。再说，也没有任何原因让人相信，这些原始的蚂蚁也会在路径上留下气味。但是霍德伯勒还是坚持不屈。他发现，工蚁不只会在路径上留下气味，借以招募巢友共赴新窝，而且这种具吸引力的物质是来自从前不曾预料过的部位——蚂蚁后腿上的腺体。当它们拖拉着后腿走路时，就能将该种费洛蒙抹在地上。这种腺体的出现，给我们提供了锯钝针蚁属进化关系上的重大线索。

打上一个特别的句点

我们待在拉萨瓦森林两周所搜集到的数据，总共写成了 5 篇科学论文。而在我俩多年合作期间，通过东挖挖、西挖挖，以及来来回回地讨论，更是提出了无数其他的发现，一件跟着一件。当维尔茨堡大学聘请霍德伯勒前往任教（在这之前，早已有多家欧洲研究机构和他接洽过）时，我们的合作关系只好大抵告一段落。波威利研究所愿意提供给他精密的新仪器以及技术纯熟的助理人员，这些对他来说，都是非常需要的。

霍德伯勒一直有股欲望，几乎可以说是着迷般，想要深入蚂蚁的肌肉、腺体以及脑部，看看这些器官究竟如何调控社会行为及组织的。他渴望了解 1 000 件“细微小事”，以合成一整桩大事。而这样的志业是非常昂贵的，不论是对美国国家科学基金会，还是其他私人学术机构，这样的要求显然是超出太多了。它们的经费赞助要么是不足，要么是不稳定，甚至两者兼备，情况每隔三五年就会变动一番。虽然霍德伯勒向美国国家科学基金会申请的计划，一直获得最高评价和赞助，但是总经费仍然没法支持他想要发展的研究。

就在霍德伯勒越来越认真考虑要离开哈佛大学时，有一天，我们决定要合写一本书，阐述我俩所知一切有关蚂蚁的知识。当我们着手时，不禁自问，我们为何不贯穿历史，试着写一本书来阐述“目前有关蚂蚁的全部知识”？

这样的计划会非常耗时、费力，而且最后也可能达不到我们原先设定的目标。但是，这个构想多么值得一试！

就像貌不惊人的世界拳王帕特森（Floyd Patterson）曾说过的：

“要想成就非凡志业，唯有向不可能挑战。”我们挑战的结果是《蚂蚁》(*The Ants*)这本书于1990年由哈佛大学出版社印行。它的内容包括722双栏页、数百张教科书图表和彩色插图，以及3 000条参考书目。它总重近3.5公斤，符合我所谓的“巨著”——从三楼掉下来时，大得足以砸死人的书籍。

共享普利策奖

次年4月9日，星期二下午，哈佛大学人文暨自然科学学院的全体教职员，群聚在大学讲堂挂满肖像的主厅中，准备参加例行月会。正当会议即将开始之际，一名秘书走了进来，递给院长包克(Derek Bok)一张字条。包克当场宣读字条内容：“《蚂蚁》荣获1991年度非小说类普利策奖。”我站起身，接受哈佛同人们的祝贺。哈佛同人们，帮我祷告吧！得到这项最高荣誉后，除了走下坡之外，我还能走到哪儿去呢？

后来，我得知这本书是第五本荣获普利策奖的科学书籍，而且这还是第一本以科学为主要内容、由专家执笔写给专业人士看而荣获普利策奖的书。那天离开大学讲堂后，我马上打电话给霍德伯勒，问他赢得美国最著名文学奖的感受如何。“注意，”我特别提醒他，“不是科学喔，是文学。”“太棒了。”他答道。他们将会在维尔茨堡大事庆祝一番。他的外国口音还是没变，这使得整件事更为特殊难忘。

第 16 章

社会生物学的创立

1977 年 8 月 1 日，“社会生物学”出现在了《时代》杂志的封面上。11 月 22 日，我从卡特总统（President Carter）手里接下美国国家科学奖章，以表彰我对这门新学科的贡献。两个月后，在美国科学促进协会于华盛顿举行的年度会议上，当我准备要发表演讲时，示威者霸占了讲台，把一罐冰水倒在了我的头上，并高喊：“威尔逊，你全身湿透了[1]。”这次冰水事件是近代美国史中，科学家仅仅因为表达某种理念而遭到身体攻击的唯一案例，虽说攻击程度很轻微。

像我这样爱好独处的昆虫学家，为何会掀起这般重大的喧闹风波？且听我道来。

1 “You' re all wet”这句话的意思在英文俚语中也等于“你大错特错”。——译者注

找不到指导教授的优秀学生

我对社会生物学的兴趣并不是革命梦想的产物。它起初只是一项特别的动物学研究计划，并在 1956 年 1 月的某个早晨很单纯地展开。那天，我前往波多黎各东海岸外的小岛卡约圣地亚哥（Cayo Santiago）去观察猴子。和我同行的还有阿尔特曼（Stuart Altmann），他刚刚成为我的第一名研究生。

阿尔特曼的学术方向很不寻常，以致他虽然早在前一年秋季班时就进入哈佛研究所，却发现自己找不到指导教授。他的问题不在于能力，他的表现非常杰出，问题出在他提出的论文题目太不寻常。他把目标锁定在野生恒河猴（rhesus macaque）的社会行为上，尤其是那些被国家卫生研究院饲养在卡约圣地亚哥岛上的猴群。他完全是有备而来。当时他刚刚从巴拿马雨林研究吼猴（howler monkey）回来，对于相关文献也都弄得一清二楚。

很不幸，哈佛大学没有老师了解他在说什么。在 1955 年，灵长类动物在天然环境中的行为依然少有人知。美国心理学家卡彭特（C. Ray Carpenter）曾在 30 年代做过吼猴、恒河猴以及长臂猿的野外观察，为这个领域奠定了一定的基础。他发表的文章在一小群生物学家以及人类学家圈子中颇受敬重，但是没有引发大量的后续研究。野生灵长类居住的地方通常不易到达。

珍·古道尔（Jane Goodall）那时仍住在英格兰，距离她初次探访贡贝保护区（Gombe Reserve）的黑猩猩还有四年。当阿尔特曼刚刚开始独立研究之际，多名日本学者也正在九州岛观察猕猴，但是他们都以日文发表文章，因此美国及欧洲科学家对他们的研究一无所知。

哈佛大学生物系教授里没有人把灵长类田野调查纳入自己的研究领域。有些人甚至怀疑它到底能不能纳入生物学的范围。于是，阿尔特曼找上了我。

1955 年秋末，我已获聘担任生物系助理教授，于次年 7 月 1 日生效。生物系主任卡彭特问我，既然我对蚂蚁的社会行为很感兴趣，愿不愿意在上任前就先收阿尔特曼做研究生？我很高兴地接受了。那时，我自己也不比研究生大多少，只比阿尔特曼长 1 岁，也很想学一点他选择的奇特题目。

我的决定很明智。对我来说，和阿尔特曼一同住在卡约圣地亚哥岛观察恒河猴群的那两天，有着十分令人震惊的启发，同时也是我在知识方面的一大转折点。在我刚踏上岸时，我对猕猴社会几乎可以说是一无所知。在那之前，我读过卡彭特的文章，但是对于眼前即将展开的奇观，依然还没有准备好。当阿尔特曼领我穿过恒河猴群时，这个复杂而且通常很野蛮的世界里的种种，比如优势位阶、结盟、血亲关系、争夺领地、恐吓展示等等，令我深感着迷。我学会如何从雄猴走路的方式看出它的位阶，也学会如何从猴子的面部表情及肢体语言估计出它们害怕、臣服以及敌意的程度。

阿尔特曼很早就警告我说：“要注意两件事。在幼猴附近不可以做出突兀的大动作，以免被误会你想伤害它，那样你很可能会遭到公猴攻击。假使真的有公猴威吓你，千万不要盯着它的脸看。瞪视代表恐吓，很可能真的会引发攻击。遇到这种情况，你只要低头并望向别处即可。”这番话实在很正确。第二天，我因为一时大意，快速转了一次身，而附近正巧有只小猴子，这个动作马上引来它的

尖叫。第二号公猴头领立刻朝我奔来，狠狠地瞪着我，嘴巴张得老大，那是恒河猴的威吓表情。我吓僵了，是真正的害怕。探访卡约圣地亚哥岛之前，我一直把猕猴当成不具伤害力的小猴子。但是，这只公猴全身肌肉发达，严阵以待地站在我面前，刹那间看起来还真像是只小型的大猩猩。不需要任何人提醒，我马上知错就改，小心翼翼地低下头，眼望他处，强烈表达下列信息："抱歉，我没有别的意思，真抱歉。"几分钟后，愤怒的公猴终于走开了。

社会生物学雏形

黄昏时分，阿尔特曼谈灵长类，我谈蚂蚁，我们开始构思，有没有可能把所有可以弄到手的社会性动物资料整合在一起。我们都同意，这样产生的理论或许很适合拿来冠上“社会生物学”这个名称。

当时，阿尔特曼已经沿用这个词来描述他的研究工作，他是从美国生态学会底下的一个工作团体“动物行为暨社会生物学小组”的名称中借用这个名词的。早在那个时候，动物学家圈子里已出现一种信念：动物社会需要不同的分析方法，这些方法可能可以自成独立的题材，成为一门较小的学科。但是，没有人能说出这种社会生物学的通则可能会是什么，以及它们和生物学中的其他学科有什么关系。在资深动物学家诸如阿利（Warder Clyde Allee）、爱默生以及斯科特（John P. Scott）等人的领导下，社会生物学渐渐现出学科的雏形，但是内容大部分仍然只是由各种不同的社会行为描述组成。

在波多黎各那些愉快的黄昏时光里，阿尔特曼和我对于这个主题的讨论深度也高明不到哪儿去。灵长类动物社会和社会性昆虫聚落看起来几乎没有什么交集。恒河猴群主要是靠优势位阶组织起来，而它们的优势地位则是以个体识别为基础；在这方面，原始的社会性胡蜂群大致也是如此，但是其他社会性昆虫就不同了，它们的群落常常是由成百上千只无名、短命的兄弟姐妹组成，而且生活在一片祥和之中。

灵长类是借由声音及视觉动作来沟通；社会性昆虫则借由化

学分泌物。灵长类种群中充满了以个体关系为基础的暂时性角色；社会性昆虫则拥有固定的社会阶层，以及相当僵化、延续终生的分工。

我们都知道，单是凭着一张异同清单，载列诸如优势地位和集体行为的表象，并不足以称为“科学”。在 1956 年时，还没有任何理论能用来解释生物多样性，也就是无法解释为何不同的特征会在某群生物身上出现，而不会出现在另一群生物身上。阿尔特曼想到一个好点子。他打算设计出行为动作的转换概率矩阵（transition matrix），开列出一张具备以下类型数据的概要：如果一只恒河猴做出甲动作，那么它就有一定的概率再度做出甲动作，至于乙动作则有另一个概率，以此类推。我同意这种想法，许多行为及社会互动都可以纳入上述的转换概率矩阵中，因此，这些数值应该可以拿来更精确地比较两种不同的社会。

替社会的互动定量是很重要的步骤，但是它究竟能达到什么样的程度？定量的结果仍然只是一则描述，没能说明某一种特定猿猴或蚂蚁，如何以及为何会在进化过程中成为和另一种特定猿猴或蚂蚁不同的形式。阿尔特曼和我在 1956 年时，都不具有能更进一步探讨社会生物学的概念工具，而我们也只能把这个问题暂时搁在一边。于是阿尔特曼全力投入他的研究论文。

由于天生就是“整合者”，我仍然梦想能提出放诸四海而皆准的理论。到了 20 世纪 60 年代初，我开始在种群生物学身上看到了可能性，它将成为社会生物学的基础。之前，我走入种群生物学，并不是为了探讨社会生物学，而是想要建立一个与分子生物学并驾齐驱的学科。我相信，动物种群所遵循的法则，一定不完全和分子层次的运作规则相同，也就是说，前者的法则里有些是完全不能以分子生物学的逻辑来推演建构的。这种生物科学的观点促使我和斯洛博金合作，这个结盟后来又促成我和麦克阿瑟共同发展出岛屿生物地理学理论。

到了 60 年代初期，种群生物学成为独立学科的力量越来越扎实，而我对它和社会生物学的相关性也越来越有信心。1964 年 7 月底，当我在佛蒙特州和马尔波罗圈的成员莱伊、雷文斯、路翁亭及麦克阿瑟等人会面时，我提出社会生物学的观念，作为种群生物学的延伸。我指出，社会就是种群，两者应该适用同样的分析方式。

达尔文也没能做到

我看到了达成上述目标的最快捷方式：把社会生物学用在一种阶级和分工系统十分严密的社会性昆虫身上。对于这项任务，我已做好万全准备。在 1953 年，我曾经以更具叙述性的方式来追踪蚂蚁社会阶层的进化，被我研究过的蚂蚁不下数十种，而且分布遍及全球。

我说明了蚁后、兵蚁及最常见也是位阶最低的工蚁，它们在外观上的变异都只是异速生长（allometry）的结果而已，也就是不同器官的生长速度各不相同的结果。身体上任一部位的生长速度，只不过比另一部位稍增或稍减一点点，就可能产生一颗较大或较小的脑袋，发育良好或萎缩不全的卵巢，以及最后成体上任何其他部位的不同。这种想法在当时已经不算新鲜。早先英国生物学家赫胥黎

（Julian Huxley）在 1932 年出版的《相对生长的问题》（*Problems of Relative Growth*）中，就曾提出过这种想法；而他的灵感又来自苏格兰动物学家汤普森（D' Arcy Thompson）对于形态增减变化的进化分析——那是汤普森 1917 年的经典之作《论生长与形态》（*On Growth and Form*）里的论述。

我选择蚂蚁这个题材也是基于很合理的进化推论：蚂蚁社会阶层的进化先始于一个基础的形式，然后才开始一点一滴朝向多种不同外形来发展。接着我把这个主题转到新的方向。在研究异速生长的同时，我进行了种群统计，也就是计算每个蚁窝内各种不同社会阶层成员的数量。当异速生长的研究和种群统计密切结合后，社会阶层的进化方式就更加清楚了。某个特定阶层成员的身体结构显然能决定它们执行该角色任务的效率。

譬如说，兵蚁如果生有巨大、锐利的大颚，而且大颚周边还长满有力的肌肉，它们会更称职。但是，我指出，兵蚁的数量也是关键之一。如果战斗专家太少，蚁窝会被敌军占领；然而，战斗专家若太多，蚁群又没法觅得足够养育下一代的食物。因此蚁窝必须通过前面提到的异速生长来调节各阶层成员的出生率及死亡率。在往后的研究中，我称这种现象叫作“适应性种群统计”（adaptive demography），并认为它是复杂社群中种群层级的特征。

赫胥黎对我所从事的异速生长以及种群统计研究很感兴趣。当他于 1954 年访问哈佛大学时，他告诉接待人员他想见见我。这个要求令我的指导教授印象深刻，而我则战战兢兢地准备和这名伟大的进化学家兼人道主义者会面。我们两人都认为，我们共同的兴趣应该算是普通生物学里的古典主题。蚂蚁社会阶层的问题也曾吸引了达尔文的注意力，他把这种现象视为自然选择理论的一大威胁。虽说达尔文对于相对生长的概念也有不少直觉上的建树，但是赫胥黎和我很清楚，我们所研究出来的这些想法和数据，已经率先得出完整且定量的进化论解释。

诚实的魔术师

1968 年，我重新修改适应性种群统计这个观念，并借助线性化模型，发展出许多新的社会阶层进化法则。1977 年，来自加州大学伯克利分校的天资聪颖且足智多谋的应用数学专家奥斯特加入我手头一项为期一年的、更深入的研究。这一次我们通过社会性昆虫来探讨社会阶层的理论，我们已经可以把种群生物学里的其他理论加到我早期发展出的公式内。

奥斯特负责设计模型，他的分析技术范围之广，真是令人敬畏，他果然名不虚传，他的数学能力足以和所有的理论生物学家抗衡。他经常喜欢尝试新方法，因此，在我们谈话时，他必须一一对我解说各个步骤。这时我所扮演的角色恰恰和 15 年前我与博塞特合作研究化学通信时扮演的角色一模一样。

展开每条新的研究路径之前，我会先输入所有我知道的与社会阶层和分工有关的数据，这些数据通常只不过是疑似相关的片段信息，然后再把我所能得出的最具直觉性的结论加上去。接着奥斯特再利用我们所能看见或所能猜测出来的关系及趋势来建立模型，扩展我们所能触及的时间和空间。我再把新的证据及猜测反映给他，由他来更进一步推理和订定模型，我再反馈，他再设计模型，我又再反馈。[1]

空闲时，我们也会聊聊闲话以及共同的兴趣。他真可算是职业级的魔术师，有一次，他变魔术给我看，我看得目瞪口呆。即使我全神贯注盯着他重演一次，距离不到一米，还是没能参透其中的玄机。我对于自己的无能十分懊恼。我是个深感自傲的科学唯物论者，但是我必须自问：在这个世界上，究竟还有多少事物看起来像真的，但其实只是幻象？我学到了一条法则，这条法则其他人通常是经由惨痛经验而得来的：永远不要相信那些标榜握有隔空取物“证据”的科学家；与其相信他们，不如去相信诚实的魔术师。

20 世纪 60 年代，我曾经搜寻其他观念，看看能不能补充到社会生物学上，让它更完善。其中被我看上的一个是来自种群生物学里有关攻击的进化起源。洛伦茨在他早期的文章以及 1966 年出版的名著《论攻击》中提出，攻击性是广泛存在且无法压抑的动物本性。它会自动物体内满溢出来，就像盛装过量的液体般，而且它还会寻求各式各样的释放形式。以人类的情况来说，洛伦茨建议，攻击性最好是以有组织的体育运动方式来释放，胜过以战争的方式。

1968 年，在第一场由史密森尼学会赞助、总共只办过两场的“人与兽研讨会”（Man and Beast Symposia）上，我提出了更精确的解释。这种解释与日益增加的田野调查证据颇为一致，那就是攻击

---

1 E. O. Wilson, “The Ergonomics of Caste in the Social Insects,” *American Naturalist* 102 (1968) :41-66; George F. Oster and E. O. Wilson, *Caste and Ecology in the Social Insects* (Princeton: Princeton University Press, 1978).

行为是一种特化的、与种群密度相关的反应。[1] 当种群密度增加时，许多种动物的种群数量都会受到由一种或多种因素导致的抗力的限制。这类与种群密度相关的反应，包括个体因疾病或天敌猎杀而导致死亡率上升、生育力下降、迁徙风盛行和产生“攻击性”等等。攻击行为究竟是不是进化过程的产物，要看其他与种群密度相关的因子是否也介入控制种群的成长。攻击性表现出来的形式千变万化，可以是维护领土，维持统治位阶，或是铆足劲的暴力攻击，甚至同类相食，这要视种群的极限情况而定。然而，攻击行为依然是一种特化反应，在进化过程中，它出现在某些物种的动物身上，但是并未出现在其他种动物身上。我们可以根据环境以及动物本身的博物学知识来预测攻击行为的出现。

汉密尔顿与近亲选择

社会生物学理论的基本元素有许多不同的源头。但是，当其中最重要的观念刚刚出现时，我竟然全力反对它。1964 年，汉密尔顿在《理论生物学期刊》(*Journal of Theoretical Biology*) 上发表了富有创意的近亲选择理论，那篇文章分为两部分，篇名是《社会行为的遗传进化》(“The Genetical Evolution of Social Behaviour”)。此后几十年来，这篇论文成了一门重要的研究事业的基础。汉密尔顿

---

1 “Competitive and aggressive behavior,” in J. F. Eisenberg and W. Dillon, eds., *Man and Beast: Comparative Social Behavior* (Washington, D.C.: Smithsonian Institution Press, 1971), pp. 183-217.

的某些推理和结论曾遭到挑战，但随后就会有热心的拥护者为它们辩护，结果只不过是再一次的挑战和再一次的辩护。这个理论的核心部分始终屹立不摇。如同所有伟大的观念一样，它的精髓非常简单，是那种会让人忍不住说：“这显然是对的，但是我为什么没想到呢？”

典型的达尔文主义者会把自然选择设想为直接发生在代与代之间的事件，也就是父母与子女间的事件。不同的谱系带有不同的基因，大部分基因所产生的性状，能影响个体的生存及繁殖。一只动物会长出什么样的身体，会如何觅食，会如何躲避敌害，这些特征全都深受基因影响。因此，基因能够决定动物的生存及繁殖。根据定义，每一代中生存及繁殖能力较佳的家族，将能繁殖更多的子女，而它们的基因也将成为该种群中的多数，达好几代之久。某组基因增加，代价是其他组基因减少（同样是根据定义），这就是自然选择造成的进化；而引导生命历程的，则是新基因的出现，以及拥有随机突变基因的染色体重组。自然选择自会辨别这些组合的良莠，通过携带它们的个体在生存及繁殖能力上的差异来决定是哪一类组合的基因会增加，而哪一类则会减少。

就某个很重要的层面而言，这种传统认知上的自然选择过程，只能是近亲选择中的一种。毕竟父母和子女本是至亲。但是汉密尔顿观察到，兄弟、姐妹、伯叔、舅舅、姑妈、姨妈、堂表兄弟姐妹等，也一样是近亲；于是他开始思考，这件众人皆知的事实在进化上究竟有何意义。其他近亲关系由于共同祖先也共用相同的基因，这方面并不逊于父母与子女。因此，这些有近亲关系的个体之间，若存有任何受基因影响的互动，例如天生的利他倾向，或合作倾向，或手足竞争倾向，这些互动将会造成它们在生存及繁殖方面的变动，所以应该也同样会引发由自然选择造成的进化。或许大部分形式的社会进化都是由这些较为间接的近亲选择所推动。

汉密尔顿的想法之所以非常有吸引力，是因为它能解决进化理论中的老问题：“‘自我牺牲’为何能成为一项遗传特征？”乍看之下，如果不考虑近亲选择的话，大家很可能会想，“自私”必定能主宰整个生物世界；至于合作行为，除非有助于达成自私的目标，否则绝不会出现。但事实并非如此。假使某项利他行为协助了近亲，那么该项行为将能增加和利他行为者体内相同基因的生存机会，这就和父母与子女的情况相同。

为何说“相同的基因”，是因为利他行为者与其近亲本来就拥有共同的祖先。没错，该动物的肉身会因无私的行为而死亡，但是它们共有的基因，其中包括促成无私行为的基因在内，却能真正受益。

肉身或许早逝，基因却得以兴盛。英国动物学家道金斯（Richard Dawkins）在他的不朽名言中指出，社会行为就骑乘在“自私的基因”上。

算算看，谁较亲

伟大的生物化学家、诺贝尔奖得主圣捷尔吉（Albert Szent-Györgyi）曾经这样形容科学：“去看每个人都看得见的东西，去想没人曾经想到过的事情。”而汉密尔顿就曾在这样的科学大道上走过。但是，我敢说，汉密尔顿当初要是仅仅以抽象名词来表达近亲选择，他的说法引起的反应必定会很平淡。其他生物学家读过它之后，可能会说："没错，当然是这样，达尔文也有过类似想法，不是吗？"或者说："不知我有没有弄错，但是这类想法不是早被人讨论来、讨论去好长一段时间了吗？"然而，汉密尔顿却很神奇地成功了。（虽说，一直到70年代我把它点明之前，很少人知道这个理论。）

他之所以能成功，是因为他不停地用具体的、值得注意的术语来述说真实世界里的新东西。他为社会生物学真正的进展提供了有利的工具。

汉密尔顿事后曾经告诉我说，他能够突破困难是基于三项不怎么相关的原因：第一，他对利他行为这个问题觉得"很困扰"；达尔文的解释算完整吗？还是不完整呢？第二，他对社会性昆虫有一定的认知，而利他问题非常适用于社会性昆虫。第三，他对血亲关系（kinship）的计算法产生了兴趣。

基于第一和第二项理由的驱使，他读遍了遗传学家莱特的著作。当然，血缘越近，彼此所共有的、来自共同祖先的基因也越多。莱特还设计了很天才的方法来表达真正共有的基因数量，他利用他所谓的"亲缘系数"（coefficient of relationship）来测量。利用这种方法来解决问题是很有趣的益智游戏，就像计算赌博概率一样。譬如说，第二层堂表兄弟姐妹或同父异母姐妹的亲侄女间，共同的基因片段约为多少？汉密尔顿认为这个数值就是亲缘关系的程度，是利他行为进化的关键所在。就连这个附属的观念也非常符合直觉，例如，你或许愿意为亲兄弟冒生命危险，但是，对于第三层表兄弟，你顶多只愿意给点忠告而已。

带着这些观点，汉密尔顿加入了胡蜂以及其他社会性昆虫的博物学研究领域，以计算近亲选择。这时，他充分意识到另外两件受血缘影响而且更重要的相关资料。这一次资料来源是昆虫学。第一件事，社会性最强的昆虫——包括蚂蚁、蜜蜂及胡蜂等，分类上都属于膜翅目昆虫。唯一的例外是白蚁，属于等翅目昆虫。第二件重要的事实是，膜翅目昆虫拥有很不寻常的性别决定机制，即所谓的"单倍二倍体"（haplodiploidy）。在这种机制中，带有双套染色体的受精卵一律发育成雌性，至于仅具单套染色体的未受精卵，则发育为雄性。按照亲缘系数（又可称为"亲缘关系概念"，这是他后来命名的），汉密尔顿发现，由于这种单倍二倍体机制，姐妹们彼此间的关系要比母女间的关系更为亲近，也就是拥有更多相同的基因。同时，它们和兄弟间的关系又更为疏远。单单根据单倍二倍体这一件事，汉密尔顿得出结论：如果社会行为是因自然选择而源起于昆虫界，那么下列几点必定为真：

1. 膜翅目所产生的社会性物种数一定远超过其他的物种，而后者中鲜少为单倍二倍体。

2. 这类物种的劳动阶级永远都是雌性。

3. 相对的，雄性不工作，极少贡献劳力，而姐妹对它们也不大照顾。

这些推论事实上也都正确，而且除了靠单倍二倍体为基础的近亲选择外，再也找不到其他更合适的解释了。

亲身经历“范式转移”

我第一次读汉密尔顿的文章，是在 1965 年，从波士顿去往迈阿密的火车上。在那几年间，我惯于进行这类旅行，因为我答应勒妮，在女儿凯瑟琳读高中以前，我会尽可能地避免搭飞机旅行。

我发觉这项限制具有一大优点。就拿迈阿密旅程来说，它让我一连 18 个小时待在私人小包间中，就像西多会的修士（Cistercian monk）受困于自己的誓言，除了读书、写字及思考外，没什么别的事可做。我就是在这类旅程中构思出大半的《岛屿生物地理学理论》的。

1965 年的这一天，当火车行经纽黑文（New Haven）北方某地时，我从公文包中取出汉密尔顿的论文，很没耐心地草草翻阅。我急着想弄清楚这篇文章的要点，好接着读些别的东西，读些比较熟悉、比较对胃口的东西。这篇文章有些曲折费解，而且里面还充满了困难的数学算式，但是我很快就了解到他对单倍二倍体以及群居生活的观点。

我的第一个反应是负面的。“不可能，”我暗想，“这不可能是对的，太过简单了，他对社会性昆虫的了解一定很有限。”但是，那天午后不久，当我在纽约宾夕法尼亚车站换乘银色流星号火车时，汉密尔顿的观点依然不停地在我的脑海里绕圈圈。当火车向南方开动，穿越新泽西的沼泽地时，我又重读一遍这篇论文，这次仔细多了，一心想找出我深信藏在某处的致命缺点。其间我曾闭目沉思，企图找出更具说服力的替代解释，来说明为何膜翅目中社会生活会盛行，以及为何会出现清一色的雌性劳动者。我的知识当然足够想出一些什么来。这类评论工作我早就做过，而且也都很成功。但是，现在我什么都想不出来。

到了晚餐时间，当火车隆隆驶进弗吉尼亚州的时候，我变得又气又恼。不管这个汉密尔顿究竟是何方神圣，他都不可能这般利落地解开戈尔迪之结（Gordian knot）[1]。又或者说，其实根本就没有所谓的戈尔迪之结，不是吗？我曾经认为，世上可能只存在着偶发的进化加上美妙的自然史而已。再说，我一向把自己想成社会性昆虫的世界权威，因此我也认为，实在不太可能还有其他人能够诠释它们的起源，尤其又是这般干净利落地一击中的。第二天早晨，当我们行经韦克罗斯（Waycross）和杰克逊维尔时，我更加辗转难安。等到正午过后不久，火车终于抵达迈阿密时，我投降了。我改变了原先的信念，把自己交到汉密尔顿的手中。我已经历了科学史专家所谓的“范式转移”（paradigm shift）过程。

与汉密尔顿并肩作战

那年秋天，我受邀参加了伦敦皇家昆虫学会（Royal Entomological Society of London）举办的会议，并发表了关于昆虫社会行为的演讲。我在演讲前一天，跑去拜访汉密尔顿。他那时还是研究生，带有一些20世纪50年代典型英国学者的味道——瘦削，头发蓬乱，声音轻柔，以及由他那低沉、不谙世事的言谈中所流露出来的脱俗气质。我发觉，他有只手的末端指节都不见了，那是在第二次世界大战期

1 戈尔迪之结，传说中没有绳头的难解之结，后来亚历山大大帝以剑劈开而解开此结。此后引申为用非常规的简单方法解开难题。——编者注

间弄伤的。当时他还是个小孩，想要在父亲设在地下室的实验室中制造炸弹，他父亲是具有爆岩经验的工程师，为响应英伦保卫战而研发炸弹，以防德军进犯。当我们在伦敦街头漫步，谈论许多共同志趣的话题时，他告诉我，他那篇有关近亲选择的博士论文，曾经不被认可。我想，我能了解其中原因。他的指导教授尚未接受这样的范式转移过程。

第二天，我把一小时演讲时间的三分之一拿来讨论汉密尔顿的想法。我预料会有人反对，也很清楚会遇到什么样的反诘，因此早就在心里把这些抗议反应全都预演过一遍。果然不出我所料，听众席里坐着好几位一流的英国昆虫学家，包括肯尼迪（J .S. Kennedy）、理查兹（O. W. Richards），以及威格尔斯沃思（Vincent Wigglesworth）等人，我刚刚讲完，他们就开始强烈抨击那些我已知之甚详的理论。

用事先准备好的简短解释来答复他们的问题，真是一桩乐事。其中有一两次我不大确定时，就把问题抛给年轻的汉密尔顿，当时他也坐在听众席中。我们就这样联手应付过这一天。

35 年来的第一遭

写一本有关社会性昆虫综合性知识著作的时机已经差不多到了。我梦想自己能把它们的分类、解剖构造、生活史、行为以及社会组织等，做出清楚易懂的总结。我要用一整本插画精美的书来颂扬它们的存在。这种大手笔的工作已有 35 年乏人问津，上一本还是由迈

德尔（Franz Maidl）所写的晦涩难懂的德文著作《社会性昆虫的习性与本能》（*Die Lebensgewohnheiten und Instinkte der staatenbildenden Insekten*），因此新著作急需跟进。相关文献散布在数百种杂志、专著中，以十来种语言写成，而且质量高低相差极大。上百年来，社会性昆虫研究领域一直呈割据分裂状态：蚂蚁专家鲜少和白蚁专家对话；蜜蜂研究人员活在自己的小象牙塔内；而专门研究隧蜂亚科（Halictinae）及胡蜂的学生则窝在一边默默耕耘，仿佛在操弄什么邪门歪道。

我希望能利用昆虫来做示范，并借此说明种群生物学的组织力量。关于这些，我相信我的书都已做到。《昆虫的社会》（*The Insect*

Societies）一书于 1971 年出版，内容是我对社会性昆虫的观察。此外，我还在书中最后一章展望了未来愿景：

> 社会生物学的乐观前景可以简短总结如下。虽然脊椎动物和昆虫之间的亲缘关系非常远，而且两者间不论是个体还是非个体间的沟通系统也具有本质上的差异，然而，这两类动物所进化出来的社会行为，复杂程度却很近似，而且许多重要细节也颇一致。这个事实传达了一个特别美好的前景：社会生物学终将会从种群生物学以及行为生物学等学科中衍生出来，发展成为一门独立的、成熟的科学。而这个学科有可能会使我们更加了解那些与人类不同的动物的社会行为所具备的独特性质。[1]

脊椎、无脊椎大结合

接下来我该做什么呢？起先，我并未打算把我的研究触角伸展到社会性昆虫之外。假使蜜蜂不算在内（在 1975 年，蜜蜂的研究可以算是以应用为主的学科，比如有数百名的蜜蜂研究者），包括鱼类、两栖类、爬行类以及哺乳类，参与脊椎动物行为研究的动物学家，少说也有昆虫行为学者的 10 倍之多；进化生物学界的主流期刊明显偏向于大型动物的自然史，而且脊椎动物更是占满了教科书里关于动物行为学的案例。想要由昆虫学领域踏进脊椎动物行为学领域，似乎有

1 *The Insect Societies* (Cambridge, Mass.: Harvard University Press, 1971), p. 460.

点儿太困难了。但是，我发觉我错了。在试探了一阵子，并且和几位专家讨论过后，我有了新的发现。研究脊椎动物一点儿都不困难。

少有动物学家志在研究这些动物的综合性社会生物学，起码他们还没有强调种群生物学，也没有像汉密尔顿和我以及其他人那样在社会性昆虫研究方面直接且快速推进。当我把探究范围扩大后，我发觉昆虫学和脊椎动物学比较起来，在技术方面要困难得多，部分原因在于昆虫的种类如此众多（当时已知昆虫物种数达 75 万种，而脊椎动物仅 4.3 万种），另一部分原因则在于，它们在人类眼中实在太怪异了——人类这种巨大的直立脊椎动物，只有借着显微镜才能把昆虫看个明白。昆虫学在大学课程表上很少受到关注，而且也少有学生会选择它们作为终身研究志业。再说，高级的昆虫社会比起人类以外的脊椎动物社会都更为复杂，也更为多变。因此，我的推论是：昆虫学家去研究脊椎动物，应该会比脊椎动物学家去研究昆虫来得容易。

我再一次染上了野心的瘾头。我告诉自己，往前走，全力以赴，把种群生物学各学科里的社会生物学"全部"组织起来。我知道，这下子我又给自己添了许多苦差事。撰写《昆虫的社会》仅仅耗去 18 个月的时间，如果再加上我在哈佛大学的教学工作以及未曾中断的蚂蚁生物学研究，写作使得我的每周工作量超过 80 个小时。现在，我再度投下两年时间，从 1972 年到 1974 年，完成另一部同样自找苦吃但也更为重大的新书《社会生物学——新的综合》（*Sociobiology: The New Synthesis*）。既然已经知道自己的长处何在，因此，我在两条科学成功路途间选择了第二条。这两条路途分别是：体现十足天分的重大突破，以及发挥推进功用的综合研究。

事实上，撰写这两部综合理论著作的那几年，称得上是我一生中最快乐的时光。1969年，斯洛博金邀我和他一同前往马萨诸塞州的伍兹霍尔（Woods Hole），参加当地海洋生物实验室所举办的生态学暑期课程。这年6月底，勒妮、凯瑟琳和我一同来到这座位于海岸边的小村庄，住进海岸生物实验室位于小巷内的小屋。在一条乡村羊肠小道的尽头，可以看见坐落在诺布斯卡海岬（Nobska Point）上的壮观灯塔，距此不到两千米。越过灯塔所在的小港（Little Harbor），以及更远处帆船点点的海湾，就到了度假胜地马撒葡萄园岛（Martha's Vineyard）。

凯瑟琳那时的年龄刚刚可以进幼儿园，她在当地结识了一大帮其他教职员的小孩。同时，她还会和我一起花上好几个小时来观察蝴蝶、鸟类，以及我们小屋后面沼泽地里的一窝麝香鼠。傍晚时分，我们一家三口会驾车往南探险，直达科德角（Cape Cod）。午餐后，如果没有课，我常会翻过奎塞特丘（Quissitt Hills），沿着海岸公路长跑到法尔茅斯（Falmouth）。其余闲暇时间，我全用来写作，阅读，再写作。接下来的18个暑假，我们全家年年重返伍兹霍尔，直到凯瑟琳念完大学。那是很和谐的生活方式，令人深感满意。

在准备撰写《社会生物学——新的综合》中的脊椎动物单元时，我还额外得到许多极佳的协助，我常常觉得那纯粹是因为走运的关系。参考书目中最重要的部分以及手稿编辑工作，都出自霍顿（Kathleen Horton）之手。霍顿于1965年加入我的研究行列，而且练就一身与社会生物学各个艰辛、神秘领域相关的高端专才。大约30年后，她依然在宽广的各个生物学科间扮演这种关键角色。

另外，当我开始我的大部头专著时，当时（现在也是）美国最佳野外生态插画家之一的兰德瑞（Sarah Landry），竟然很神奇地在她绘画生涯的早期与我们合作。她把表现各种不同行为的动物画在一起，借以描绘动物社会，这种效果是单张照片永远没法呈现出来的。基于一股追求准确的热情，她付出的努力远超过一般动物行为学专著所需要的程度。她不仅亲自跑到动物园和水族馆中，对人工圈养的动物进行写生，还前往植物标本馆，详细观察在动物栖息地出现的植物种类，以及枝叶花茎的细节。对于兰德瑞来说，准确画出大猩猩嘴里吃的植物，就和准确画出大猩猩本身同等重要。

至于我原本对脊椎动物学家所怀有的不安感，也在我发觉他们倾向于把我当成盟友而非知识上的偷猎者后，就平息下来了。我倾全力贡献（确实是如此），扮演编年史学者以及善意批评者的角色。事实上，所有我接触过的人都鼓励我继续前进。许多人还提供给我一些书籍、文章以及文献中的评价等。

乘火箭似的科学对谈

1974 年是许多社会生物学理论有可能组合起来的最早年份之一。对许多重要物种的研究，比如对丛鸦（Florida scrub jay）以及鞭尾沙袋鼠（whiptail wallaby）的研究，都已进入最后阶段。各项崭新的理论元素不断涌现。其中一项注定会最具影响力的新理论概念，则是父母与子女相冲突的自然选择，这是由哈佛大学的特里弗斯（Robert Trivers）率先提出的。

和汉密尔顿一样，特里弗斯在研究生时期就想出了这个关键概念；那时我才刚刚结束他的博士论文审查工作。特里弗斯患有躁郁症（现已痊愈），这种病既令他受苦，同时也为他带来一些好处。当他情绪高亢时，他的表现可真是灿烂夺目；但是情绪一低落，就变得很吓人。我们只有在他情绪高亢时才会接触他，他也会直接推开我的办公室门，一屁股坐下，完全不顾哈佛大学凡事预约的传统。这时的我感觉上仿佛得立刻系紧安全带，准备随时进行快速的火箭旅程，前往某个不知名的目的地。接下来，潮水般的点子、新知以及挑战，夹杂在嘲讽和欢笑中，喷涌而出。

特里弗斯和我老是笑个不停，而我们也总是不由自主地由概念谈到闲话，由闲话转为笑话，然后再回到概念上。我们的科学是靠狂喜来推进的。在这些谈话中，我个人的乐趣混合了精神方面的冒险感受，就好像在测试一种能够变换心情但可能也有危险的药物。我没法只是坐在那儿倾听特里弗斯一个人唱独角戏，让他的心灵产物把我淹没。我天生就喜欢和他人抬杠，以事实对事实，以观念对观念，从不放弃。这也是为何我一碰到盖尔曼（Murray Gell-Mann）和温伯格（Steven Weinberg）这两名老友，必会耗得筋疲力尽，因为这两位诺贝尔物理学奖得主都颇为自我中心、自信心超强，而且据说连脑力都足以角逐“世界第一聪明人”的头衔。总之，只要和特里弗斯相处两三个小时，就能让我疲累一整天。

特里弗斯的理论

1971 年到 1974 年这四个光灿的年头里，特里弗斯为社会生物学理论辟出了一条崭新的道路。他提出了一个互惠利他主义（reciprocal altruism）的模型，在这个模型中，人类以及其他较聪明的动物所参与的游戏规则，会超越以近亲选择为基础的自我牺牲行为。这无疑是特里弗斯最重要的学术成就：家庭的理论，尤其是亲子冲突的基础模型，为今日行为生物学领域内其他相关主题的扎实研究，打下了良好的基础。他指出，育幼的进化过程中所遭受的选择压力是不同的，而且有时候在父母这方和在子女那方是相互冲突的。

这些压力随着年幼动物的成长而变换方向及强度，因此，比起无法适应环境或压力的传统近因，这些压力因素更能贴切解释青少年时期的叛逆以及家庭的紧张气氛。最起码特里弗斯提供了看起来很合理的论调，可用来解释冲突的远因，即使没有日复一日的压力来引发冲突，冲突的源头仍始终存在。

最终在汉密尔顿学说中找出瑕疵的人，还是特里弗斯。接着，他动手完善这个理论，结果甚至更加提高了近亲选择的可信度。他找出的瑕疵如下：社会性的膜翅目昆虫，如蚂蚁、蜜蜂及胡蜂等，一旦为新世代幼虫养育出数量相等的雄性与女王，那么这群姐妹就不能（这点与汉密尔顿看法相反）从相互极度自我牺牲的行为中获利。由于单倍二倍体的关系，这群姐妹的基因有四分之三是彼此相同的，而它们和兄弟之间仅有四分之一的基因相同，这种情况和一般性别决定机制的动物不同。在后者，同性及异性手足间相同的基因都是二分之一。

膜翅目昆虫这种不均衡的表现，似乎特别有利于以雌性为主的聚落的形成：工蚁如果养育姐妹而非女儿，它们体内的基因将有更大一部分能延续到下一世代。不过，特里弗斯也注意到，如果具单倍二倍体的蚂蚁、蜜蜂及胡蜂，养育了相同数量的兄弟与姐妹，则它们和这窝幼虫的亲缘关系会变成二分之一，抵消了原本明显的利益。这个结论可以下列数学式推得：

1/2（有二分之一是姐妹）× 3/4（和姐妹相同的基因）+
1/2（有二分之一是兄弟）× 1/4（和兄弟相同的基因）= 1/2

和兄弟姐妹共享的基因平均为二分之一，这样的代价无异于那些不具单倍二倍体的动物生儿育女的结果。因此，只有在工蚁为蚁群养育较高比例的姐妹时，它们才能借由单倍二倍体的方式，获取更大的利他行为报酬。对于膜翅目昆虫来说，可能达到的最佳血亲程度为 5/8，这可以通过投入 3/4 资源在姐妹身上来达成：

3/4（有四分之三是姐妹）× 3/4（和姐妹相同的基因）+
1/4（有四分之一是兄弟）× 1/4（和兄弟相同的基因）= 5/8

在其他条件都相同的前提下，八分之五当然胜过二分之一，有助于种群的生存。后续研究显示，这个数值果真很接近蚂蚁的饲育比例。不知怎么的，工蚁竟能遵守两名动物学家脑袋里对近亲选择的预估值。

人，怎能除外

我希望《社会生物学——新的综合》能作为这类理论的网络，

像是一本随身携带的手册，绝对不要弄得像是一本百科全书。我把所有和“社会性”沾得上边的动物全都网罗进来，从群居的细菌和阿米巴原虫，到成群结队的猴子及其他灵长类动物。我认出社会进化的几个“巅峰”：群居动物的社会最先独立进化出来；接着，组织变得更复杂或更精确；最后，则拥有和其他动物截然不同的遗传结构以及组织形态。这些巅峰的代表性动物分别为：第一类，珊瑚和管水母及其他无脊椎动物；第二类，社会性昆虫；第三类，社会性脊椎动物（尤其是人科灵长类以及其他旧大陆的灵长类）；最后一类则是人，没错，“人”（man）。我在 1975 年使用的就是这个词，在它具有令人难以接受的性别主义色彩之前仍代表一般人类，这个词依旧和诸如“日”“月”“地”等单音节词一样重要。

或许，我在写《社会生物学——新的综合》的时候，应该在写到黑猩猩的地方时就打住。许多生物学家都希望我真的那么做了。好几位评论者甚至说，如果我没有添上最后一章有关人类的章节，《社会生物学——新的综合》将会是一本伟大的著作。法国人类学家列维-斯特劳斯（Claude Lévi-Strauss）把这本书评为百分之九十正确，这是他的友人史学家拉迪里（Emmanuel Ladurie）事后告诉我的。我猜他的意思是，直到黑猩猩都没问题，但是在那之后全都免谈。

但是，我依然毫不犹豫地把智人（*Homo sapiens*）收录进来，因为要是不这么做的话，势必会遗漏生物学里一块重要的部分。从另一个角度来看，我相信，生物学终有一天会成为社会科学的部分基础。我看不出 19 世纪的学科链概念有何不妥，在这个连环概念中，化学遵从物理法则但不完全涵盖于物理学中，生物学则以同样的方式与化学及物理学联结，而最后也将会有一道类似的关联存在于社会科学及生物学之间。毕竟人类也是一种生物。

历史并非发源于1万年前土耳其及约旦的小村庄中，它横跨了为时200万年的人属（*Homo*）进化史。深层历史（这里我指的是生物的历史）使得我们成为今日这副模样，它的威力绝不逊于文化。我们的基本解剖构造、生理状态，以及许许多多基本的社会行为，都和活跃在旧大陆的非人类灵长类动物相同。即使是我们独有的特征，例如善于操作工具、长着能与其他手指相对的拇指，以及快速学习语言的能力，都能找到遗传上的缘由，而且也都能据此推测出由自然选择驱动的进化史。在《社会生物学——新的综合》最后一章的开头，我觉得很适合来一段比较煽情的开场白：

> 现在，且让我们以博物学的自由精神来思考人类，假装我们是来自外层空间的动物学家，要来完成地球的社会性动物目录。从这个宏观的角度来看，人文学科以及社会科学将缩小为生物学里特化的分支；历史、传记及小说，则是人类行为学的研究报告；至于人类学和社会学加起来，也只不过构成单一一种灵长类动物的社会生物学而已。

第 17 章

社会生物学大论战

自从《社会生物学——新的综合》于 1975 年夏天出版后，大量评论随之而来，毁誉参半。生物学家一向和“人类”没有太多瓜葛，因此，他们几乎一致给予此书好评。其中包括当时生物学界的资深元老，美国医学教授兼科学作家托马斯（Lewis Thomas）以及英国胚胎学家威丁顿（C. H. Waddington）。和社会生物学关系最密切的研究人员，尤其积极支持本书的观点，而且他们支持的态度随着时间的推移而越来越积极。

1989 年，国际团体动物行为学会（Animal Behavior Society）成员票选《社会生物学——新的综合》为有史以来最重要的动物行为学专著，评价甚至超过了达尔文于 1872 年出版的经典著作《人类与动物的情感表达》（*The Expression of the Emotions in Man and Animals*）。

两极反响声浪

研究路线倾向于生物学的社会学家也持欣赏的态度，其中包括沙尼翁（Napoleon Chagnon），他是专研巴西及委内瑞拉“蛮人”亚诺玛莫人的民族志学者，还有社会学家范登·伯格（Pierre van den Berghe）和谢弗（Joseph Shepher），他们原本就在为乱伦禁忌、婚姻制度以及其他重要的人类行为，寻求生物学方面的解释。1970 年诺贝尔经济奖得主萨缪尔森（Paul Samuelson），曾经在《新闻周刊》（*Newsweek*）专栏中赞誉这条研究途径，但是他也说，他知道这个主题无论是在知识上还是学说上，都会是“危险的水雷区”。

萨缪尔森说得没错。很快社会科学家中就掀起了一阵反对浪潮。文化人类学家萨林斯（Marshall Sahlins）在他1976年的著作《生物学的应用与滥用》（*The Use and Abuse of Biology*）中，企图奋力将人类行为从社会生物学的守则里抢救出来。那年 11 月，美国人类学会（American Anthropological Association）于华盛顿召开年会，会中考虑要公开谴责社会生物学，同时还要停止早先已计划召开的两场相关主题学术研讨会。提案人的论点大半是以道德及政治为考量。正当大伙热烈辩论之际，米德愤怒地站起身，手上握着一支大拐杖，挺身挑战“为某个理论定罪”的想法。她把这项提议贬为“焚书提案”，这么一来，该提议终于没有通过，但也算不上全面失败。

这类事件被广为宣传，有些新闻记者还把这类冲突称作 20 世纪 70 年代的学术论战，因此免不了夸大了反对的程度。事实上，正式的文献多半站在人类社会生物学这边。

自1975年以后近20年，讨论人类社会生物学及相关主题的书籍超过200部。其中，态度偏向赞同的书及偏向反对的书，比例为20:1。社会生物学的基本概念如今已延伸（批评者可能宁愿用“蔓延”这个词）到诸如精神病学、美学以及法律理论等领域中。到70年代末，甚至出现四种新创期刊，以容纳日益增加的研究报告及反响。

大部分的争辩其实都有可能避免，不论争辩有多激烈；对于这些，我必须负起责任。我把《社会生物学——新的综合》写成仿佛两本不同的书，然后装订成一本。前面26章占全书篇幅的94%，以百科全书式的视角扫描各种社会性动物，援引的数据结构都是按照进化理论的原理。第二部分，也就是第二十七章所占的29页，章名为“人：由社会生物学到社会学”，其中大部分的内容都是以生物学为根基的人类行为假说所诠释的社会科学事实。这本书的前后两部分在内容及论调上的差异，造成社会大众对社会生物学出现两种接受的态度：第一种，社会生物学正如同我试图描述的，是一个学科，能有系统地研究社会行为以及先进社会的生物学基础。第二种则是萨林斯及部分美国人类学会成员所认定的邪恶双胞胎兄弟，是主张社会行为由基因决定的科学意识形态主义。

本书第二部分所引起的反对，主要是冲着“基因决定论”（genetic determinism）而来，这正是社会科学界的忧虑所在。因此，在此我必须再度说明，为何我的论点会被人冠上“基因决定论”的帽子。我的理论推演过程如下：人类遗传了某种习得行为及社会结构的倾向，而且共有这种倾向的人数很多，于是这种倾向就可称为“人性”。符合这项定义的特性包括两性分工、亲子关系、对近亲的高度利他行为、乱伦禁忌和其他各种道德行为、对陌生人的怀疑、部落主义、团体间的统治位阶、雄性优势地位，以及争夺有限资源的领土斗争。虽说人类拥有自由意志和诸多方向的选择权，但是我们在心理发展方面，则依然受基因影响（不论我们多么希望事实不是如此），在某些方面受基因影响的深度，总是超过其他方面。因此，尽管文化天差地别，人类总是同样表现出前述特征。纽约曼哈顿的居民和新几内亚高原的居民之间，虽然在历史文化上已分家5万年，但依然可以了解对方，基本原因就在于他们从共同祖先那儿承继来的基因中蕴含了共同的人性。

误入争端

我在《社会生物学——新的综合》这本书中所强调的是人性的共同之处，而非文化的差异所在。就这个层面而言，我所说的其实根本算不上是创新言论；近几十年来，早已有许多学者提出类似理论。就以达尔文来说（进化生物学里所有重要的理论，他几乎全都有份儿），他就曾经很谨慎地提出过攻击性以及智能方面的遗传变化理论。但是，在我之前从来没有任何科学家能够以种群生物学的推论，如此合理地解释自然选择下的人类行为的进化。我指出，最重要的是人类的基因组，因为它会在人类进化过程中，强化生存及繁殖的能力。就某方面而言，大脑、感官以及内分泌系统，促使个人选择自己所偏好的社会行为特征。

为了把种群遗传学模式当成更有效率的基本分析方法来使用，

我推测人类的基因组中可能存在某些能影响攻击性、利他行为以及其他行为的单一的、尚未被发现的基因。我当然非常明白，这类特性通常是由散布在多条染色体上的许多基因一同调控的，而且在个人及社会的表现差异上，环境因素也扮演了很重要的角色。然而，不论基因调控的真正特质为何，我认为最重要的是，遗传和环境两者能交互作用，创造出一股导向固定途径的引力。这股引力把来自各个社会的人们齐聚起来，送进一个被我们定义为“人性”的狭窄的统计范围内。

我这种论调在70年代算是非常有力的遗传论者（hereditarian）论调。结果，它促使了长久存在的“先天—后天”（nature–nurture）论战再度死灰复燃，当时后天派原本已高奏凯歌，而社会科学也奠基在这场胜利上。但是，即使某些已成气候的学者摒弃了社会生物学，我还是希望包括种群遗传学模型在内的进化生物学，能够吸引年轻一代社会科学研究人员的兴趣，然后，他们或许会把自己的研究领域和自然科学联结在一起。

“人性”超越遗传？

这个愿望真是天真得很。大多数社会理论学家所偏爱的社会文化观都认为“人性完全建筑于经验之上”，而且这个想法不只是准备接受测试的假说，在20世纪70年代，它根本就是根深蒂固的哲学思想。美国学者尤其喜爱这种“人类行为是由环境决定，因此几乎具备无限弹性”的想法。

追溯人类进化过程，如果基因的确曾在某段时期失去主控力，而且假使人脑只不过像是一部万能计算机，那么，生物学就不能在社会科学里扮演有影响力的角色了。于是，真正的社会学内容将会因文化而异，而文化也会被解释为环境的产物。然后，文化人类学应该专注于研究他们所认为的外来人种，也就是研究那些受西方外来文化（包括生物学内容在内）影响最小的社会中的内部细节。这其中同样藏有重大的政治含义。假使人性主要是后天学习得来，而没有什么重要部分是来自遗传的，那么我们应该像充满信心的文化相对论者一样轻易地得出同样的结论：不同的文化在道德上必定是等量齐观的。也因此，在道德观以及意识形态上的文化差异都值得尊重，因为所谓的良善与真理，大多是依照权力而非行为本身的正当性来决定。受压迫民族的文化尤其有价值，因为文化冲突史一向出自胜利者之手。

而人性具有遗传基础的假说，将会使得上述推论出现疑点。由此，许多批评者认为，这项来自自然科学的挑战，不只是知识上的疏漏，甚至也是道德上的错误。他们指出，假使人性根植于遗传，那么某些社会行为很可能会变得难以驾驭，或者至少会被掌权的精英阶层宣称为难以驾驭。于是，部落制度和性别歧视都有可能被判定为无法避免，而且阶级差异和战争也将成为某种形式的“本性”。而这些只不过是开端而已。人们无疑地会具有一些遗传来的生理特征上的差异，因此他们也有可能具有无法改变的能力及情感。有些人可能是天生的数学天才，有些人则生性倾向于犯罪行为。

美、欧态度截然不同

在20世纪70年代，社会大众中的许多人都相信，遗传倾向的说法多少有些真确。但是，任何人要是胆敢在大专院校里推广这种思想，可要冒着被冠上种族歧视和性别歧视等重大罪名的危险。相反，那些勇于攻击遗传论者的人，则被尊为真理和道德的守卫者，备受赞扬。

心理生物学家利维（Jerre Levy）曾模仿这种“政治正确”的公式而打趣地说道：“即使缺乏足以支持的证据，社会文化假说依然得视为真确，除非能完完全全证明它是错误的。相反，生物学假说得被视为错误，除非它的支持证据完完全全无懈可击。”[1]

因此，不难理解，处在一个对内部分歧过于敏感的社会中，美国学者有多么害怕“社会生物学”这个词。当美国的研究人员于1989年成立有关人类社会生物学的学会时，他们将之命名为“人类行为暨进化学会”（Human Behavior and Evolution Society），而且在此后召开的年会中，也鲜少用到“社会生物学”这个词。

欧洲人就没有这么具有戒心了。有一帮研究人员组成欧洲社会生物学学会（European Sociobiological Society），总部设在阿姆斯特丹。另外，也有人在剑桥大学国王学院成立社会生物学小组（Sociobiology Group）。第三个团体则在巴黎大学创立了动物行为学暨社会生物学实验室（Laboratory of Ethology and Sociobiology）。

在中国、苏联以及其他社会主义国家，“社会生物学”这个词

1 Jerre Levy, “Sex and the Brain,” *The Sciences* 21, no. 3 (1981): 20-23, 28.

以及它背后所代表的思想观念，人们都可自由运用，而赞成和反对的文章也散见于各种不同的期刊中。

加一些催化剂

《社会生物学——新的综合》这本书之所以会恶名昭著，主要在于它的混合特性。假如书中前后两个部分分开印行的话，社会生物学的核心理论将会获得动物行为学以及生态学界专家的充分接纳，至于有关人类行为的部分，则可能仅仅遭到摒弃或忽略而已。然而，把它们写在同一本书中，整体分量会超过两者的总和。讨论人类的章节，会因厚实的动物学资料而增添可信度；至于生物学部分，则由于人类的寓意而加深其中蕴含的意义。这样的联结创造出令许多人都深感不快的逻辑三段论法：

> 社会生物学是生物学的一部分；
> 生物学是有凭有据的；
> 因此，人类社会生物学也是有凭有据的。

某些批评者认定，我一定抱有某种政治动机，据他们猜想，有关动物篇章的主要目的，就在于为人类篇章增添可信度。事实刚好相反。我对意识形态一点儿都不感兴趣。我的目的在于颂扬进化生物学里的多样性，在于展示进化生物学的知识上的力量。身为社会性动物的百科全书的编者，我自觉负有额外的义务，该把人类也纳入其中。当我这么做的时候，我发现了一个这样难得的机会：可以让有关动物的章节，因为和人类行为具有相关性，而更增添知识上的分量。在某些观点上，我又把关系倒转过来，我开始相信，进化生物学应该能充作社会科学的基础。

因此，我的人类社会生物学概念，并非源自意图宏大、联合自然与社会科学的伟大的孔德构想（Comtean scheme）。我只不过是延伸我感兴趣的主题，由蚂蚁推展到社会性昆虫，再推展到脊椎动物以及人类。我相信生物学与社会科学融合的时机已经成熟，因此，我采用了感情色彩很强烈、很煽情的语言来揭开序幕。《社会生物学——新的综合》的最后一章就是催化剂，预备滴进早已置备好且即将融合的试剂中。

“自由派圣地”不自由

不过接下来，每件事都失控了。

在我原先的预计中，并没料到在哈佛大学也会出现如此激烈的反应。在麦卡锡时代，哈佛大学曾经因多名学者被控诉为共产党员，而成为著名（假使不能算是完美）的圣地。这里被公认为应该是能容许人们文明地交换意见、不受政治意识形态诋毁的学术讨论园地。然而，里面充满了左翼理论家的事实，使得这项崇高的目的受到威胁。

《社会生物学——新的综合》出版没多久，15 名来自波士顿地区的科学家、教师及学生组成了社会生物学研讨小组（Sociobiology

Study Group）。不久后，这个团体又与人民的科学团体（Science for the People）相串联。该团体创建于20世纪60年代，是由激进分子组成的全国性组织，目的在于揭发科学家以及技术人员的失当行为，其中也包括政治方面的危险思想；社会生物学研讨小组则由哈佛大学的马克思主义者以及新左翼学者所把持。其中两位最著名的成员古尔德（Stephen Jay Gould）和路翁亭，正是我在比较动物学博物馆里的亲密同事。另外三人是贝克威思（Jonathan Beckwith）、哈伯德（Ruth Hubbard）以及雷文斯，他们则在哈佛大学的其他系所任教。

虽然社会生物学研讨小组的非正式总部就设在路翁亭的办公室里，也就是我办公室的正下方，我却完全不知道它的商议内容。开了三个月的会议后，该小组做出了他们早已预设好的判决。在1976年11月13日出刊的《纽约时报书评》（*New York Review of Books*）上，这些成员写了一封公开信宣称，人类社会生物学不仅缺乏足够的证据来支持，同时还具有政治上的危险性。他们写道：

> 所有企图要为社会行为建立生物学基础的假说，都是想要为现存因阶级、种族及性别而获得特权的分子，寻求遗传上的正当性。纵观历史，有权有势的国家或统治阶级，总是能把科学界里的这类产物，作为继续维持或进一步扩张权力的支持……美国于20世纪10年代至30年代颁布的禁止生育法和限制移民法，以及导致纳粹德国建立毒气室的优生学政策，全都是由（这类）理论提供了重要的基础。

我是在11月3日[1]的《纽约时报书评》上了报摊后，才看到这封公开信。哈佛大学出版社的一名编辑打电话给我，说这封公开信正快速流传，恐怕会引起骚动。因为，一群科学家如此公开宣布某位同事犯下技术上的错误，本身就已经是够严重的事了。而且，在20世纪70年代火药味十足的学术圈中，把当事人扯上种族优生主义以及纳粹政策，可以说更是火上浇油。再加上社会生物学研讨小组自称站在道德立场上，因此更加暗示他们高高在上、不容挑战的地位。而且，这封信的目的，与其说是在纠正可能存在的技术性错误，不如说是想要毁灭一个人的信誉。

在哈佛大学这个自由和睦的圈子里，保守的教授就好比修道院里的无神论者，默默不语。时间一周周过去，冬雪开始飘落，我从哈佛大学教授群中得到的支持少之又少。

有几位朋友在接受采访及电台辩论节目中，公开反对人民的科学研究小组这个团体的论点。这其中包括迈尔、戴维斯（Bernard Davis）、米切尔（Ralph Mitchell）以及我的密友及合作伙伴霍德伯勒。但是，绝大部分时间我得到的只是沉默，即使是在哈佛大学校园内部辩论演变为全国性新闻时也是一样。经过多次私人交谈后，现在我明白，我那群哈佛大学的自然科学同僚当中，大部分人当时就已经赞同我以生物学方法来研究人类行为，但是，他们被人民的科学研究小组的动机和政治目的给弄糊涂了。他们可能也会想到古谚所谓“无风不起浪”。所以，他们选择专心工作，保持距离，以求安全。

1　此处的时间与上页的出刊时间11月13日矛盾，似有误。——编者注

自我肯定，重新出发

我本来就有些弱点可以攻击。原本期望某些社会科学家能以扎实的立论根据，对我发动正面攻击，谁知却反而遭到政治炮火的侧面袭击。有些观察家对于“威尔逊竟然如此惊讶”深感惊讶。资深的英国进化生物学家、前马克思主义者梅纳德·史密斯（John Maynard Smith）曾说，他本人并不喜欢《社会生物学——新的综合》的最后一章，而且说道：“在我看来，非常明显，我实在无法相信威尔逊本人竟然会不知道，它绝对会引发美国以及其他任何地区的马克思主义者的强烈反感。”[1] 然而，事实正是如此。我之所以还没做好心理准备，可能是因为（如同梅纳德·史密斯更进一步的观察结果）我是美国人，而非欧洲人。在 1975 年的时候，我可以说是个政治白痴。我对政治信仰或分析方法几乎一无所知；我很少留意左派激进分子的动态，而且我也从未听闻过人民的科学研究小组这个团体。就欧洲标准或纽约—剑桥的标准而言，我甚至算不上是知识分子。

由于我向来对社会生物学研讨小组成员中那群平日都认识的同事非常尊敬，我起初也忍不住怀疑起自己来。我把社会生物学这个主题扯入人类行为，是否犯了推理上的致命大错？社会生物学研讨小组的激愤反应，和我系里那些沉默不语甚至在走廊上闲聊中都未能给我几句加油打气的生物学同人形成令人惊骇的强烈对比。另

1 Quoted in Ullica Segcrstrålc, “Whose Truth Shall Prevail? Moral and Scientific Interests in the Sociobiology Controversy” (Ph. D. diss., Department of Sociology, Harvard University, 1983).

ONWARD
SOCIOBIOLOG

外，批评得最卖力的路翁亭，那时刚好正担任生物系主任，更是丝毫没有给我任何道义上的帮助。当时我想到，我正面临被贬为贱民的危机——被认为是位差劲的科学家，以及社会上人人喊打的过街老鼠。

接着，我又把自己所使用的证据和逻辑重新思考了一遍。我的说法在科学上完全站得住脚，我所遭到的攻击完全是政治上的，而非来自有凭有据的科学。但是社会生物学研讨小组对于这个主题本身一点兴趣都没有，他们的兴趣只在于怀疑它，显然对其真正的内涵所知极少。

当我定下心来思考这些细节时，我的怒气取代了焦虑。我提笔写了一封愤慨的反驳信投到《纽约时报书评》。数周后，胸中怒火渐渐熄灭，我又重拾昔日的信心，之后，则新生出一股野心。战场上有敌人，一个很重要的敌人；而且，还有崭新的主题——对我来说，它代表了“机会”。

我开始研究马克思主义的基本原理。杰出的社会学家贝尔（Daniel Bell）和一流的马克思主义哲学家吉诺维斯（Eugene Genovese），都对我这个大外行学生鼓励有加。他们两人都对社会生物学没有什么兴趣，但是他们甚至比我更憎恶人民的科学研究小组这个组织的攻击战术。于是，我的阅读范围又扩展到社会科学及人文学科，我因此而爱上了科学史及科学哲学。

距离社会生物学研讨小组发表那封公开信两年后，我写成了《论人性》，这本书赢得了1979年一般非小说类的普利策奖（众所周知，这是文学奖，而非科学上的认可）。第二年，我开始全力准备完成一套更强有力的理论来解释生物进化与文化进化之间的互动。

我渐渐明白，社会生物学的辩论已超过一般的学术论战。人民的科学研究小组成员与我对社会生物学的判断分属不同的议题。他们并未将科学视为一门独立客观的知识，而是把它当成文化的一部分，是政治史和阶级斗争交织在一起的社会过程。

我相信，路翁亭最能具体代表这群人的奋战精神。后来他的风头被另一位科学及文学界名人古尔德抢了过去，但是在 1975 年，这两人的名气不相上下，而且政治立场也大致相同。古尔德也和路翁亭一样，以马克思主义者的角度来研究进化生物学，而且此后古尔德不断地在《博物学》杂志的专栏以及其他地方刊出的短文中，发动了连珠炮似的批评。但是，最深入且全面探究人类社会生物学所牵连的每一个层面的批评者，却是路翁亭；而《纽约时报书评》公开信的主要作者也正是他。从那以后，他发表了很多场反对社会生物学的演讲，把他在遗传学以及科学哲学上的广博知识，全拿出来为批判所用。他投下最多时间来游说可能改变立场的人，此外，他时时保持高度的警觉。假使社会生物学的论点中出现了真正的过失，必定会被他逮个正着，四处去宣扬。

要是没有路翁亭，这场论战不会变得这般紧张，或者该说不会吸引如此广泛的注意。事后回味，当时间冲淡了激情的部分，只留下扎实的智慧核心时，他就是那种最令人珍惜的敌手。聪敏、热情，而且个性复杂，路翁亭是标准的舞台剧中反角的人选。他拥有一股非常矛盾的气质，使得他周遭的友人和敌手难以保持平衡。路翁亭外表态度很亲切，内心却很私密；经常流露出好斗、好发号施令的脾气，但同时又极为敏感，亟欲摆出谦和姿态以取悦听者；会要挟人，但一遇到强烈的反应后，又轻易地退缩回去，表现出一阵短暂的愤怒迷惑，使得人几乎想要去安慰他。麦克阿瑟曾经告诉我（那时我们三人都还年轻），路翁亭是唯一会令他紧张得冒汗的人。

典型的70年代活跃分子

参加委员会议时路翁亭从来不害羞，总是坐在最靠近主席或会议桌中心的地方，发言频率之高超过所有与会者，任何一件提案都逃不过他的质询和意见。他是那种你在学校念书时肯定遇见过的小神童，总是第一个举手答题，第一个上黑板解答代数习题。

少年时的神态依然保存在中年的他身上，圆圆的脸、轻松的笑容、机灵的眼神、一头蓬乱的黑发，以及一件不打领带、永远是蓝色的衬衫，朋友打趣说，那是为了昭告世人他永远和劳工阶级站在一起。新闻记者形容他的长相“好似猫头鹰”，但那只不过是轮廓长得像而已。事实上，现实生活中的路翁亭太过紧张，也太过活跃，十分不符合这种夜行性动物的慵懒形象。

路翁亭能够快速地从某个角色转换到另一个角色，先是思想深沉、谨慎的领袖，然后是哲学思维奔腾的演讲者，有时忽然又成为爱开玩笑的伴儿，有时候则是莽撞愤怒的激进分子。当他想强调某个论点时，会把双手举到头上，手指张开，等他的声音拉平，开始阐述他的论调后，再把双手放回桌面，掌心向下。起先两手并排摆着，然后再轻轻分开，流露出沉思的样子，然后，两手很快地又举到与胸齐高，而且一只手绕着另一只手快速转动，话题变得越来越复杂，而听众也不得不全神贯注。他说话时一向采用完整的句型和词汇。他的话语偶尔会稍微变缓一下，有时甚至用滑腔连音来强调关键词，而紧接着的就是总结。当他说话时，他会和一定距离内的每位听众交换眼神，抛出灿然笑容，选择能显示出自信的词句，显露出他对演说技巧的重视，一如内容。

在 20 世纪 60 年代及 70 年代的学术团体中，路翁亭的个人自信和独特风格令他非常抢眼。在那个年代里，学生一方面嚷嚷着要求独立自主，同时却又万分渴望寻得领导者。路翁亭在哈佛大学校内及校外的讲课，都非常受学生欢迎。他那些讽刺当权派的话语，伴随着独角喜剧演员的派头，实在令人捧腹大笑——即使你恰好是他讽刺的对象。这些话语总会引来满堂哄笑。学生都知道，他是一位科学家，同时也是一位思想家，有深刻的革命精神。新闻记者对他也同样印象深刻，他们通常称他为“才华横溢的种群遗传学家”。路翁亭是来自高深的科学殿堂、提倡社会变革的知识分子。

路翁亭在科学研究上的资历好得没话说，他的遗传学研究水平更是一流。20 世纪 60 年代中期，当路翁亭还在芝加哥大学时就已经和哈比（J. L. Hubby）合作，成为最早利用电泳技术来分离相似蛋白质而测出种群内基因多样性的学者。他们这套技术立刻成为标准技术，为进化生物学开创出定量研究的新纪元。此外，他也是最先利用计算机来研究概率在微进化中所扮演的角色的人员之一。根据同样的专业基础，他借由把“统计学上的种群进化”和“种群增长率变迁”联系在一起，探索介于遗传学和生态学间更宽广的领域。

早在 39 岁，路翁亭还非常年轻的时候，就被选为国家科学院院士，这是美国科学界的最高荣誉。然后，他天性中叛逆的一面浮现出来。1971 年，一番疾言厉色后，他辞去院士职务，以抗议国家科学院赞助国防部的秘密研究计划。美国国家科学院成立 130 年来，共选出数千名院士，而他是仅有的 12 名辞职者（不论基于何种原因）之一。他跻身于一群十分显赫的同伴当中，包括数学家皮尔斯（Benjamin Peirce）、哲学家詹姆斯（William James），以及物理学家费曼（Richard Feynman）。

到哈佛大学来

在 1972 年早春的哈佛大学委员会议上，身为委员之一的我提议生物系聘用路翁亭担任正教授。当时他被公认为是全世界同辈人之中最杰出的种群遗传学家。一般情况下，任命案很快就会被接受、通过，然后传到院长及校长手中。但是，这一次情况不如往常。路翁亭在当时不只是杰出的科学家，他同时也已经成为政治活跃分子，经常攻击其他科学家。在 1970 年美国科学促进协会的年度会议上，有一小群人迫使某一场提及政治敏感话题的演讲中辍，路翁亭就是其中之一。

许多资深教授因为目睹过他个性里的某一面而深感警惕，所以预备投票否决他的候选资格。他们问道，如果把他引到哈佛大学来，会不会在系里捣乱？在一场由终身教授参与的关键会议上，迈尔和我同声为他辩护。我们反驳道（现在回想起来，当时还真有点儿自命不凡），个人政治信仰不该左右教职任命。有些成员还是不能信服，他们说，信仰是一回事，但是人身攻击和捣乱又怎么说？那时我非常希望路翁亭能加盟哈佛大学，因此我说，且让我先打个电话给芝加哥大学的朋友，他和路翁亭同系，我来问问他，路翁亭是否曾因意识形态立场不同而攻击自己的同事。大伙儿接纳了这项建议，决定暂缓决议。

这期间，哈佛大学最受敬重的资深教授同时也是大学管理委员会的明智顾问基斯佳科夫斯基（George Kistiakowsky）听到风声，从化学系打电话给我。他直截了当地说："如果路翁亭来，你们会后悔的。"但我还是履行了承诺：我打了电话，确定路翁亭不曾在芝加哥大学惹是生非。下一场会议中，我们以不计名方式投票表决，决定聘请路翁亭担任正教授。校长包克于1972年11月8日签署任命案，第二年，他来到哈佛大学。

当他一上任，我就明白了，我们处理科学的态度真是南辕北辙，而且这种体会自社会生物学论战开启之后就越来越深刻。路翁亭是位哲学家式的科学家，自我约束得非常厉害，而且对每一个步骤都极为挑剔，十分严苛地捍卫各项准则。他反对任何看似真确的论调和臆测；事实上，假使有机会的话，他会完全禁止。

反观我，则是博物学式的科学家。我同意有必要遵守严格的逻辑和实验考证，但是在精神方面我就比较宽松，在研究的早期阶段，我对假说的态度远不如他严格。由于一辈子经验使然，身为野外采集者和实用主义者，我深信，每个片段数据以及每个合理的假说都应该记录下来，等到知识累进后，再去芜存菁。因此，我的笔记本成为什么都记的大杂烩。在我看来，研究早期太过严谨，以致扼杀了可能合理的论点，是完全违背科学精神的。我希望把进化生物学扩展到每一个可能相投合的题目，即使一意孤行也在所不惜，而且动作还要尽可能地快。然而路翁亭并不如此。

由于选择了严格的科学研究发表标准，路翁亭放任自己追求未受科学阻碍的政治议程。他实行了相对主义者的观点，认为在没有真切事实支持的情况下就接受真理，仅仅是霸道的意识形态以及政治权力的反映。自从转变为激进分子后，他开始大力推销他自己所认可的真理。

路翁亭鄙视进化生物学中的“还原论”（reductionism）思想，即使从过去到现在，这都是无可挑战的自然科学关键所在。而且，在人类社会行为方面，他尤其反对还原论。“采用还原论，”他于1991年写道，“等于是要我们相信，世界被切成许多小碎片，每一小片都有自己的特性，而它们结合起来就会形成一块较大的事物。举例来说，个人组成社会，因此社会不过就是个人特质的总体表现而已。个人特质是成因，而社会整体的特质则是这些成因造成的效果。”[1]

路翁亭所反对的这种还原论，正是我对世界运作的看法。如同我所分析的，还原论奠定了人类社会生物学的基础。但是，路翁亭坚称这不是科学，而且按照他多年以来的政治信仰，还原论也不可能真确。“这种生物世界的个体观点，只不过是18世纪中产阶级革命意识形态的反映而已，这样的意识形态把个体当成每样事物的核心。”[2]相反，路翁亭认为存在着超越自然科学的法则。

1 Richard C. Lewontin, *Biology as Ideology: The Doctrine of DNA* (New York: HarpcrPerennial, 1991), p. 107.

2 Richard C. Lewontin, *Biology as Ideology: The Doctrine of DNA* (New York: HarpcrPerennial, 1991), p. 107.

自从社会生物学研究小组揭发我为反革命投机专家后，波士顿地区的激进分子就组织起来，四处散发传单，举办时事讨论会，以反对人类社会生物学。当这类活动在 1975 年冬天到 1976 年春天越演越烈的时候，我开始担心它会不会演变到令家人及校方困窘的程度。有一度我还真的考虑过是否要接受其他三所大学的教授聘约——它们的代表对我说，假使我想远离这场辩论中心战区的话，可以考虑接受聘约。

不过，这类事件其实都还只是小事。有一名示威者曾经好几天跑到哈佛广场，用强力扩音器喊话，要求我去职。还有一次，两名密歇根大学的学生闯入我的进化生物学课堂，高呼口号，并且不停发表反社会生物学的长篇大论。不过，当我的学生看出他们显然根本没读过《社会生物学——新的综合》，而且他们更有兴趣的其实是借着它来打倒哈佛大学管理阶层之后，大家就开始反攻。我几乎没有收到过恐吓信，而且从来没人威胁要杀害我。

无缘再见米德

最富戏剧性的泼水事件于 1978 年发生在华盛顿。2 月 15 日，我来到喜来登公园酒店（Sheraton Park Hotel），准备在社会生物学研讨会中演讲，这场研讨会被规划为美国科学促进协会年会的一部分。因其是全球最庞大的科学家组织，美国科学促进协会从过去一直到现在，都特别注意科学与教育及公共政策间的关联。一如预期的，演讲会场人山人海，研讨会的主角为六名人类社会生物学界的主要研究者，以及最能言善道的人类社会生物学批评者古尔德。

这场研讨会的主席为米德，而我也很期望能再次见到她。一年前，在弗吉尼亚州的人类行为研讨会中，她曾邀我共进晚餐，一块儿讨论社会生物学。当时我很紧张，一心以为，这位美国教母级的人物会为遗传决定论可能造成的危害而训斥我一顿。其实我根本没有必要担这个心。她是想要告诉我，她自己也曾发表过一些以生物学为基础的社会行为学思想。其中一个想法是，在每个社会中，都存在着遗传倾向各自不同的人，而且各自适合不同的工作，例如艺术家或军人，而这种差异可以创造出更具效率的分工。在品尝过烤牛肉和红酒（看她两样都尝，令我惊讶不已）后，她推荐了好几篇她自己写的文章给我，认为我可能会有兴趣。

令人难过的是，我没能再见到她。就在美国科学促进协会开会前不久，她罹患癌症，而且癌症随时都可能夺去她的性命。

研讨会即将开始之际，演讲厅内以及附近的气氛渐渐变得紧张起来。有人告诉我，国际反种族主义委员会（International Committee Against Racism，简称 InCAR）计划了某种形式的示威活动，而且这个团体的行动向来以粗暴闻名。在得知议程中将有一场关于人类社会生物学的演讲，而且我本人也会出席时，该团体的领导人向全国会员发出通报。听到这则消息后，我信步踱到国际反种族主义委员会的摊位前，搜集他们散发的文献，顺便拿一枚胸章。当数百名听众开始在讲堂入座后，两名国际反种族主义委员会会员开始到处游走，散发抗议传单。我走向其中一人，但是发传单的女孩马上认出是我，于是又把传单夺了回去。

泼水事件

代理主席是哥伦比亚大学人类学家阿兰德（Alexander Alland Jr.），他为会议揭开序幕，随后多位演讲者也陆续上台宣读论文。截至目前，一切相安无事。

轮到我登场时，我选择坐在椅子上演讲，而不是站在讲桌前；因为我的右脚因脚踝骨折正打着石膏，那是两周前慢跑时不慎弄伤的。当大会一开始介绍我时，大约八名男女（我数学不好，从来没法计算得很精确）从观众席中一跃而起，冲上讲台，而且一字排开站在演讲者们的身后。好几个人高举反社会生物学的标语牌，其中至少有一面牌子画的是纳粹符号。一名青年走向讲桌，抢走阿兰德手上的麦克风。

美国科学促进协会人员在早先已经通告各场演讲的主持人，假使示威者坚持，不妨暂时交出麦克风，以避免肢体冲突；然后再告知抗议者，如果两分钟内不交还麦克风，大会将请饭店安保人员前来处理。因此，阿兰德宣布，他将遵照美国科学促进协会的处理程序，把麦克风交了出来。这时，有些害怕发生暴动的听众开始离座，打算远离讲台。然而，他们没法走太远，因为所有座位都坐满了，连走道上都挤满了人。坐在中间位置的沙尼翁，则往反方向移动，想要挤上讲台，驱走示威者，但是也同样被卡在路中间。于是，他和另外几名听众对着主席阿兰德及示威者大喊道："把麦克风交出去是不对的！""不应该容许任何团体用暴力接管演讲会。"但是，这是自由平等的时代，任何表达形式都应被认定为言论自由。群众开始安静下来。

接着，当国际反种族主义委员会领袖正在对听众振臂疾呼之际，一名年轻女子提起一瓶水就往我头上倒。示威者们立即高声呼喊："威尔逊，你全身湿透了！"两分多钟后，他们离开讲台，返回座位。没有人要求他们离开会场，没有人报警，也没有任何反对他们的行动。直到研讨会结束后，还有几名示威者留下来，与几名听众闲聊。

当我用手帕以及某人递来的纸巾擦干自己时，再度取得麦克风的阿兰德为这场意外向我表达歉意。接着，听众起立，给了我一阵特别长的掌声。他们当然会这么做，我心中暗想。不然他们还能怎么办？他们很可能就是下一个遭殃的。

在我简短的演讲开始前，台上其他几名演讲者起身谴责国际反种族主义委员会的行为。古尔德认为为了摆出激进姿态而做出暴力举动，实在是非常不理智的，这刚好和达成有价值的政治目标背道而驰；他这番话好像是在对示威者演讲似的。古尔德称这次意外事件为"幼稚的骚动"。关于这一点，他说得倒是十分正确；我很清楚，我该提防的是那些成年的知识分子。

遗传与文化

事件发生的当儿，我的感受如何？当抗议者的怒气由我头上一浇而下时，我敢说我像冰一般冷静吗？那天傍晚，我和沙尼翁一块儿用餐，然后去史密森尼学会，和人类学家哈里斯（Marvin Harris）辩论人类社会生物学方面的问题。参与旁听的人非常多，不过，这次倒没有被激进分子接管。之后，我打出租车前往联合车站，搭乘猫头鹰号卧铺车返回波士顿。

在车上我巧遇物理学家戴森（Freeman Dyson），他正预备返回普林斯顿。我对他说："我今天真是够受的了，在美国科学促进协会的社会生物学研讨会上，被示威者泼了一身水。"他答道："我今天也很不好过，刚刚才遇到一场火车事故，火车在离开华盛顿往北走没几千米，车头就出轨了，于是乘客又被载回车站，等候下一班北上的列车。"

在我看来，这个时候态势已经很明显了，无论在知识上或政治上，人类社会生物学都会麻烦连连。除非能把文化也纳入分析，否则批评者永远可以大声反驳道，既然人类这个物种是以心智及文化为两大基础特征，那么，在解释人类社会行为的时候，却对心智及文化只字不提，根本是徒劳无功。

当拉姆斯登加入我的实验室时，我心里已记挂着人类社会生物学的这项缺点。拉姆斯登是位年轻的理论物理学家，来自多伦多大学，他于 1979 年年初来我这儿担任博士后研究员。他的兴趣后来转到生物学上，并且看出社会行为分析领域的机会大好。起先我们讨论要合作研究社会性昆虫，但是很快，我们的话题又转到了遗传及文化上面。我说，研究这个领域，虽然失败的风险很高，但成功后获得的高报酬绝对值得，我们来试试看吧。于是，接下来的连续 18 个月，每周我们会相聚讨论两三次，一点一滴为这个主题建立架构。

我们的推论如下：每个人都知道，人类社会行为是由文化所传递的，但是文化又是大脑的产物。而大脑则是结构严谨的器官，同时也是生物进化的产物。它具有许多深植于感官印象的偏见，以及偏向学习某些特定事物但不去学习另一些事物的倾向；这类偏向对于文化的引导作用仍属未知。从相反的角度看，脑部最显著特征的遗传进化，就发生在由文化掌控的环境下，因此，文化变迁必然会影响到这些特质。所以，我们套用下列说法来描述这个问题，就会显得清楚得多：基因进化和文化进化究竟是如何互动的，才创造出人类心智的发展？

文化基因

毫无疑问，我们刚开始研究这个题目时，可以说是毫无头绪。但是其他人也一样；再说，如果没有人着手研究，又怎么有人知道会发生什么事呢？于是，我们不屈不挠地翻阅堆成小山的文献，它们分别来自认知心理学、民族志以及脑神经科学等领域。我们把文化当成经由学习得来的信息单位，将它并入我们为种群遗传学所建立的模型中。我们研究语义的特色，以便让我们的前提尽可能与现有的语言理论相符合。

我们想要找出引导人类心智进化的基本过程。我们的结论是，那是某种形式的基因与文化互动，我们称之为“基因—文化共同进化”（gene-culture coevolution），这是遗传与文化变迁永不止息的循环。在人的一生中，心智是靠着在某个特定文化范围内，从无数的片段信息、价值观以及可行的行为中挑出的事物自我创造而成的。说得更具体些，每个人都会在所有可行的范围内，选择特定的结婚习俗、创世神话、道德观念、分析方法等。我们把这些脱颖而出的行为及心智概念称为“文化基因”（culturgen）；这很接近另一位还原论同人道金斯所谓的“模因”（meme）[1]。

每当一个人修饰他的记忆或做决定的时候，他会先把接收到的视觉影像、声音以及其他刺激所造成的复杂心理事件，转送给大脑，然后再由大脑的储存部门调出长期记忆的档案，最后再对得到的事物及观念进行情感上的评估。然而，并不是所有的文化基因都能得到一视同仁的待遇，认知并没有进化成全然中立的滤网。心智吸收、使用某些信息总是远高于其他信息。拉姆斯登和我从研究文献里找到的遗传相关文化（heredity-bound culture）的例证，包括了对颜色的感觉、对符号的认知、嗅觉、偏爱的视觉设计以及表达情绪的面部表情等。它们全都是具有判断价值的人类特征，也全都可以理所当然地被称为人性。像这种属于生理上的特殊偏好，被称为“外遗传法则”（epigenetic rule），能够左右文化传递的方向。通过这些方法，就能够影响文化进化的结果。也就是说，通过认知的生理机制，基因能够决定心智与文化的发展。

在我们的构想里，基因—文化共同进化的整个循环如下：有些文化基因的选择，能带来较大的生存及生殖概率；于是，那些能使心智倾向选择成功文化基因的外遗传法则，就能够在生物进化过程中较占上风。经过多个世代后，整体来说，人类种群就在众多自然的可能性中转向某一个特定的“人性”。它会从甚至更多种可能的模式中形成文化多样性的模式。

1 meme 与 gene 相对照，在国内也有将 meme 翻译为“拟子”的。

还须默默等待

拉姆斯登和我在多篇专业文章和两部专著[1]中介绍了这个构想。书评好坏皆有；有些盛赞不已，但是好几篇登在重要期刊上的文章则不表欣赏。人类学家利奇（Edmund Leach）在《自然》期刊上表达了自己的震怒；生理学家梅达瓦（Peter Medawar，1960 年诺贝尔生理医学奖得主）在《纽约时报书评》上表示不屑一顾；路翁亭，套句他自己事后的描述，在《科学》期刊上表示这想法实在令人不快。有关基因—文化共同进化的话题就这样渐渐消退，大部分生物学家都不看好它，社会科学家也是一样。我既担心又迷惑，因为批评者真的没有说出什么重点；然而，我们是否在某个他们已看见而我们忽略的深度上弄砸了？

20 世纪 80 年代，有少数的研究人员相继投入这个主题，各自沿用他们自己设计的概念和方法。这群天资聪颖的科学家来自遗传学及人类学领域，具备多样化的专才，其中包括遗传学家青木健一（Kenichi Aoki）、人类学家博伊德（Robert Boyd）、种群遗传学家卡瓦利－斯福扎（Luigi Cavalli-Sforza）、生物人类学家杜尔海姆（William Durham）、数学兼生物学家费尔德曼（Marcus Feldman）、遗传学家木村资生（Motoo Kimura），以及人类进化学家理查森（Peter Richerson）。他们的收获也同样很有限，至少就整个研究的广度和

1 C.J. Lumsden and E. O. Wilson, *Genes, Mind, and Culture* (Cambridge, Mass.: Harvard University Press, 1981; Cambridge, Mass.: Harvard University Press, 1983). The summary of the theory of gene-culture coevolution presented here is drawn, with minor changes, from our article "Genes, Mind, and Ideology," *The Sciences* 21, no. 9 (1981): 6-8.

深度来看是如此。日本最顶尖的遗传学家木村资生曾经告诉我说，他几乎没有收到任何向他索取与这个主题相关文章的要求。

基因—文化共同进化的课题很可能还要再静静躺在那儿许多年，等待人类缓缓增添一些足以说服、吸引学者的知识。无论如何，我依然深信，它的真正性质正是社会科学的中心问题所在；不仅如此，它还会是重要且尚未开发的科学领域。而且我一点都不怀疑，属于它的时代，一定会到来。

第 18 章

亲近缤纷的生命

1980 年，《哈佛杂志》（*Harvard Magazine*）的编辑邀请了七位哈佛大学教授，请他们提出未来十年全球即将面对的最大难题。其中四人提出贫穷问题，缘由分别是人口过度膨胀、乡村人潮大举涌入城市，以及资本主义盛行。另一位教授把焦点放在美国，提出福利国家和政府管控过度的议题。第六位教授则选出全球核武器威胁。

这些学者中没有任何人提到环境问题。对于 20 世纪 80 年代遗留下来的难题可能会对后代子孙造成何种冲击，也全都不大在意。身为七人小组里唯一的自然科学家，我挑选了截然不同的主题，而且它的时间性也更为宽广。我提出，物种灭绝的速度越来越快，生物圈岌岌可危；人类正大举削减古代的生物多样性宝藏。我当时是以进化生物学家的角度，就进化时间来思考。“可能发生，或‘必然会’发生的最糟状况，”我这么说道，“并不是能源短缺、经济崩溃，或发生小规模核战争，或遭到极权政体的统治；这些灾难对我们来说固然可怕，但是至少它们可以在数个世代之内恢复。目前持续演进到 80 年代，而未来将耗费数百万年方能匡正的难题是：因摧毁天然栖息地而减损了基因及生物多样性，才是后代子孙可能最无法原谅我们的愚行。”[1]

一个焦虑的梦

这篇文章算是我作为一名环境保护运动者的初次登台之作。老实说，我得承认自己的行动迟得难以原谅。生物多样性被摧毁的这个问题已经挂在我心头几十年了，但是我极少公开反映出来。20 世纪 50 年代，当我还在亚拉巴马州光秃秃的红土沟壑中工作时，还在古巴寻找消失中的热带雨林时，我就察觉到情况很不对劲。在我细读国际自然保护联盟（IUCN）的《红皮书》中有关灭绝及濒危物种的名单后，我有了更进一步的了解。

60 年代，当麦克阿瑟和我发现，只要栖息地面积减少，动物及植物的物种数必定随之减少，前景似乎又变得更加黯淡了。我们很粗略地估算了一下，每减少 90% 的森林面积（或大草原、河流水道面积），将会使得原本生活在其中的生物物种数减半。

让我更加忧心的是那个梦。那真是一个令人非常焦虑的梦，而且直到今天，我还会不时地梦到它。

梦中，我在一座靠近机场的岛屿上（或一座小城里），每天晚

1 “Resolutions for the 80s,” *Harvard Magazine*, January-February 1980, pp. 22-26.

上我总能立刻就认出那个地方，可能是富图纳岛（Futuna），也可能是新喀里多尼亚，两者都位于南太平洋上。我已经在该地待了好几个星期，当四周景物快速清晰呈现后，我突然想起该离去的时间即将到来。而且我发觉，我既未详查该岛的动植物区系，也未开始采集蚂蚁——它们大多是未知的新种。我开始发狂地寻找当地的原始森林。远远地，我看见一处仿佛灌木林边缘的树丛，飞奔过去，发现只是一排由外来植物筑成的防风林，背后其实躲着更多的房舍和农田。这时我坐在一部汽车里，并快速冲向下一条乡间小路，但是路边除了房舍和农田外，什么都没有。群山出现在遥远的北方——每一次梦到的总是北方。或许某些原始森林就躲在群山里。我笨手笨脚地抓着地图，寻找上山的路，但总是找不到路，而我已经没有时间了。噩梦结束，我带着焦虑、悔恨的心情醒来。

然而，明明心里明白，也做了这些梦，我依旧迟疑不决，把自己在真实世界里扮演的角色，完全限定在对其他主题的研究及撰写著作上。到了20世纪70年代，我开始想，科学家应该在什么样的情况下，变成社会运动家？由于有过痛苦的经验，我深知介于科学和政治活动之间的地带，是相当险恶难测的。过去那场社会生物学争议令我心有余悸。我的看法是，如果发言太过强硬，别的科学家就会把你归为死命奉行意识形态之人；如果发言太过温和，你又等于规避了道德责任。我迟疑地选择站在谨慎行事的这一边。

我知道许多非学术机构早已积极进行生物多样性的保护活动，我因此而稍觉安慰。这些机构包括世界自然基金会（World Wildlife Fund，简称WWF）和国际自然保护联盟，它们无论在前景、竞争力还是名声方面，都达到世界级的水平。另外还有热带研究组织，这是由多所大学和其他机构组合而成的协会，专事训练年轻的生物学家，我曾在1963年参与它的奠基工作。这批新生代学者专家中，据我所知，许多人都将投入生态保护科学。于是我想，就让下一代去做吧。

然而，生态保护运动终归还是需要资深生物学家的声音。

跨出生态保护的第一步

对我来说，1979年英国生态学家迈尔斯（Norman Myers）发表有关热带雨林毁灭速度的第一份报告，是促成我投入生态保护运动的临门一脚。通过逐一累加由各地得来的数据，他计算出，全球热带雨林面积每年约减少1%。这则坏消息立即引起全世界生态保护专家的重视。从过去到现在，热带雨林在保存生物多样性方面，一直都居于关键性的地位。雨林拥有全球生态系统中最富变化的动植物区系，然而，在迈尔斯发表那篇报告时，它们的总面积只占全球土地面积的7%。这样的大小差不多和美国本土48州的总面积相当，至于每年减少的雨林面积，则约有半个佛罗里达州大。如果按照一般生态系统栖息地和物种多样性之间的关系来换算，通过上述面积减损的速度，我们可以粗略估计出每年有0.25%的物种会灭绝或注定提早灭绝。雨林遭到砍伐或焚烧的速度似乎越来越快，主要是急需土地的农民大举侵入，再加上全球木材需求量增长所致。

读过了迈尔斯的报告，我终于积极投入社会活动，并且以友人雷文（Peter Raven）为榜样。雷文是位很杰出的科学家，也是密苏里植物园园长，身为一名日益知名的公众人物，他做起事来显得非常有决心，而且天不怕，地不怕。雷文对于行动主义深信不疑。到了 20 世纪 70 年代，他不只撰文、演讲，同时若有人依然怀疑生物正大量灭绝的证据，他也会和那些人激辩。

1980 年，他主持了名叫“国家研究委员会”（National Research Council）的机构，专门研讨热带生物学研究的优先顺序，以强调最为紧迫的森林破坏及物种多样性消失的问题。雷文比任何人都更明确地指出：所有任职于大学或研究机构的科学家，都应该参与进来，我们不该让生态保护专家单独肩负此一重任。

有一天，在一阵冲动之下，我跨了出去。我拿起电话说道：“雷文，我想告诉你，我要和你们并肩作战。只要是我的能力办得到的，我什么都愿意干。”那时被我戏称为“热带雨林黑手党”，由资深生物学家组成的松散联盟已经成立。除了雷文和我之外，成员还包括戴蒙德 [Jared Diamond，《枪炮、病菌与钢铁——人类社会的命运》（*Guns, Germs, and Steel: The Fates of Human Societies*）的作者]、埃利希（Paul Ehrlich）、艾斯纳、詹曾（Daniel Janzen）、洛夫乔伊以及迈尔斯。从那时起，我们就保持着密切的联系。

不久之后，我又加入 WWF 美国分会的顾问团，并进而成为他们的科学顾问。我鼓励顾问团的成员，加强拓展他们的科学研究计划，方法是将该组织赞助的研究推广到整个生态系统，而非只限于个别的明星物种，例如大熊猫或白头海雕等。我在 WWF 中，参与了“新环境主义”（new environmentalism）的构想。这套较实际的方法，可以将保护计划和经济利益结合在一起，并且能够协助针对因拯救物种多样性而生活受到影响的当地居民。我们都知道而且也主张，自然保护计划永远无法避开那些无法从中获益的贫苦大众。

倒过来看，这群人的长期经济前景，也会因为他们的自然环境受损而受到某种程度的不利影响。

生物多样性

我到处演讲并撰文，讨论生态系统遭到破坏、物种灭绝以及可能的社会经济解决之道。1985 年，我在国家科学院的政策刊物上发表了一篇文章《生物多样性的危机——科学面对的挑战》（“The Biological Diversity Crisis: A Challenge to Science”），引起广泛的注意。[1]第二年，我在“生物多样性国家论坛”上，负责其中一场基本政策演说。这次的研讨会是在国家科学院及史密森尼学会的赞助下于华盛顿召开的。当时，我负责编辑这场会议的论文集《生物多样性》（*BioDiversity*），这本论文集后来成为国家学术出版社（National Academy Press）有史以来最畅销的著作之一。

这场论坛首次使用了“生物多样性”这个名词，而在论文集出版后，这个名词更是以惊人的速度传遍世界；到了 1987 年，“生物多样性”已经成为生态保护文献里最常引用的词之一。生物多样性也开始变成博物馆展览及校园演讲中的热门话题。

1992 年 6 月，超过 100 名各国领袖，聚集在里约热内卢参加地球高峰会议，这时“生物多样性”进而变成了家喻户晓的名词。老布什总统拒绝代表美国签署《生物多样性公约》（Convention on

---

1 In *Issues in Science and Technology* 2(1) (Fall 1985): 20-29.

Biological Diversity），把这个话题引入了政治主流中。末了，持续不断的争论绕着《濒危物种法案》（Endangered Species Act）以及北方斑点鸮（northern spotted owl）打转，更使生物多样性的话题成为美国文化的一部分。

生物多样性的理念已经成为生态保护的护身符，范围涵盖每一种生物。那么，它的含义到底是什么？生物学家和保护专家很快就同意以下的定义：贯穿所有生物组织阶层，从各个物种内的基因、染色体，到物种本身，最后再进一步到最高层，即生态系统中的生物群落，比如森林及湖泊等，这些多样化的生命形式，整体就叫作生物多样性。任选一个角度，剖切这蕴含无限可能的生物多样性，得到的可能是古巴某种淡水鱼种群中不同的染色体和基因；另一个剖面可能是古巴的所有淡水鱼类；再下一个剖面，可能会是在古巴每一条河流中生活的所有鱼类及生物。

由于我在1988年编成《生物多样性》论文集，许多人以为这个词是由我创造的。事实上，我一点儿功劳都没有。这个名词是由罗森（Walter Rosen）首先提出来的，他是国家科学院的一位行政官员，负责统筹1986年的华盛顿会议。当罗森和其他国家科学院成员找上我，要我担任会议论文编辑时，我提议用"biological diversity"（生物学的多样性）这个词，因为直到那时，我和某些人都很偏爱这种讲法。我指出，"biodiversity"（生物多样性）一词太引人注意了，而且不够庄重。但是，罗森和他的同事不肯让步。他们坚称，"biodiversity"这个名词比较简洁，也比较特别，因此社会大众也比较容易记住它，而我们当然需要让这个主题吸引越多注意越好，而且速度越快越好。我终于让步了。

亲生命性

如今我简直搞不懂当初为什么会反对使用这个名词，因为它不仅活泼，而且兼具庄重与顺口。毕竟，我自己也曾在 1979 年创造了很类似的词语“亲生命性”（biophilia），当时是用在刊登于《纽约时报书评》上的一篇生态保护文章中。[1] 稍后在 1984 年，我还把它当作我的新书《亲生命性》（*Biophilia*）的书名以及中心思想。“亲生命性”的意思是指，人类与生俱来的对其他生命形式的亲切感，这种亲近是由不同情境激发出来的，比如喜悦，或安全感，或敬畏，甚至是混杂了憎恶的迷恋。

我所谓的“亲生命性”，有一个很基本的例证：人类偏爱居住于某些特定的天然环境中。华盛顿大学动物学家奥里恩斯（Gordon Orians）在有关这项主题的先驱研究中，分析了大部分人在拥有绝对自由选择权的情况下心目中的“理想”住所。结果，他们会希望家园位于偏高地势的顶端，靠近一个湖泊，或一大片海洋，或其他水体，而且周围环绕着类似公园般的区域。从屋内往外望，他们最希望看到的树木是顶端拥有宽广的树冠层，而主干又生有水平且贴近地面的茂密树枝，而且还长满了细小美丽叶片的那种树木。

这样的原型刚刚好吻合非洲遍地可见的热带大草原风貌，而非洲正是人类数百万年前的发源地。对于居住该地的人类祖先来说，最安全的地方莫过于一处开阔的空间，因为那儿视野宽广，可以容许他们搜寻食物，同时警戒敌害。由于拥有相对于其他动物来说颇

1 “The Column: Harvard University Press,” *New York Times Book Review*, January 14, 1979, p. 43.

为脆弱的身躯，早期人类还需要撤退时的掩体，有了树木，被追逐时就可以逃到树上去。

难道这只是巧合？人类祖先的居所碰巧和现代人类偏好的居所非常类似？所有的动物，包括和人类亲缘最近的灵长类，都拥有与生俱来的“按照生存条件选择栖息地”的习性。因此，不大可能只有我们的老祖宗例外；而人类在农村及城镇生活的简短历史，也不大可能抹去我们基因中的居住偏好。试想，某位住在纽约的百万富翁，家财万贯使他拥有自由选择居所的权利，结果他挑中了一间能俯瞰中央公园的高层公寓，可能的话，还可以望见园中的湖泊，而且阳台上还摆了一圈盆栽植物。在可能已经超过他理解范围的更深层意识中，他正在回归他的本性。

对蛇的迷恋

康涅狄格大学人类学家兼艺术史学家孟德克（Balaji Mundkur），也提出类似的说法来诠释人类的一项怪癖：对蛇的迷恋。

这些爬行动物在人类古代的生活环境中，属于能轻易引起人们恐慌的动物。其他会引发恐慌的事物还包括蜘蛛、野狼、高处、密闭空间以及奔腾的水流等。只要经历一次与蛇有关的受惊事件，甚至只是听了一则可怕的故事，就足以令小孩强烈憎恶和恐惧蛇。诸如慌乱、恶心及冒冷汗等恐惧的感受，是属于自主神经系统里的反应，超越理性所能控制。这类反应来得非常快，然而，要摆脱它们，却出奇地困难。

针对蛇产生的这种高度的直接反应，似乎也具有遗传基础。以下的明确事实可以作为证据：人们很少会对现代生活里真正具有危险的物品产生恐慌，例如枪支、刀具、电插座以及疾驰而过的汽车等。我们这种动物接触上列致命源的时间，还不够长到足以在进化过程中发展出倾向自动避开它们的基因。

世界各地的人不只是排斥蛇类，同时也对蛇类着迷，而且只要安全有保障，人们总喜欢靠近观察蛇类。蛇类可以说是最常出现在梦中且最常被用作宗教象征物的野生动物——与人类或其他动物杂交混血、成双成对、生得既巨大又快速而且无所不见；这类梦境的变体就是天神，它们能够复仇，也能够传递智慧，完全依情境中的诡谲幻想而定。希腊罗马神话中的蛇杖，也就是众神的使者墨丘利（Mercury）手中盘绕了一对圣蛇的手杖，如今成为医学专业的标识。

我的信念

我们这种对蛇类特别关注的根源，可能正和其他灵长类恐惧、着迷于蛇的根源相同，那就是蛇类的致命习性。毒蛇的踪迹遍布全球，就北半球而言，甚至向北分布到加拿大、芬兰，而且在大部分地区，毒蛇对于居住在大自然环境中的人类来说，都是一个十分重大的致死源。亲生命性的进化过程，正如我在1984年引用孟德克的证据所诠释的，它的运行方式如下：经过漫长的进化时间，某些蛇类的致命性在人类心中造成天生的恐惧与入迷。因此，它们不断以各种含糊象征性的姿态闯入我们的梦中。萨满教巫医（Shamans）和先知把他们自己的梦当成神谕，将梦中臆想植入神话及宗教里。于是乎，来自这些神圣堡垒、经过转化后的耀眼神蛇，就堂而皇之地进入了故事和艺术中。

按照自然科学的一般标准，亲生命性的证据仍嫌薄弱，而且有关它遗传源起的理论也太多臆测性质。然而，这个想法的逻辑推论仍属合理，而且这个主题也实在太重要了，不容忽视。1992 年，一场聚集了生物学家、心理学家及其他学者的研讨会，在马萨诸塞州的伍兹霍尔召开，广泛讨论并评估我们正在进行的研究。其中有些属于实验性质，颇为吻合早期的数据，而且很具说服力。[1]

依我看，生来具有亲生命性的最重要含义在于，它为恒久的生态保护伦理奠下基础。如果关怀其他生物是人类的天性，如果我们的部分文化源于自然野性，那么单就这个基础而言，我们就不应该消灭其他生物。

大自然是我们的一部分，正如同我们是大自然的一部分一样。

亲生命性是我的最新理论，可以算是在我这大半辈子中，最能持续吸引我的想法。我有如下三个信念：第一，人性终究是生物进化的结果；第二，生物多样性是人类的摇篮，也是人类最宝贵的自然遗产；第三，如果不考虑上述两项理念，哲学和宗教将不具太大意义。

1 The proceedings of the conference were published as *The Biophilia Hypothesis*, ed. Stephen R. Kellert and E. O. Wilson (Washington, D. C.: Island Press, 1993).

天堂海滩上的小男孩

在这本回忆录中，我为自己也为你们描述了我是如何形成这样的自然世界观的。虽说许多源头埋藏在记忆深处，但是就在我写下这些字句的时候，就在我66岁的年纪，它们依然把持着我的想象力。我不愿意舍弃我童年及青年时期留下来的这些珍贵印象。我小心翼翼地守护它们，把它们当成我创造力的来源，不断地去芜存菁，并累加由它们衍生而来的产物。在谨遵重复试验的规条时，所获得的知识就是我所谓的“科学”。

这些印象营造出一股重力，牵引着我的生涯，围绕着我的研究打转。在我心底，我终身都是名探险博物学家。我不认为这样的概念会太过浪漫或不切实际。或许，一般大众想象中的自然野地已不复存在；或许要不了多久，每一平方千米的土地都将被人类的足迹踏过。据我所知，亚马孙河源头、新几内亚高地以及南极洲大陆，现在已全都成为观光旅游的地点。但即使如此，在我想象中的无限新奇的世界中，依然拥有真凭实据。世界上还有许许多多的生物（很可能占地球总物种数的九成以上），仍然是科学界尚未发现的新种。它们存活在某处，尚未被发觉，甚至连名字都没有，静静等待它们的林奈，它们的达尔文，它们的巴斯德。其中大部分未知物种集中在热带偏远地区，但是，也有许多就存在于工业国家的城市附近。

地球，这颗孕育着令人眼花缭乱、多样生命的行星仍然鲜为人知。

要估量生物多样性的关键，我们必须把观察尺度往下调整。生物体积越小，其可能分布的未知疆域就越宽广，待开发的领域也就越深远。传统的大型野地也许已经消失，地表上大部分大型物种（哺乳动物、鸟类及树木）也已被人类观察和记录过，但是，微观的野外世界依然存在于世上，这样的微型世界存在于任何一把泥土或淤泥中。这些小世界很接近于原始风貌，而且人类还未对它仔细访查过。细菌、原生生物、线虫、螨类，以及其他环绕在我们四周的小小生物，与地表结合，构成生机盎然的小宇宙。这些东西拥有无穷无尽的潜力，等着人们去研究，值得人们去赞赏。只要我们愿意把视界从眼前垂直下移一臂之遥，就可以把一辈子投入在一株树干的麦哲伦之旅上。

如果我的人生能重来一遍，让我的视野在21世纪重生，我会做一名微生物生态学者。1克重的寻常土壤，只不过用拇指和食指轻轻捏起的分量，里面就栖息着100亿个细菌。它们代表着成千个物种，而且几乎全不为科学界所知。届时我会在新式显微镜和分子分析技术的协助下，进入那个世界。我会穿越沙粒上的森林，乘坐想象中的潜艇，横过相当于一片湖泊的水滴，追踪捕食者与猎物，以发掘新的生活方式以及特异的食物链；上述的一切，只需要踏出我的实验大楼不出10步，就可进行探险、发掘。美洲豹、蚂蚁和兰花，仍将会光彩夺目地占据着远方的森林，只不过，如今更奇特、更复杂、事实上是无穷尽的世界也加入了它们的行列。

若时光再次流转，我仍然会是天堂海滩上的那个小男孩，那个对赛弗柔安水母着迷不已但只瞥了一眼水底怪兽的小男孩。

后 记

对于我们每个人来说，与生俱来的习惯与脾性过滤掉了童年的青涩，形成了成熟的心智。在经历了个人成长的坎坷之后，我最终成为一位博物学家，并定下切实的人生目标——以研究和教书为生。从那以来，我经历了无数冒险，我将这些都忠实地记述在了《博物学家》和其他书中，但在内心深处我从未改变。也许我变得比过去更能干、更谨慎、更不容易为激情所动了，但只要我热爱大自然的心还在跳动，并执着于思考这一生所能做出的成绩，我就还是从前那个小男孩。

在60年的学习和职业生涯中，我一直对基础科学知识深深着迷，特别是我天生熟悉的分类学、生物地理学、进化理论、生态学和社会生物学，我愿意将这些学科整体视为科学的自然历史。在中途我又接触了非虚构写作，因为我颇具写作天赋，也因为行云流水的散文甚至比音乐更能启发我，还因为童年记忆里钦定本《圣经》与福音讲道的优美韵律在我耳边萦绕不绝。在生物学家的身体里居住着一位美国南方作家，迫不及待地想要表达。

如果我在大学里修习写作课程，并只从科学中寻找写作素材，我会不会另有一番成就？也许吧，我不敢确信。我现在认为还是先研究科学再从事写作为好，虽然不少人跟我正相反，并取得了突出成就。为了更深刻地理解科学文化，甚至为了更好地表达科学探索过程中掺杂的情感，都需要作者熟习科学，将其当作生活不可或缺的一部分，致力于做出重要发现并让它们青史留名。

在 20 世纪 70 年代初，我曾受到第三种“献身呼召”（altar call）的召唤，也就是演讲。地球上的生物多样性便是《创世记》，就连身为世俗主义者的我也将它当作精神信仰，现在生物多样性正在消失。数百万年的进化成果正被人类盲目的索取抹去。生物学家是最能理解生物多样性及其消亡原因的人，我认为，人类整体现在应当迈出拯救生物多样性的一步。

就在 1994 年，《博物学家》问世那年的 7 月，我获得佩莱格里诺教职，这是哈佛大学仅 15 个全校教职之一，目的是保证教学达到最大的广度，不过事实上和我以前从事的教学活动非常类似。三年后，我在 68 岁的时候退休了，彻底和教学与行政工作说再见。我不是被迫辞职的：哈佛大学的强制退休年龄上限已提高到全国水平。我想全情投入研究、写作以及物种保护活动中。但我必须承认退休背后还有更深层、更感性的理由，那就是从必须长期同时应付研究和教学以做出差强人意的成就的负担中解脱出来。在若干年之后，2004 年春季毕业典礼上，我获得了荣誉博士学位的殊荣，哈佛大学每一两年就将这个学位颁给一位已退休的本校教职员工。我在这所大学里经历的风雨已经够多，宝剑轻点双肩的时刻，我打心底里感到愉快。

在退休以后，我便能灵活安排研究，也不放弃其他职责，还能专注于全球生物多样性的保护工作。我一直效力于大自然保护协会和世界自然基金会的理事会，也担任纽约植物园（New

York Botanical Garden）的首席顾问，现在我把精力放在保护国际（Conservation International）这个最年轻但在我看来最具创新活力的全球生物多样性保护组织成员上。其中两位年轻的领导人物尤其令我瞩目：鲁塞尔·米特迈尔（Russell Mittermeier），他是位杰出的生物保护学家，也是一位仿佛拥有无穷精力的灵长类动物专家；彼得·塞利格曼（Peter Seligmann），他在管理企业、对物种保护发表令人信服的观点、筹集资金等方面可谓天才。在生物多样性高却大力发展周边地带经济的热带国家，需建立和抢救栖息地，保护国际已成为这个方面的先驱。

所有全球生物多样性保护组织都在商界和业界寻找理事会的主管人，这其中也包括物种保护的专家和独立而富有的热心人。保护国际在招募成员方面尤为成功，每一次都能吸引到如福特汽车公司、盖璞（Gap）、英特尔、星巴克和沃尔玛的巨头。纯粹环境主义者不会满意这样的理事会名单，但我清楚商业公司和环境保护领袖之间没有内部矛盾。确实，某些公司的政策和高层人士是邪恶的，或者至少对环境保护漠不关心，但其他公司正在参与环境保护，并投入可观的时间和金钱，也尽可能不大肆宣扬。如果你想拯救在圭亚那、利比里亚或其他急躁冒进的发展中国家的一片雨林，有这样的企业家站在你这边，往往好过外交官或职业的环保主义者。

在保护国际，我曾担任项目委员会的主席，并作为保护国际的生物多样性应用科学中心（Center for Applied Biodiversity Science）组建期间的顾问。后者接受了保护国际理事会主席戈登·摩尔（Gordon Moore）数百万美元的捐赠，成为全世界首屈一指的保护性研究组织。

在其他领域里，我则作为作家和演说家，努力向大众发表有关生物多样性保护的科学讨论。《知识大融通》（*Consilience: The Unity of Knowledge*，1998）向我们召唤，应当重回启蒙时代，这本书的终章以“为的是什么？”（To What End?）为题，说的是我们人类这个物种作为整体的终极目标。我随后在《生命的未来》（*The Future of Life*，2002）中用整本书的篇幅来探讨答案，我认为这个终极目标应当是带领全体人类通过当前人口过剩的瓶颈，为提升所有人的生活质量而提高人均消费水平，但同时也要通过科学技术和知性伦理来延续其他物种的生命。如果我们能有更少但教育程度更高的人口，获得独立的、生物多样性丰富的自然世界的无偿支持，我们就能将地球打造成一个近乎完美的人类栖息地。

在2005年，我将一本题为《造物》（*The Creation*）的新书交给出版社。这本书描绘了南方浸信会信仰是如何培养我的文风和思想的。我举了个例子来说明科学和宗教——当今世界上最强大的两股社会力量——应当联合起来拯救地球的生物多样性。我提醒我满怀希望的教友们，所有生命都是犹太教和基督教神圣经文中有生命的“造物”。而我作为一个科学人文主义者，只想阐述有关我们生存环境状态的科学知识，对保护缤纷多样的地球生命进行理性讨论。我相信这种普世观念是从一种基于宗教的信仰中提炼出来的。换句话说，让我们抛开形而上的不同，关注一个明确存在的、与我们休戚相关的问题吧。

在有关全球物种保护的诸多议题中，我个人近些年一直关注科学知识方面的某个巨大鸿沟。一个有趣的事实是，我们探索并分析的只是地球生物多样性中很小的一部分。我们缺少一整套坚实的物种保护学基础。生物界多达 90% 物种还是未知的生物，它们不仅缺少研究，也没有学名，这当中大多是无脊椎动物、原生生物和细菌，不过也包括少量鸟类和哺乳类。我们已经辨明了约18万种显花植物，可以推测现存大约 23 万种显花植物，还有大量的陆生脊椎动物（两栖动物、爬行动物、鸟类和哺乳类），足以让我们推进物种保护科学和实践。但是有些“让世界动起来的小东西”，它们维持着生态系统的健康运转，对我们的生存也至关重要，我们对它们的了解还少得令人震惊。美国长年花费数十亿美元去探索太阳系，每年投入在发现甄别物种方面的公共和私人资金总共还不到两亿美元。

吝啬的资助水平让生物分类学——生物多样性的基础学科——在众多生物学科中显得一贫如洗。许多重要的昆虫群和其他无脊椎动物群，代表了很大一部分现在已知的物种，却只有屈指可数的专家在研究，他们年事已高而且薪水太低。在演讲和对谈中，我向公众提出了这个问题并催促他们思考：为什么要花费如此多的金钱和精力去规划太空，却对地球家园投入如此之少？

从 2000 年起，我一直通过其他方法向科学家和公共分析师抛出这个问题。我成为全物种基金会（All Species Foundation）的首席顾问，这是一家新近创办的以促进世界生物多样性调查为目标的基金会。在 2001 年秋天，哈佛大学和保护国际共同组织了一场全球和各大洲此类项目的领袖会议，我也参与其中。我们一致同意，若能有与人类基因组计划（Human Genome Project）同等水平的资金帮助，生物学家就可以在 25 年内，也就是一代人的时间内，画完地球生物多样性的地图。这些努力虽吸引了不少赞赏的目光，却几乎没有获得捐款。新世纪之初的美国正遭受恐怖主义和经济衰退的肆虐，政府和基金会还有别的事要优先去做。

我们中的一些人所主张的复兴和公众对生物多样性图谱的赞赏已经被一种普遍的误解所阻碍，这种误解在科学界也很普遍，人们认为生物分类学就是生物“集邮”，并非现代生物学的一分子。这可大错特错。生态学的基础知识、研究生物地理学和进化所需的资料、贯穿整个进化过程的生命之树的实质、如何从整体上保护生物多样性的知识来源，所有这些有关生物学的伟大探索都有赖于对全球动物群和植物群的完整归类。

在思考如何简要说明制作生物学分类图谱的原因时，我意识到，我的议论应该表达出一个更坚定的目标、一个完成的时间规划表，并把分类学的重要性说得更明白无误。这个目标应当是，生物分类学图谱在形式上要像电子版的生物大百科那样给所有已知的、被发现的、多达 200 万的物种和未发现的数以百万计的物种都建一个页面。页面必须能够不受限制地扩展，包含所有已知的相关知识，包括指向其他数据库的链接，提供从基因组到生态系统中的功能甚至是对人类文化重要性的种种信息。

当生物分类学家列队穿过这门学科备受忽视的黑暗山谷时，常能听到抱怨的声音说，完成全球的物种图谱的计划太过庞大，无法执行。但我能断言，事实并非如此，而且我能拿出自己最近的成果来证明：我已经掌握了全世界最大的蚁属——家蚁属的分类。在这个蚁属内有太多物种广泛分布于世界上的温带地区，以至于没有人试着分类和辨别它们。家蚁属也是昆虫界物种最丰富的，因此也是陆地生态环境中重要的活动因子。为了搞清楚这些家蚁，生物学家不得不给种群编上序号——比如说，家蚁属 1 号，家蚁属 2 号，以此类推，一个地区最多可编号到家蚁属 50 号。未查阅博物馆馆藏里标本原件就从不同采集区域收集归纳信息的做法是没有前景的。家蚁属可谓是蚂蚁分类学界的珠峰，现在已经被我征服。

在 1985 年，我开始“攀登”家蚁属的高峰去寻找其多样性的起源地这片“新大陆”。我在哈佛大学的蚂蚁收藏品中拥有成千上万的标本，由我和其他同事收集而来。我拥有所有必需的文献，最远可追溯至 19 世纪，我还借来几乎所有类型的标本并将它们留在哈佛大学，标本上拉丁文的学名是上述物种命名的基础。

我昼夜不分地在实验室里工作，把实验室当成了家，一边听着古典乐和轻摇滚，一边从博物馆馆藏中摸索出自己的方法。我仿佛在织毛衣——但放松自在而不会厌倦——不断调整，偶然发现新物种时激动不已。直到 2001 年，在做了约 6 000 次精确到 0.02 毫米的测量又亲手画了超过 5 000 条线之后，终于要完成了。我区分并检测了 624 个物种，包含 337 个分类学上的全新物种，在当时约占西半球已知蚂蚁物种的 19%，在全球蚂蚁中则占 6%。我的研究成果在 2003 年出版，题为《新大陆的家蚁：多样而具优势的蚁属》（*Pheidole in the New World: A Dominant, Hyperdiverse Ant Genus*），共 794 页，其中包括对这一蚁属进化的分析和有关这些物种的生物学知识。

家蚁属从此向兴致勃勃的科学家们敞开了研究其多样性与生态的大门。在我心中同样重要的是，我证明了人可以凭一己之力在业余时间熟悉全球生物多样性中的重要分支。假设世界上共有 2 万种蚂蚁（正如我在 2006 年所说，大约有 1.2 万是已知的），那就只需要 30 来位专家就足以完成发现和分析工作，而且说不定只需要不到20年的时间。那么要在同样长的时间里，检测并给地球上所有的生物分类又需要多少专家呢？先不管细菌和古菌（archaea），因为我们对它们庞杂的多样性几乎一无所知。除此之外，关于地球上现存物种数的合理猜测是1 000万，首轮调查需要的专家人数不超过2万人。这只占当前全世界在职生物学家的一小部分，而他们在生物学的其他领域里众多有价值的发现将数不胜数。

事实上，新技术使得人们对时间预估的期待过高。当《新大陆的家蚁》面市时，我得知新近发展出的画像技术已经开始革新生物分类学。那是一种将自动合成的高分辨率数码摄影和互联网发布相结合的技术。自动合成需要同一种蚂蚁在不同比例尺下的照片，从头到脚，从一侧到另一侧（自动化技术可以迅速实现），然后再将照片通过电脑拼接起来，形成完美的三维图像。这种方法使得极小物体的图像，比方说某种昆虫，比在立体显微镜下看到的更清晰。图像还能通过网络传输给其他人，或收集起来出版为一本专著或田野调查指南。

我将这种技术推荐给彼得·纳什科列斯基（Piotr Naskrecki），他率先将其应用在分类学实践中。他为哈佛大学馆藏的家蚁标本拍了照片，并制成光盘附在我的书中。在我看来，这个数字化的出版物说明多个世纪来依靠古老印刷术的分类学日渐式微，光盘取代书的内容代表了一种更新、更快的研究技术和出版手段的开始。我乐见印刷版的《新大陆的家蚁》成为“最后的巨型帆船”。这样一来，向大众传播有关庞大而复杂的昆虫及其他生物分类应该会变得更加容易。

下面要说到我保持中庸的一生里最后也是最跌宕起伏的一段，

现在距离《博物学家》初版问世已经过去12个年头了，这期间社会生物学也遭遇了不少改变，作为这个学科名义上的创始人，我从中获得的既有痛苦辛酸，也有心满意足。社会生物学被应用于研究蚂蚁和其他动物上，现在已经开花结果。它同样也被用在研究人类社会行为上，也得到长足进步，不过往往是在有着独立发展过程的新学科“进化心理学”的名义下。进化心理学中有一些不错的研究，但总体来说还不出彩。它创造出大众图书产业的新门类，带来了不容忽视的多重影响，并成为流行文化的一部分。1975年我的《社会生物学——新的综合》出版后，出现的对此类理论的批评声音，现在大多已经消失。不过早年间的批评从一开始就带有浓厚的意识形态的色彩，给社会生物学的内容以及这个术语本身的含义留下了一丝误解的阴霾。我们应当记住，社会生物学只是一门学科，被定义为系统性地研究所有社会行为范式的生物学基础。有种现在已被证明是错误的观念认为，人脑是一片白纸，20世纪70和80年代对社会生物学的猛烈抨击就受此观念影响，以为社会生物学的目标是所谓“生物决定论”的信仰。这真是个叫人啼笑皆非的误解。社会生物学不是什么教条，也不是具体的结论，而是一门学科，一个能接受质疑的开放领域，既接受人类的脑子可能是一张白纸（已被否定），也接受人脑生来就被决定好了（还没人提出），或者人脑是遗传预先倾向性（genetic predisposition）和环境互相作用的产物（已被充分论证并得到普遍接受）。

另一项不断增长的争议是社会生物学的广义概念，人们认为它是研究社会行为的遗传进化的学科。然而，在生物学的所有分支中，社会生物学选择了两个研究领域。一个是功能社会生物学（functional sociobiology），研究社会系统是如何结合运作的。这个领域内包含分工理论和化学通信理论，我主要在 20 世纪 50 年代末到 70 年代初做了些贡献。另一个领域是研究社会行为的遗传进化过程，由霍尔丹和汉密尔顿等人在 20 世纪 50 年代开创。在 1975 年，《社会生物学——新的综合》第一次将功能社会生物学和进化社会生物学（evolutionary sociobiology）结合起来，给这个主题划定了界限。很不幸的是，在那之后大众的争议重点并不在于学科分支，而在于社会生物学的原则对人类的应用，随后更是只聚焦到人类社会行为的遗传学解释上。这对于一个重要的学科分支来说是多么令人悲伤而具有毁灭性的误导啊。

《博物学家》出版五年后，我步入古稀之年，心中对此却十分淡然。我的心就像离岸的船只，背后的港湾缓慢地退去，静静地留下模糊的回忆。到了 2006 年我已年近八十，但如我所写的那样，我还很幸运：身体健康、我的工作环境顺心、创造力还未衰退（关于这一点，我自己不好保证）。我的学识比以前更丰富，但我仍不断前进，就仿佛我能活到永远。

由于我的思辨性写作中强烈的自然主义思想，我常需要表达内心最深处的信念。这些信念很简单，我把它们写在这里。科学是全球的文明，而我是其中的公民之一。科学的民主伦理观和它的统一凝聚力给了我对人性的信仰。寰宇之内无数令人惊奇的未解之谜，不断地被科学揭开答案，这就是我的神殿。人类心智的能力，因为理解了人类仍是孤独的、地球唯一的管家而得到解放，这就是我的宗教。人性的潜能将把这颗星球变成未来世代宜居的天堂，这就是我的余生所愿。

这样一来你就会明白为什么我在60年来一直满怀着希望和热忱从事这些学科，从蚂蚁的博物志开始，穿过行为与进化生物学的迷宫，去面对我们所有人——无论是全体公民还是科学家——都要面对的地球生存环境的巨大挑战。我仍想继续对西印度群岛的每一个岛屿的蚂蚁进行田野调查。和我一同短暂访问那里的有年轻的蚂蚁学家、朋友和一道研究蚂蚁的同人。那是一段快乐的时光，我们进入无人涉足的栖息地，探寻新物种，学习并记录自然历史的新知，分享此前冒险中引人发笑的奋战经历。经验应该是最根本的东西。真正的博物学家是训练有素的猎手，我们是一队快乐的猎人。在很久以前，我还是个中学生的时候曾在亚拉巴马大学体验过类似的情感，那时我便立下人生志向，要成为这种科学家。从此我便能够以加缪那般优美的眼界见证真实：

> 人的创作不过是借助于艺术，
> 通过漫长的道路，
> 重新发现那两三个淳朴而伟大的形象，
> 而心扉首次敞开就是向着这些形象的。

爱德华·O. 威尔逊

2006年1月15日

致谢

我要感谢那些在我重拾童年回忆时提供了重要帮助的人：他们是住在密西西比州比洛克西海湾港的威廉·B. 卡林二世、已退役的爱德华·B. 基钦斯准将和穆雷拉·鲍威尔，佛罗里达州彭萨科拉的弗兰克·哈迪爵士、芭芭拉·麦克沃伊和帕特丽夏·休梅克，华盛顿特区的埃利斯·G. 麦克劳德。我从伊丽莎白·威尔逊·科文那里了解到祖先的详细情况，她是我们家族的族谱专家。感谢我的母亲英妮兹·琳妮特·赫德尔斯顿，还有纽约州立大学的威廉·M. P. 邓恩教授，他也是一位墨西哥湾导航历史的专家。我在亚拉巴马大学和哈佛大学度过的读书岁月也有赖于朋友们提供的信息而重现：威廉·L. 布朗、托马斯·艾斯纳、亚拉巴马大学的图书管理员乔伊斯·拉蒙特，以及我在田纳西大学的导师亚伦·J. 夏普，他帮助我获得了哈佛大学的入学资格。

我也要感谢以下阅读我的手稿并慷慨地提出帮助和建议的朋友和同事们：亚历山大·阿兰德、加里·D. 阿尔珀特、斯图亚特·奥尔特曼、乔治·E. 鲍尔、乔治·W. 巴洛、赫伯特·T. 波雄、拿破仑·沙尼翁、富兰克林·L. 福特、斯蒂芬·杰伊·古尔德、威廉·D. 汉密尔顿、博尔特·赫尔德布勒、罗伯特·L. 让内、恩斯特·梅耶、巴希尔·G. 纳夫帕提提、威廉·帕特里克、里德·罗林斯、乌利卡·赛格斯特罗勒、丹尼尔·辛博罗夫、劳伦斯·B. 斯洛博金、弗雷德里克·E. 史密斯、肯尼斯·蒂曼、罗伯特·L. 特里夫、巴里·D. 瓦伦丁和詹姆斯·D. 沃森。我的妻子伊雷娜（勒妮）在成书过程中与我讨论，一直帮助并鼓励我。约翰·P. 斯科特为我送来一些社会生物学早期的背景资料，迈克尔·鲁斯针对社会生物学备受争议的那段时光提出不少睿智的劝告和建议。当然，所有这些提供建议的朋友，都不应对书中可能存在的错误或者我的擅自解释负责。

第 3 章中彭萨科拉第一浸信会教堂在 1943 年的服务，我对其充满敬意并不加伪饰地信任，这些记述来自我 50 多年的记忆、和健在的朋友芭芭拉·迈克沃伊的谈话、托尼·莫尔·克莱文杰 1986 年所著的有关彭萨科拉教堂的历史书籍《在海湾边，在山丘上》（*On the Bay—On the Hill*）。

第一部篇章页中所引的诗歌《亚拉巴马之晨》（Daybreak in Alabama）节选自《兰斯顿·休斯诗选》（*Selected Poems of Langston Hughes*，New York: Alfred A. Knopf，1959），并得到了出版社的重印许可。第 6 章中我捕捉棉口食鱼蝮的事迹、第 13 章中和罗伯特·麦克阿瑟就岛屿生物地理学的对话以及对麦克阿瑟性格的描述，我的记述和《亲生命性》中稍有不同。第 15 章中对康拉德·洛伦茨在 1953 年演讲的总结来自不完美的记忆，我可能在其中加入了后来从书中和讨论中获知的细节，但其精神主旨我相信是准确的。

至于我过去出版的所有书籍，最早的一本可追溯到与麦克阿瑟在 1967 年合著的《岛屿生物地理学理论》，我十分感谢凯瑟琳·M. 霍顿在编辑方面无比珍贵的帮助和建议。